比较

总第85辑

2016年第4辑

COMPARATIVE STUDIES

吴敬琏 主编

中信出版集团 · CHINA CITIC PRESS · 北京

比较

COMPARATIVE STUDIES

主管 中信集团

主办 中信出版股份有限公司

出版 中信出版股份有限公司

独家代理： 财新传媒有限公司

电话：（8610）85905000 **传真：**（8610）85905288

广告热线：（8610）85905088 85905099 **传真：**（8610）85905101

电邮： ad@ caixin. com

订阅及客服热线： 400-696-0110（8610）58103380 **传真：**（8610）85905190

香港地区订阅热线：（00852）21726522

订阅电邮： circ@ caixin. com **客服电邮：** service@ caixin. com

地址： 北京市朝阳区工体北路 8 号院三里屯 SOHO 6 号楼 5 层（**邮编：** 100027）

卷首语

主编吴敬琏近期指出，“我们现在面临很多问题，用现有的知识可能对付不了，我们需要打开眼界，更加全面、更加深入地了解世界社会科学的进展”。中国从计划经济转型到社会主义市场经济，30 多年的改革开放把我们推到了世界经济第二，身处世界，体量巨大，不可能独善其身。我们究竟会有什么样的走势，什么样的情景，都需要放在世界中进行思考、比较、探索。本辑《比较》呈现给读者的是国内外学者对当前中国和世界经济中的一些主要问题的思考和认识。

开篇是主编吴敬琏教授根据“长安讲坛”的演讲修改而成。他深感当前关于供给侧结构性改革的概念缺乏共识，于是，综合国际经济学界关于结构性改革的相关文献，梳理国内对这一概念的不同理解，就什么是结构性改革提出了明确的定义：“结构性改革是针对体制机制架构的改革，通过这种改革，把统一开放、竞争有序的市场体系建立起来，并且通过市场作用的发挥来实现经济结构的优化和供给质量的提高”。为推行这样的结构性改革，他提出了六个需要抓紧推进的改革任务，为推进这些任务必须消除以下三个方面所面临的障碍：形成改革共识，明确执行改革的责任主体，“改革者上、不改革者下”的用人导向应该得到落实。

楼继伟的文章是他在“G20 税收高级别研讨会”上的讲话。他指出，全球经济正处在从危机应对向长效治理机制转型、从周期性政策向结构性政策转型的关键时刻。税收是全球治理体系的重要组成部分，是全球经济规则协调的重要内容，是促进全球经济复苏的重要手段。G20 各国应当站在全球角度密切关注税收发展动向，深化国际税收协调与合作，加强税收能力建设，合理运用税收政策工具，推动建立公平公正、包容有序的国际税收新秩序。

金融危机后的八年间，各主要经济体一直在运用大规模的宽松货币政策来稳定和提振经济，不少学者担心通胀的隐患，现实却是并未引发通货膨胀。克利夫兰联储主席兼 CEO 洛瑞塔·梅斯特的文章正是针对危机后通胀变化的新趋势进行分析，探讨这些新趋势对学术研究和货币政策制定带来的新挑战。她回顾了美国、英国、欧元区以不同预测指标和模型测算的近期通胀变化趋势，分析了这些预测指标和模型在预测通胀时的优势和局限。她特别强调了通胀预期的重要性，因为通胀预期在通胀动态变化和货币政策传导中发挥着重要作用，而学界和政策界对此研究依然不足，对通胀预期如何形成、谁的通胀预期会影响通胀预测和货币政策制定，并没有确切的了解。她鼓励研究者推进这方面的研究，从而为政策制定提供丰富的信息，为好的政策制定创造条件。

哥伦比亚大学经济和金融学教授、现任美国金融学会主席帕特里克•博尔顿的文章是他2016年初在美国金融学会发表的主席演讲。这篇文章以博尔顿和黄海洲的国家资本结构模型为基础，将公司金融学的资本结构理论拓展至用于分析国家层面的货币政策和主权债务。他将国家的法定货币和本币债务类比为公司股本，国家的外债类比为公司债务，由此在股票融资的股权稀释成本和本币融资的通胀成本之间建立起平行关系，进而可以分析一国如何在外部债务和本币债务融资之间进行权衡，以实现最优的融资方式。他在演讲中还将这一独特的分析方法拓展至探讨货币理论、外汇储备管理和主权债务重组机制，得出了很多颇有启发的观点和政策含义。这一研究开启了分析货币政策、财政政策和国际金融的新框架和新思路，同时也为未来的研究提供了一系列新方向：例如，债务积压与国家债务的本外币结构之间有什么关系；国家资本结构的动态变化和治理问题。

自2008年金融海啸以来，全球经济依然低迷不振，局部性危机时有发生。黄海洲的文章从全球货币体系寻锚这个新颖视角，来分析全球经济当前的困局和未来可能的前景。他回顾了20世纪的两次全球货币体系大调整和寻锚：1929—1933年大萧条直至“二战”结束后布雷顿森林体系建立的第一次大调整和寻锚；1971年美国放弃美元与黄金挂钩直至1985年五国集团达成《广场协议》和1987年七国集团达成《卢浮宫协议》的第二次大调整和寻锚。这两次大调整和寻锚所经历的时间惊人得相似，都是16年，其成功都促成了世界经济长达20年以上的黄金增长时期。这其间的历史经验表明，2008年金融危机后的世界经济可能正在经历全球货币体系的第三次大调整和寻锚过程。各国如不协同合作，全球经济复苏将更加艰难，所蕴含的巨大风险和带来的政治、社会、经济甚至生命代价可能无法估量。第三次寻锚成功与否的关键在于两点：首先，达成有新兴市场国家参与引领的新“广场协议”，以稳定全球汇率体系；其次，财政政策与货币政策协调并举，稳定通胀和增长预期。对于中国来说，必须进一步深化对内改革和扩大对外开放，从而参与并引领第三次大调整的相关谈判，成为被世界认可的又一个标志性经济金融强国。

谷歌人工智能AlphaGO、无人驾驶汽车、高级机器人等的飞速发展，引起了新一轮关于人类将被机器替代的担忧。麻省理工学院经济学教授戴维•奥托的文章回顾了过去两百年来工厂自动化和就业之间的相互影响，以美国为例分析了自动化对就业市场两极分化和薪酬两极分化所产生的影响。在此基础上，他从“波拉尼悖论”（Polanyi’s paradox）的角度，阐述了过去数十年和数个世纪里，自动化并未完全替代大部分人类工作的原因；并探讨了人工智能和机器人学最近和未来的发展会如何影响未来职业变迁和就业增长轨迹。在他看来，很多情况下，机器和人类劳动力的关系是既取而代之，又相辅相成。只关注自动化或人工智能造成的损失，会忽视自动化影响劳动力需求的核心经济机制，即只有工人能完成的任务才更有价值。

康奈尔大学教授、世界银行首席经济学家考希克·巴苏的文章主要讨论标准经济学在研究经济发展时忽略的一个重要因素：群体身份认同。巴苏认为，人的组织和社会归属感对于提高人的能力或生产率进而对促进经济发展有重要作用。为此，他用一个简单的理论模型论述了群体身份认同，也即一个人的社会背景如何影响他的生产率以及他在经济上的表现。借助模型的分析，他讨论了基于群体身份认同的扶持政策和减贫政策，并将这一分析视角扩展到全球化背景下的减贫、经济发展和国际政策协调。

“法和经济学”栏目主要从法律和监管角度讨论近期引起颇多争议的人身保险新型产品的投资问题。清华大学五道口金融学院的田静结合我国现行保险产品监管规则和经合组织以及英美对具有投资功能的人身保险产品的监管，讨论此类保险产品监管中存在的漏洞，以及未来监管应当加强的方向。

“新书架”栏目是托马斯·皮凯蒂的书评，所评论的是其导师英国经济学家安东尼·阿特金森的新作《不平等，我们能做什么》。皮凯蒂在这篇短小精悍的书评中，首先概述了阿特金森的学术生涯及其做出的学术贡献。随后，他对阿特金森提出的政策做了点评，包括累进税、国民保险、遗产税、让国民获得资本和所有权以缩小不平等的国民储蓄计划等。皮凯蒂还指出，阿特金森的著作有一个瑕疵，就是太过执着于英国，但他认为这一瑕疵恰好也是一个主要优点，它说明“胆小的政府没有不作为的真正借口，因为它仍然可以在国家层面上采取行动”。

钟正生和张璐的文章借鉴美国和韩国货币政策调控的转型经验，对中国货币政策调控转型的当下状态和未来前景做了翔实分析。他们认为，虽然间接融资目前在中国仍然占据主导地位，数量型货币政策调控有继续存在的现实基础，但随着外汇占款流入的减少甚至转负，价格型货币政策调控有萌芽迹象，央行着意构建利率走廊正是朝这一方向迈出的重要一步。不过，转向真正的利率调控，还需从两个方面深入推进：一是提升我国金融体系的市场化程度，尤其要解决准入壁垒高、竞争程度低的问题；二是进一步强化预算约束，解决国有企业和地方融资平台对资金价格不甚敏感的问题。美国和韩国的经验也表明：货币政策的转型，不只是技术上的“顺水推舟”，更需要体制机制上的“伤筋动骨”。

中国人民银行金融稳定局副局长陶玲以亚洲金融危机和2008年国际金融危机为节点，将系统性金融风险监测预警方法的研究发展划分为三个阶段，对各个时期主要风险预警监测方法进行了描述和对比分析，概述了这些方法由简单到复杂、由静态到动态、由线性到非线性、由局部到系统的演变特征。她认为，不同的监测预警方法有各自的优势和缺陷，最终采用什么样的方法取决于一国金融市场发展程度、数据信息统计完备程度以及金融监管体系。基于此，她对我国如何建立系统性金融风险监测预警指标体系，提出了相应的建议。

目 录

Contents

第八十五辑

1 什么是结构性改革，它为何如此重要? 吴敬琏

What Structural Reform Is and Why It Is So Important? *by Jinglian Wu*

12 构建有利于全球经济强劲可持续平衡增长的国际税收新秩序

楼继伟

A New International Tax System for Strong, Sustainable and Balanced Global Growth *by Jiwei Lou*

政策评论 Policy Review

18 最新通胀走势及其对研究和货币政策制定的挑战

洛瑞塔·梅斯特

Recent Inflation Developments and Challenges for Research and Monetary Policymaking *by Loretta J. Mester*

39 债务和货币：金融约束与主权融资 帕特里克·博尔顿

Debt and Money: Financial Constraints and Sovereign Finance

by Patrick Bolton

68 全球货币体系第三次寻锚 黄海洲

The Third Round of Anchor Searching in the International Monetary System *by Haizhou Huang*

前沿 Guide

96 怎么还有那么多工作？工厂自动化的历史与未来 戴维·奥托

Why Are There Still So Many Jobs? The History and Future of Workplace Automation *by David H. Autor*

特稿 Special Feature

128 群体身份认同、生产率和福利政策对促进发展的启示

考希克·巴苏

Group Identity, Productivity and Well-being Policy Implications for Promoting Development *by Kaushik Basu*

法和经济学 Law and Economics

146 我国人身保险新型产品的投资功能属性及法律框架 田静

The Nature and Legal Framework of the Investment Function of New Life Insurance in China *by Jing Tian*

新书架 New Books

162 一个更平等社会的现实愿景：评安东尼·阿特金森《不平等，我们能做什么》 托马斯·皮凯蒂

A Practical Vision of a More Equal Society *by Thomas Piketty*

改革论坛 Reform Forum

170 货币政策转型：国际经验与中国前景 钟正生 张璐

Monetary Policy Transition: International Lessons and their Implication for China *by Zhengsheng Zhong and Lu Zhang*

比较之窗 Comparative Studies

192 系统性金融风险监测预警方法：国际比较和评析 陶玲

Surveillance and Early Warning Approach on Financial Systemic Risk: Comparative Studies on International Practices *by Ling Tao*

什么是结构性改革，它为何如此重要？

吴敬琏

着力推进供给侧结构性改革，是 2015 年 11 月中央财经领导小组和 12 月中央经济工作会议确定的重大举措，也是今后一段时期贯穿整个经济工作的主线。

但是，围绕供给侧结构性改革，实际上还存在不少争论。比如，中国经济发展进入下行通道，从根本上说是由于需求侧的强度不够，还是由于供给侧的效率低下？再比如，什么是结构性改革，它到底是要改结构，还是要改体制？对于这些问题，不管在理论上还是在实际工作中都存在不同的意见。

今天我想着重讲一讲自己对后一方面问题的理解，也就是什么是结构性改革，它为何如此重要。

结构调整和结构改革

“供给侧结构性改革”的提法实际上包含两个含义不同的“结构”。

第一层含义的“结构”，是指经济结构，也就是资源配置的结构。在从供给侧探究中国经济减速的原因时我们发现，最主要的问题是由于资源错配，使经济结构发生了扭曲，导致效率下降。

---

* 本文根据作者 2016 年 6 月 30 日在“中国经济 50 人论坛 · 长安讲坛”（300 期）上所做的主题演讲整理而成，经作者审阅。

从供给侧观察，经济增长由三个基本驱动力量，即劳动、资本和效率推动。从本世纪初期开始，中国经济增长原先所依靠的驱动力量开始消退，例如人口红利逐渐消失，工业化和城市化过程中产业结构改变，也就是所谓“库兹涅茨过程”（Kuznets Process）导致的效率提高也开始减速。与此同时，粗放增长方式，即主要依靠投资驱动的增长方式所造成的经济结构扭曲和资源错配却愈演愈烈。在这种情况之下，中国经济的潜在增长率从本世纪第一个十年开始下降，出现了经济下行的趋势性变化。

从以上分析得出的治本之策，就是通过资源的再配置，优化经济结构，提高供给侧的质量（效率）。

第二层含义的“结构”，是指体制机制的结构。“结构性改革”讲的，正是这后一种结构的改革。这两种“结构”不可混淆。如果把它们混为一谈，就会用经济结构的调整去取代体制结构的改革。我国的历史经验表明，这样做会造成十分消极的后果。

由政府直接“调结构”不但无效，还会产生反效果

针对中国经济存在的问题，无疑需要进行资源的再配置，以便改善经济结构，提高效率。当前改善经济结构的重点是实现“三去一降一补”（去产能、去库存、去杠杆、降成本、补短板）。

问题是怎样才能真正做到资源的优化再配置？进行资源的再配置可以有两种不同的方式：一种是按照国家的计划和规划、政府的政策要求，通过行政命令来调整国民经济的企业、产业、地区等结构；另外一种是在反映资源相对稀缺程度的价格信号的引导下，通过市场的作用来实现资源的优化再配置。

在过去相当长的一段时期内，中国习惯于沿袭计划经济的传统，用第一种方式、由政府用行政手段来“调结构”。但是，历史经验表明，这种方法“调结构”通常是无效的，甚至具有相反的效果。

早在改革开放初期，政府领导人就已经意识到，中国的产业结构存在严重扭曲，效益受到损害，需要进行调整。所以，在20世纪70年代末和80年代初曾经进行过两次大的经济调整。在当时政府主导资源配置的条件下，这种调整是通过行政手段进行的，比如规定哪些产业或部门应该缩减，哪些产业或部门应该增强，然后用行政指令或诱导政策促其实现。在原有体制下由政府进行结构调整的根本问题在于：结构扭曲往往就是由体制缺陷和政策偏差造成的，

而且政府没有办法判定什么样的结构才是好的结构。因此，调整通常会产生两方面的负面结果：一个是由于政府并不知道什么是好的结构，即使调整到位，也并不能建立更好的经济结构；另外一个是由于造成结构扭曲的体制和政策因素并没有改变，一次调整过后要不了多久，旧的结构重新复归，又需要进行另一次调整。

在当时的情况下，市场还没有生长起来，政府处在资源配置的绝对主导地位，因此以行政手段为主进行结构调整，自然是唯一可能的选择。后来通过80年代中期的初步改革和90年代以后的系统性改革，市场逐渐成长和发育起来，但是许多政府部门认为用行政命令那只看得见的手进行调整，才能很快见效，所以，在90年代甚至直到21世纪，各级政府仍然偏好用行政手段调整结构，结构扭曲问题也一直没有得到解决。

2004年出现经济“过热”以后，对于宏观经济到底是“全面过热”还是“局部过热”，发生了争论。当时有三种不同的意见：第一种认为没有发生过热，也不赞成采取总量紧缩政策，说是“股市刚刚起来，不能一盆冷水泼下去”。第二种认为出现了经济过热，主张采取紧缩措施，防止股票和房地产市场泡沫膨胀，最终导致崩盘。不过这两种意见都没有被领导接受。被肯定的是第三种意见，即认为中国经济只是出现了“局部过热”，而并没有发生“全面过热”，因此，只要采取措施抑制“过热部门”的扩张，就能保证国民经济的稳定协调发展。在这种思想的指导下，国务院颁布了《促进产业结构调整暂行规定》。国家发改委也随即会同国务院有关部门制定了《产业结构调整指导目录》，把产业划分为鼓励、限制和淘汰三类，要求采取“有保有压”和“有扶有控”的措施进行结构调整：一方面对所谓“过热产业”进行控制和清理，另一方面对政府选定的产业进行扶持。这种“有保有压”和“有扶有控”的调整并没有见效，经济结构的扭曲反而变得更加突出了。

在这种情况下，国务院在2006年3月发出《关于加快推进产能过剩行业结构调整的通知》，指出钢铁、电解铝、电石等行业产能已经出现“明显过剩”，要求根据不同行业、不同地区、不同企业的具体情况，有保有压，“坚持扶优与汰劣结合，升级改造与淘汰落后结合，兼并重组与关闭破产结合，优化产业结构和企业结构”。文件虽然也提到要深化改革和充分发挥市场配置资源的基础性作用，但是由于市场化改革依然停滞，实际上主要采取的办法是按照指令性指标“淘汰落后产能”。因此，结构调整的工作进行得并不顺利。比如钢铁行业是2006年化解产能过剩的重点产业，可是调控的结果却是越调越多，全国钢铁产能从2003年的2.5亿吨左右提升到2012年的10亿吨左右。

2008年全球金融危机发生以后，中国除了面对部分行业产能严重过剩的问题之外，还遇到GDP增长速度下降的问题。这时，除了“扩需求、保增长”外，国务院还做出决定，把大力发展战略性新兴产业作为重点经济工作之一，要求用财政、金融和其他手段大力扶持七种战略性新兴产业。由于用补贴、政策优惠来扶持指定产业造成价格信号扭曲和成本失真，使得光伏、LED等受到各级政府扶持的产业很快也变成了产能过剩的产业。

于是，2013年国务院和有关部委连续发出七个文件，要求对一系列“产能严重过剩的产业”进行治理。国务院发出的《关于化解产能严重过剩矛盾的指导意见》指出，我国的“传统制造业产能普遍过剩，特别是钢铁、水泥、电解铝等高消耗、高排放行业尤为突出”，要求通过五年努力，化解产能严重过剩矛盾的工作取得重要进展，达到产能规模基本合理、发展质量明显改善等目标。

总的来说，用行政手段解决结构扭曲的问题，效果很差，有时还适得其反，过剩产能越调越多，而政府大力扶持的产业却往往成为新的产能过剩产业。

转变发展方式长期未能见效的根本原因在体制

提高供给质量、优化经济结构、实现发展方式转型，并不是21世纪初才提出来的新要求。这一问题实际上已经提出几十年了，但一直没有得到解决。

早在1981年，全国人民代表大会就批准了国务院提出的“今后经济建设的十大方针”。“十大方针”包括多项改善产业结构的要求，希望能够通过它们的贯彻，“围绕着提高经济效益，走出一条经济建设的新路子”。1995年制订的“九五”规划（1996—2000年）又正式提出了“转变经济增长方式”的要求，其中非常重要的内容也是改善经济结构。到2002年的中共十六大提出“走新型工业化道路”。后来2007年讲的“转变经济发展方式”，2013年讲的“跨越中等收入陷阱”，针对的其实都是同一个问题。这就是优化经济结构和提高效率。但是多年来成效不大，其中的经验教训很值得汲取。

由于“十五”规划（2001—2005年）期间，经济增长方式转型出现了反复，经济结构有进一步恶化的趋势，引发了2005年到2006年制订“十一五”

规划（2006—2010 年）期间的一场要不要转变经济发展方式、怎样才能转变经济增长方式的大讨论。这场讨论得出的一个很重要的结论是：这一转型之所以步履维艰，是因为存在“体制性障碍”。当时说的体制性障碍，核心内容就是政府仍然在资源配置中起决定性的作用。

我在参加这次大讨论的过程中写了一本书——《中国增长模式抉择》（上海远东出版社 2005 年初版，2008 年增订）。书里介绍了当时讨论的情况。对于为什么增长模式转型、结构调整不能取得预期成效，列举了很多具体的原因，比如把 GDP 增长作为政绩的主要考核标准、政府拥有过多的资源配置权力，等等。归结起来，就是十六届三中全会《关于完善社会主义市场经济体制若干问题的决定》所指出的“体制性障碍”，或者如十八届三中全会《关于全面深化改革若干重大问题的决定》所说：政府仍然在资源配置中起着决定性的作用，抑制甚至排斥了市场机制作用的发挥。

“三去一降一补”也要靠市场起决定性作用

中国经济目前面对的结构问题越来越突出，所以需要通过“三去一降一补”（去产能、去库存、去杠杆、降成本、补短板）来实现资源的再配置和经济结构的优化。不论过去的历史经验还是经济学的理论分析都告诉我们，要实现这一任务，必须靠市场在资源配置中发挥决定性的作用。当然，也要更好地发挥政府的作用，在这里，市场的作用和政府的作用都要有准确的定位。

为什么实现经济结构优化和“三去一降一补”要靠发挥市场的决定性作用呢？这是因为：市场有两个基本功能：一是能够有效地配置资源，二是能够建立起激发创新创业积极性的激励机制。说到底，“三去一降一补”就是要靠这两个最重要的机制才能够实现。市场机制具有实现资源有效配置和建立正确激励机制这两个方面的优势，它们是行政手段所无法做到的。比如要压缩钢铁业的过剩产能，老办法是由行政机关规定计划指标，要求限期压缩多少万吨“落后产能”，然后把计划指标层层分解下达到各个部门、各个地区和各个企业。压缩任务通常只能按企业的大小、设备的新旧等“硬指标”“一刀切”，否则就压不下去。然而根据这样的标准，被切掉的往往并不是效率最差的设备和企业。而且每个行政部门都要保护自己的产业，甚至纵容企业增加产能。再比如“补短板”的实质是加快效率较高、供不应求的产业的发展。用行政的办法也跟市场激励的办法很不一样，主要靠政治动员和运用政府的财政政策、信贷政策、补贴政策去扶持一些政府认定应该发展的产业和应当做强做大的企业，和依靠市场机制奖优罚劣与实现优胜劣汰，效果就完全不一样。

在发挥市场在资源配置中的决定性作用的同时，政府应当怎样更好地发挥作用呢？据我理解，所谓“更好地发挥政府的作用”，是不要落入过去政府包办一切的老套路。政府要做的不是直接出手去调结构，而是提供公共品；不是操控市场和干预微观经济，而是为市场的运作提供更好的条件，为企业和创业者提供稳定的宏观经济环境和良好的法治环境。当然，它还要在一些市场不能起作用的地方发挥作用，比如说用社会保障体系来对下岗职工的基本生活需要进行托底，支持基础科研，建立基础教育体系，等等。总而言之，政府的作用是提供公共品，而不是直接干预微观企业的经济决策。

为什么要“着力推进结构性改革”

如果说理论分析和实践经验都表明，要完成结构调整和结构优化的目标，必须主要依靠市场的力量，问题的症结就在于：能够使市场在资源配置中起决定性作用的制度基础，即 1993 年的中共十四届三中全会决定和 2013 年的中共十八届三中全会决定所说的“统一开放、竞争有序的市场体系”，还没有完全建立起来。中国在 20 世纪末宣布已经初步建立了社会主义市场经济的基本框架，但是市场体系还不完备，其中许多重要的子系统还没有建立起来，即使已经初步建立，也还很不完善，存在诸多缺陷。总之，还不足以承担有效配置和再配置资源的重任。

在这种情况下，唯一的出路就是尽快通过改革，把统一开放、竞争有序的市场体系及其法治基础建立和完善起来。

正是在这样的背景下，2013 年的中共十八届三中全会通过了《关于全面深化改革若干重大问题的决定》，2014 年的中共十八届四中全会通过了《关于全面推进依法治国若干重大问题的决定》，2015 年中央领导又提出了着力推进结构性改革的要求。

人们常常以为“结构性改革”是一个中国特有的提法，其实并不是这样。“结构性改革”（structural reform）是一个在市场经济国家文献里常见的说法。我查了一些文献，在一个国家的市场经济制度已经建立起来但其中的某些制度架构仍然存在问题，需要对这些不够完善的、存在缺陷的制度架构进行改革时，这种改革就被称为“结构性改革”。我们习惯于把从计划经济到市场经济的改革叫作“体制改革”。当这个短语被译成英文的时候，也常常用“structural reform”，即“结构性改革”来表达。

像我这样年纪的人，最早接触“结构性改革”这个说法，大概是从20世纪五六十年代“共产主义论战”中中方的批判文章里看到的。当时的批判文章指称，意大利共产党总书记陶里亚蒂主张对西方国家进行“结构改革”，这意味着改良主义和对革命的背弃。后来接触得更多的，是最近十多年来一些市场经济国家一再提出要进行结构性改革。最近的G20财政部长和中央银行行长会议公报，也提出20国集团各国都需要进行结构性改革。

总之，结构性改革是市场经济国家常用来指称局部性改革的概念。既然中国已经宣布初步建立社会主义市场经济的基本框架，现在要对其中部分架构进行改革也是应有之义。所以，在这个意义上，运用这样一种说法来概括当前要进行的改革，也是完全可以的。

其他国家进行结构性改革的实践对我们也是有启发意义的。比如说，我今天讲演的题目，就是从英国《经济学人》杂志2014年12月的一篇文章“What Structural Reform Is and Why It Is Important”（“什么是结构性改革，它为何如此重要”）借用来的。2004年的时候，国际货币基金组织（IMF）曾经建议一些国家进行结构性改革，当时的IMF研究中心主任拉詹（R. Rajan）写了一篇短文来解释他们所建议的改革，题目叫作“结构性改革为什么那么难”（Why Are Structural Reforms So Difficult?）。① 文章说，结构性改革取得的成果、带来的益处是长期的，但是从短期来说，有一部分人会受损，所以很难被人们所接受。我在这里要说的不是结构性改革的难易问题，而是拉詹对什么是结构性改革所做的言简意赅的界定。跟我们现在遇到的情况相类似，当时有些人认为许多经济问题是由于需求过剩或不足造成的。拉詹表示不同意这种判断，他指出：“许多经济问题是由市场运行中的问题造成的，而不是因为资源短缺或者总需求过剩或不足。在大多数经济学家眼中，此时显然需要进行结构性改革，即改变支配市场行为的制度架构和监管架构。”这就是说，结构性改革是对制度架构和监管架构进行的改革。

总之，需要明确的是，“结构性改革”讲的是针对体制机制架构的改革，通过这种改革，把统一开放、竞争有序的市场体系建立起来，并且通过市场作

① 中译文载《比较》辑刊2016年第2辑，总第83辑，第1—4页。

用的发挥来实现经济结构的优化和供给质量的提高。

六个方面的改革需要抓紧推进

为了完成建设统一开放、竞争有序市场体系的宏伟任务，我们需要进行多方面的改革。十八届三中全会规定了336项改革任务，其中直接跟经济有关的就有200多项。这些任务当然有轻重缓急之分，不可能一蹴而就。根据最近各界人士提出的一些迫切需要重点进行的改革项目，我认为以下六个方面的改革特别需要抓紧进行。

一是简政放权的制度化，加快制定和执行市场进入的负面清单。十八届三中全会决定采取市场经济和法治国家的通行做法，对市场进入实行负面清单制度。根据企业和公民个人“法无禁止即可为”和各级政府“法无授权不可为”的原则，国务院部署制定两个清单：一个是市场进入的负面清单，一个是政府授权的正面清单。政府授权的正面清单看起来比较困难，但市场进入的负面清单是市场经济的一项基本制度，必须加快进行。这不但涉及公民的基本权利，还牵涉到对外经济关系，比如在中美投资协定的谈判中，这就是一项重要议题。

二是全面推进金融改革。金融改革的核心议题——利率市场化和汇率市场化进行得比较顺利，甚至超出了原来的预期。但是仅有这两项重要的价格改革还不足以保证整个金融体系改革成功。其他方面的改革也必须加快。比如说金融市场的监管体系，十八届三中全会要求从事前的审批为主转变为事中事后的合规性监管为主，就需要加快实现。在当前杠杆率居高不下的情况下，一方面民间的投资意愿低落，另一方面由于资产负债表衰退，人们不愿意把资金放到流动性比较低的实体经济。此时加快金融体系改革就具有更为重要的意义。

三是国有经济改革。这是一个很重要的领域，因为虽然国有经济在整个国民经济中所占的比例只有三分之一左右，但它掌握着最重要的社会资源，它所处的行业又往往是国民经济中具有居高临下地位的制高点。目前相当一部分国有企业效率低下，而且存在持续下降的趋势。如果这种情况不能较快改变，就会拖住整个国民经济的后腿。十八届三中全会决定对国有经济改革有一个重大突破，就是要把对国有企业的管理由直接管企业（即“管人、管事、管资产”）为主转变为管资本为主。这是一项具有重大意义的改革，因为只有这样才能在国有控股公司和国有参股公司中建立起有效的公司治理结构，也才能实现各类企业之间的公平竞争。

四是竞争政策的贯彻。我们过去把贯彻竞争政策叫作“反垄断执法”，现在国际上通行的说法是“贯彻竞争政策”，后一种说法可能比前一种来得确切。我们必须清醒地认识到竞争是市场制度的“灵魂”。正如“二战”后德国市场体制的缔造者艾哈德（L. W. Erhard）所言，战后德国“经济奇迹”的实质，乃是“来自竞争的繁荣”。前几天，国务院发出了《关于在市场体系建设中建立公平竞争审查制度的意见》，为确立竞争的基础性地位迈出了重要的一步。文件指出，在当前的现实生活中，“地方保护、区域封锁，行业壁垒、企业垄断，违法给予优惠政策或减损市场主体利益等不符合建设全国统一市场和有违公平竞争的现象”还广泛存在。加之在我们国家有些人还受到传统政治经济学反竞争思维的影响，认为“竞争和无政府状态”是资本主义腐朽性的集中表现。而且在社会主义条件下，不同所有制企业之间也不应当有公平竞争。事实上，没有公平竞争就不可能发现价格，也不可能实现奖优罚劣、优胜劣汰和促使企业努力创新。所以抓紧贯彻竞争政策仍是一项重大的改革任务。

五是加快自由贸易试验区的建设。现在自由贸易试验区已经从上海一地推广到全国好几个地区，但是看来这一试验的质量还有待提高。中央领导人曾经明确指出过，自由贸易试验区的意义在于“营造市场化、法治化、国际化的营商环境”“促使贸易投资便利化”。贸易和投资规则的进一步提高是一个世界性的趋势，中国需要努力适应。自贸区试验不但在对外经济关系上有意义，而且直接有助于促进统一开放、竞争有序的市场体系的建立和完善。所以这方面的试验应该加快进行，防止把“营造市场化、法治化、国际化的营商环境”的试验等同于过去的政策优惠等低层次的做法。

六是坚持建设法治国家。一个良好的市场体系一定要建立在法治的基础之上。自从 1997 年第十五次代表大会提出依法治国、建设社会主义法治国家的治国方略以来，这方面的工作有所进展，但是离建设法治国家的要求还有相当大的距离。中国是一个具有悠久人治传统的国家。进入现代以后，政府的政令在社会经济运行中始终起着主导的作用。法治观念和法治实践十分薄弱。因此，建设法治国家是一项非常重要然而也极其艰巨的任务。十八届四中全会做出了全面推进依法治国若干重大问题的决定，建设法治的工作还需加快进行，因为不厉行法治，市场运转交易就缺乏严明的规则，也就不可能平稳有效地运行。

为了推进以上这些改革，不只要提出任务，做出设计，还需要采取切实措施，克服思想上和实际工作中的障碍，抓紧施行。

必须真刀真枪地推进改革

2016年以来，中央全面深化改革领导小组的第20次（1月11日）、第21次（2月23日）和第25次（6月27日）会议都着重讨论了如何切实推进改革的问题。6月27日的第25次会议着重指出，“改革是一场革命，改的是体制机制，动的是既得利益，不真刀真枪干是不行的”。那么，怎样才能防止改革空转，真刀真枪地推进改革呢？我认为，需要在以下三个方面取得突破。

首要的问题，是要把各级党政干部的思想认识统一到中共十八届三中全会和十八届四中全会的决定上来，形成对改革的共识。

以国企改革为例，包括我自己在内的许多人都觉得国企改革进展得太慢。十八届三中全会决定改革国有资产管理体制，国有资产管理机构由直接管企业（即所谓“管人、管事、管资产”）转向以管资本为主，通过若干资本经营公司作为投资主体掌握原有的国有企业的股权。但是从传媒上发布的消息看，在这个问题上存在很不相同的认识，比如有些在国资部门工作的朋友就认为，他们还必须继续管人、管事。在这种情况下，认识上求得统一恐怕是国企改革能够迈步往前走的一个前提条件。

第二，要抓实改革的机制保障，把执行各项改革决定的责任主体明确起来。以公平竞争审查为例，国务院发布的《意见》是十分重要和及时的，而且要求从2016年7月1日开始对新制定的政策预先进行审查。然后还要对原有的各种制度和政策进行审查，逐步清理并废除妨碍全国统一市场和公平竞争的规定和做法。但是仔细读这个文件，觉得它在抓实机制保障上仍旧有不足之处。比如说，中央深改组要求在公平竞争审查中“把自我审查和外部监督结合起来，加强社会监督”，但具体的工作部署只提出各个制定政策的机构进行自我审查，而没有明确外部监督和社会监督由谁负责和怎样进行。比如说民众投诉某一个政策规定不符合公平竞争原则，由谁来接受投诉，谁来做出处理必须有明确的责任主体，否则审查就容易落空。

其实过去在《反垄断法》执法上就存在类似的问题。反垄断执法由三个部门分别负责，它们之间的互动和协调往往存在问题。当然，在三个部门上面还有一个国务院的反垄断委员会。但这个委员会不是一个常设机构，而是一个部际的议事机构。所以，过去在讨论执行竞争政策和执行反垄断法的时候，中外有许多学者提出要建立一个高层次的、拥有很大权威的反垄断机构，或者叫作执行竞争政策的机构。我以为，为了建立公平竞争审查的机制保障，这个建议也是值得认真考虑的。

第三，加强督察工作，落实主体责任。要按照中央全面深化改革领导小组的要求，“理清责任链条，拧紧责任螺丝”，抓紧完善对负有责任的机构和人员的督办协调、督察落实和责任追究等工作机制。督查工作还要落实到人员的任免上，做到像习近平总书记在第 25 次中央全面深化改革领导小组会议上所说的那样，“形成改革者上、不改革者下的用人导向”。

构建有利于全球经济强劲可持续平衡增长的国际税收新秩序

楼继伟

当前，全球经济处于从危机应对向长效治理机制转型、从周期性政策向结构性政策转型的关键时刻。国际金融危机深层次影响还在持续，全球贸易增速停滞不前，金融市场波动加大以及大宗商品价格低迷等问题仍困扰全球。同时，各国经济复苏进程不均衡、治理体系改革动力不足等问题凸显。在此背景下，促进经济“强劲、可持续、平衡增长”仍是 G20 的核心议题。近年来，各经济体和国际组织在运用宏观经济政策应对危机方面做出了不懈的努力，但财政政策和货币政策的政策效应递减，负面影响显现，其深层次原因是中长期结构性失衡，全要素生产率减缓，收入分配不均和创新驱动不足。

实现经济强劲可持续平衡增长的根本途径是推进结构性改革、加强创新能力和促进社会公平。中国国家主席习近平指出：“面对持续低迷的全球经济，G20 国家加强政策协调与应对至关重要。要推动全球治理体系朝着更加公平合理方向发展，构建创新、活力、联动、包容的世界经济。”要达到这一目标，需要各经济体协同努力。为此，G20 国家需要加强沟通协调，凝聚政策共识，引导市场预期，提高货币政策的前瞻性与透明度，增强财政政策的有效性，营

---

* 本文为楼继伟部长 2016 年 7 月 23 日在 G20 税收高级别研讨会（成都）上的讲话。

造政策环境支持关键领域结构性改革，推动全球经济复苏。

税收是全球治理体系不可或缺的重要组成部分，是全球经济规则协调的重要内容，是促进全球经济复苏的重要手段。在经济全球化的背景下，产品生产模式、企业组织形式、国际贸易模式都发生了根本变化，原有国际税收秩序面临严峻挑战。因此，G20 各国应探讨构建公平合理的国际税收秩序，促进国际税收协调与合作，为全球经济实现强劲可持续平衡增长做出更大贡献。

金融危机爆发后，G20 对于完善全球税收治理给予高度重视，取得了积极成果。一是在税基侵蚀与利润转移（BEPS）行动计划方面取得实质进展。2013 年圣彼得堡峰会就 BEPS 行动计划达成共识。经过 OECD 和各国近两年的努力，BEPS 行动计划发布最终成果，并建立实施 BEPS 成果的包容性框架，迈出了国际税收改革的重要一步。二是在税收透明度方面进展迅速、成果显著，已有 96 个国家（和地区）承诺在 2017 年或 2018 年底前实施自动情报交换，签署多边税收行政互助公约的国家范围进一步扩大，各项税收透明度审议和监督工作积极推进。三是在加强发展中国家税收能力建设方面，近年来，有关国家和国际组织积极发起各类税收援助倡议和项目，得到了发达国家的有力支持和发展中国家的积极响应。

当前，G20 国家在税收领域的国际协调与合作仍有很大空间。G20 作为全球公认的治理平台，应在完善全球税收治理上发挥引领作用，不断拓展深化国际税收协调与合作，推动建立公平公正、包容有序的国际税收新秩序。

（一）密切关注全球税收发展动向

G20 各国应当站在全球高度，加强对税收领域的战略性、宏观性、机制性问题的研究，确保各个经济体实现财政安全和可持续发展的目标。一是继续推动 BEPS 计划和税收情报交换的落实工作，吸引更多的国家和地区加入包容性框架，遵从税收情报交换标准，推动国内税制改革，有效打击国际逃避税。二是以解决税基侵蚀和利润转移问题为开端，在充分考虑各国国情和发展阶段差异的基础上，寻求“最大公约数”，推动进一步完善国际税收制度体系。三是关注各经济体税制发展的态势，把握全球税制发展的战略方向，推动国际税制协调发展，营造公平的税收环境，促进全球经济强劲平衡可持续增长。

（二）不断深化国际税收合作

在坚持已有税收合作机制的基础上，G20 各国应思考在更大范围、更高水平、更深层次上开展国际税收合作，拓展全球性、区域性、多边和双边的税收合作。一是消除税收政策制定和实施中的税收歧视，减少税收不确定性。二是减少国际双重征税，防止互不征税，有效遏制逃避税，为国际贸易和投资的增长扫清障碍，共同构建开放、包容、均衡、普惠的税收合作架构。G20 要探讨更好地发挥区域或双边多边税收合作平台的作用，就避免双重征税、降低税收风险等问题进行讨论，消除投资壁垒、降低贸易成本，推动区域贸易和投资合作，建立平等共赢的伙伴关系。

（三）持续加强税收能力建设

经济全球化和数字经济的发展，对税收征管能力建设提出了严峻的挑战。发展中国家普遍存在自身税收能力不足的情况，加强发展中国家税收能力建设对于推动全球平衡发展具有重要意义。一是 G20 国家要进一步加强对发展中国家提供税收政策领域技术援助。我们欢迎各国和国际组织提出的各类税收援助倡议，也呼吁从发展中国家的实际需求出发，有效整合项目资源，切实帮助发展中国家提高税收能力。二是要不断增强发展中国家政策制定和制度创新能力，深度参与国际税收规则修订，提高其在国际税收规则中的话语权，持续加强国内资源动员能力，增进社会福祉。中国也将建立国际税收政策研究中心，为发展中国家税收能力建设做出自身贡献。

（四）合理运用税收政策工具

完善国际税收治理，构建公平高效的国际税收体系，将为经济强劲可持续平衡增长提供政策机遇。一是要使市场在资源配置中起决定性作用，坚持税收中性的原则，把税收政策的重点放在营造公平的环境、创造公平发展机会上面，在保持财政收入可持续的基础上，促进经济包容性发展。二是合理设计税收政策，更有效地促进创新，促进新型业态、新型商业模式的发展，为经济增长提供动能，为实现包容性增长注入动力。三是提高各国在制定和实施税收政策过程中的透明度、确定性和规范性，稳定市场预期，促进要素自由流动和全球贸易与投资，恢复全球经济的传统增长动力。

公平高效的国际税收体系是全球经济增长的有力保障。作为本届 G20 主席国，我们提出与下任主席国德国共同举办此次高级别税收研讨会，经合组织也提供了大力协助。希望各位财长、国际组织领导人以及参会的各位来宾，借这次研讨会的机会，对税收促进经济强劲可持续平衡增长进行深入交流，相互学习，彼此借鉴，为不断完善全球税收治理体系贡献智慧和力量。

孙冶方经济科学奖第十七届（2016 年度）评奖公告

根据《孙冶方经济科学基金会章程》规定，孙冶方经济科学奖第十七届（2016 年度）评奖工作将于 2016 年底开始进行。

此次评奖对象是 1979 年至 2016 年 7 月底（以近两年为主）经济理论工作者和实际工作者，在国内外公开发表的论文和出版的论著。评选范围包括：经济学的基础理论研究、国民经济现实问题的理论研究，特别是改革开放与经济发展实践中热点问题的理论研究。评奖旨在传承和弘扬以孙冶方为代表的老一辈经济学家敬畏规律、守护真理的精神，坚持开放、公开、公平、公正的原则，准确把握时代脉动，鼓励在研究探索中的创新精神，在学术成果上的引领功能。同时，特别注重发现中青年的优秀作品，为全面深化改革和经济建设，为繁荣和发展中国的经济学理论作出贡献。

孙冶方经济科学奖第十七届奖的奖金标准为：著作奖每部 20 万元，论文奖每篇 10 万元。孙冶方基金会将于 2017 年秋季向获奖者颁发奖金、证书和奖牌。

申请评奖的个人或课题组，请于 2016 年 11 月底前报送参选作品（著作类婉拒论文集和教科书），并附相关材料，内容包括：作品名称、作者、单位、发表时间、通讯地址、邮编、联系电话、E-mail、推荐单位或推荐人（限经济学博士生导师）的推荐书（约 500 字）等。参选作品请寄送 3 份（恕不退还）。参选的外文论著，请同时附中文译稿。推荐表格可在孙冶方经济科学基金会的网站上下载。

申请评奖不收取任何费用。参选作品和其他材料请邮寄至“孙冶方经济科学基金会办公室”。

联系人：周小和 王昊 联系电话：6802 4467
E-mail：sunyefangjjh@sina.com
通讯地址：北京西城区月坛南街 69 号西华饭店 329 室
邮政编码：100045 网址：http://sunyefang.cass.cn/

政策评论

Policy Review

最新通胀走势及其对研究和货币政策制定的挑战

洛瑞塔·梅斯特

一、引言

感谢基斯·屈斯特（Keith Kuester）和于尔根·冯·哈根（Jürgen von Hagen）邀请我参加“康斯坦茨货币理论及货币政策研讨会”。我很高兴来到这里，原因有几个方面。第一，当年我担任费城联邦储备银行研究部主任时，曾力邀基斯加入我的团队，他很快成为主力。虽然后来他还是回到德国，但我们在与基斯共事期间从他那里学习到了许多东西。当然，希望基斯在美联储的工作中也有所获益。

第二，“康斯坦茨货币理论及货币政策研讨会”已有四十多年历史，它极大地促进了大西洋两岸的货币政策研究和货币政策制定，很荣幸能为这样一个论坛贡献一己之力。研讨会的创始人卡尔·布伦纳（Karl Brunner）在1970年举行的第一次会议上提出，“没有得到应用的理论是无用的理论，无分析依据的政策讨论和判断是危险的”。① 我相信，布伦纳教授一定会对过去两天的讨论感到欣慰，在这两天里我们的讨论将货币理论和货币政策更好地结合起来。

---

* Loretta J. Mester，克利夫兰联储主席兼CEO。本文是作者在“康斯坦茨货币理论及货币政策研讨会”（Konstanz Seminar on Monetary Theory and Monetary Policy）上的发言。

① 参见Fratianni and von Hagen（2001）。

今天，我想就通货膨胀问题发表一些看法。这些仅仅是我个人的观点，不代表美国联邦储备系统和联邦公开市场委员会的立场。我认为，如果有一个话题能够更好地从货币理论和货币政策的互动中获益，那就是“通货膨胀”。对货币政策制定者来说，稳定价格是最高目标，是货币政策在长期内能够有所作为的唯一事情；货币政策也是在长期内能够保障价格稳定的唯一工具。价格稳定对一国经济的好处是显而易见的。① 稳定的价格意味着企业和家庭不必担心货币购买力的变化，也不必担心币值的波动，从而可以对消费和投资进行长期规划并将之付诸实践。如果价格水平能够保持稳定，那么价格的变化就能够反映商品或服务供给的相对变化，从而价格信息就可以帮助企业和消费者合理配置稀缺资源。同时，价格稳定还有助于维护经济中的金融稳定和信心，有助于实现美联储货币政策双重职责中的其中之一，即充分就业。

虽然价格稳定与货币政策紧密相关，但是，通过制定货币政策来实现价格稳定并非易事。为此，我们需要具备测算和预测通货膨胀的能力，以理解实际通胀与目标通胀之间的差距以及货币政策对经济的滞后影响，而且这一影响会随时间和经济环境而变化；我们需要理解货币政策传导机制的决定因素；我们还需具备必要的资源以应对决策面临的不确定性。鉴于理解通胀对货币政策的重要性，我们可能会为自己所掌握的通胀知识感到气馁。我不得不承认，每当夜深人静时，我间或也会有这样的感受。但是，我们不应就此一蹶不振，更好的做法是不断拓宽知识边界，就像中央银行和学术研究人员正在做的那样，竭尽所能来应对不确定性。

二、近期通货膨胀的变化

许多国家的中央银行都将一个明确的通胀目标作为货币政策目标。这样一个明确的通胀目标有助于增加货币政策透明度，形成通胀预期锚。如果企业和消费者相信中央能承诺一个较长期的通胀目标并捍卫这一目标，他们就更有可能忽略短期的通胀变化。尽管在过去的几年里，我们曾多次讨论过这一问题，联邦公开市场委员会只是在相对较近的时期里，即 2012 年 1 月，发布了关于长期通胀目标和货币政策策略的声明，标志着美联储通胀目标制正式形成。当时联邦公开市场委员会采用个人消费支出价格指数（PCE）把通胀目标设定为

① 参见 Mester（2014）、Bernanke（2006）、Plosser（2011）。

2%。个人消费支出通货膨胀是根据年度同比变化进行衡量的。2016 年 1 月，联邦公开市场委员会重申 2% 的通胀目标。也就是说，联邦公开市场委员会将继续关注通货膨胀率变化趋势，看它是否超过或低于 2%。的确，明确 2% 的通胀目标，有助于美联储制定合理的货币政策，进而实现价格稳定与充分就业。

遗憾的是，美联储并非每次都能成功地稳定价格，成功和失败的案例都有过。在 20 世纪 30 年代“大萧条”期间，美国经历了严重的通货紧缩。20 世纪 70 年代，受石油危机冲击，美国通胀率快速飙升且居高不下。直到 20 世纪 80 年代初，时任美联储主席保罗·沃尔克开始实施紧缩的货币政策，才将美国通胀率降下来，但同时也引发了严重的经济衰退。这些历史教训说明了中央银行关注价格稳定目标的重要性，因为如果忽视这一目标，企业和消费者将付出惨痛代价。

美国的通胀已有相当长的一段时间低于美联储 2% 的通胀目标，尽管最新数据令人鼓舞，而且与联邦公开市场委员会关于通胀将随时间推移而逐渐回到目标 2% 的观点相一致，但是从联邦公开市场委员会自经济大衰退以来所发表的声明可以清楚地看到，通胀仍是它关注的重点。如图 1 所示，低通胀已不再是美国独有的现象。近年来，以居民消费价格指数（CPI）衡量，英国的通胀率远远低于 2%；以居民消费价格综合指数（HICP）衡量，欧洲央行的通胀目标低于但接近 2%。2015 年，根据英美欧央行各自的目标指数，英国通胀率为 0.20%，欧元区为 0.25%，美国为 0.66%。

图 1　通胀率变动情况

注：数据为月度数据，截至 2016 年 3 月。

资料来源：U. S. Bureau of Economic Analysis，ECB，Eurostat via Haver Analytics

以下几个共同因素是造成近年来这些经济体的通胀率不断下降的部分原因：一是全球金融危机之后和经济缓慢复苏进程中，全球需求疲软。实际上，在2009—2011年间，政策制定者的一个谜题“不是通胀率为什么很低，而是通胀率为什么没有更低”。① 最近一个时期以来，能源价格和其他大宗商品价格不断下跌，加上美元持续升值，导致美国进口商品价格下行压力加大，通胀保持低位。美联储理事会的SIGMA动态模拟模型表明，通过影响进口价格，美元升值10%，可以降低核心通胀率0.5%。不过，美元升值也会降低美国经济增长速度，虽然具有滞后性，并且有可能加大通胀的下行压力。②

当然，经济增长、大宗商品价格变动和汇率波动并不一定是独立的事件。例如，尽管供给因素对国际石油价格的影响很大，但是，从2014年下半年开始，国际石油价格大幅度下跌60%的现实一定程度上反映了市场对中国和其他发展中国家经济放缓的预期。同时，也是从2014年下半年开始，美元累计升值近20%，反映了美国的实际经济增长比国外更强劲以及美国和其他经济体之间的预测息差加大的预期。因此，我们必须谨慎，不要把这些冲击看成是独立不相关的，并据此简单地加总它们带来的影响。

在评估实际通胀与通胀预期时，经济学家通常会看基础通胀（underlying inflation）的各种指标，来分析通胀趋势。某些指标，如核心通胀率，剔除了易变的食品和能源价格（图2）。另一些指标，如克利夫兰联邦储备银行的中值消费者价格指数，或达拉斯联邦储备银行的切尾均值个人消费支出通胀率（图3），则是为了减少某些变化过大的特殊因素的影响。

为了预测通胀变化趋势，经济学家们创建了许多模型。其中，图4是基于系数的连续时间变化和通胀冲击方差的自回归模型，给出了对美国、英国和欧元区通胀趋势的估计值。③ 根据这一模型，这三个地区的实际通胀有所下降，通胀预期也温和下降。克利夫兰联储的工作人员运用了多个模型来估算美国的通胀趋势。这些模型均显示，在过去10年中，美国的通胀呈下降趋势，表明这一结果并非某个模型所特有。④

---

① 参见Constâncio（2015）。

② 参见Fischer（2015），第五章。

③ 这一模型是一个一阶自回归模型，其中有若干随时间变化的参数以及随机波动性，而且与Cogley、Primiceri and Sargent（2010）所考虑的设定相关。

④ 参见Clark and Garciga（2016）。

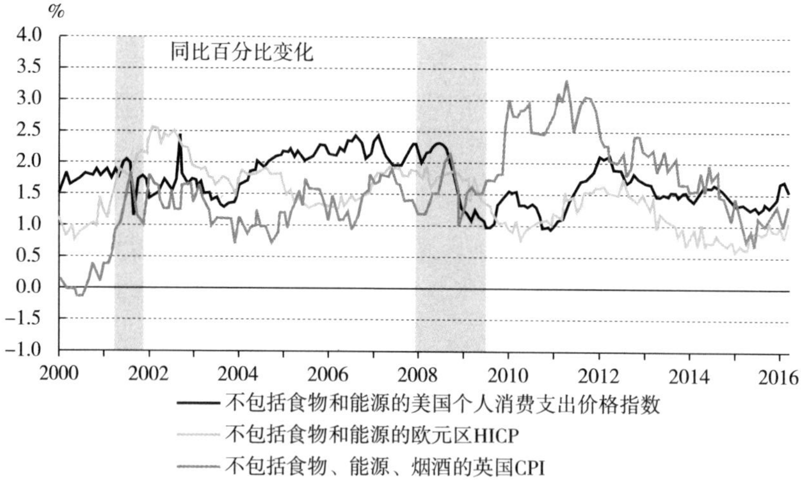

图2　核心通胀率

资料来源：U. S. Bureau of Economic Analysis, ECB, Eurostat via Haver Analytics

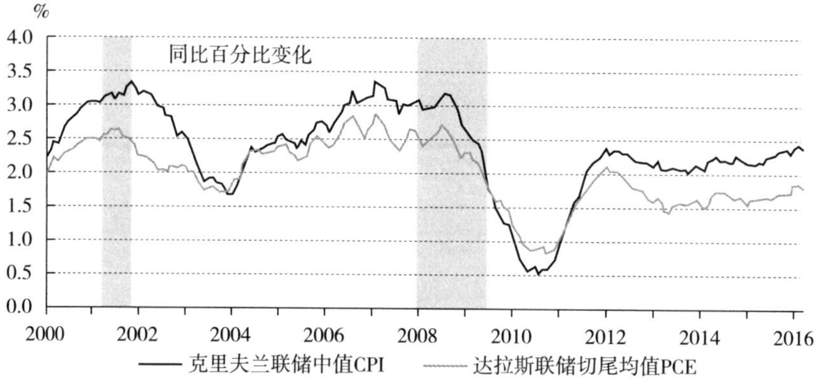

图3　美国测算基础通胀率的其他指标

注：数据为月度数据，截至2016年3月。

资料来源：Federal Reserve Bank of Cleveland and Federal Reserve Bank of Dallas via Haver Analytics

当然，低于通胀目标的趋势变化并非是永久性的。事实上，随着国际石油价格和美元汇率逐步趋稳，美国的总体通胀和基础通胀指标已经上升，这与联邦公开市场委员会预测的情形相符。截至2016年第一季度，个人消费支出价格指数从2015年一季度的0.2%上升到1%。2016年第一季度的核心个人消费支出通胀率为1.7%，去年同期为1.3%；2016年第一季度核心CPI为2.3%，去年同期为1.7%。克利夫兰联储的十二个月期中值CPI通胀率在过去几年持

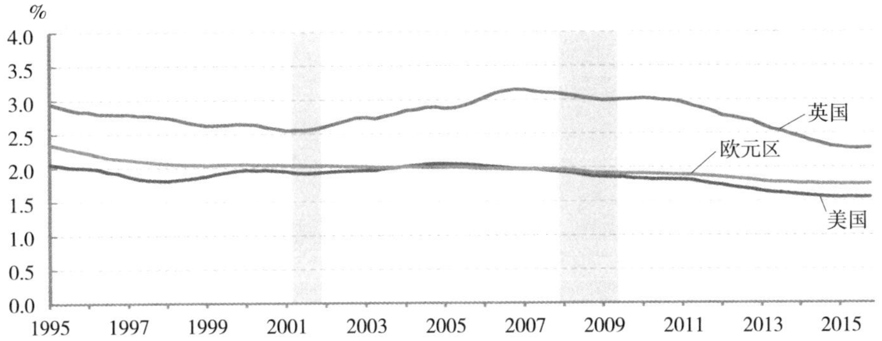

图 4　通胀趋势预测

注：数据为季度数据，截至 2015 年四季度。

资料来源：Federal Reserve Bank of Cleveland

续走高，2016 年一季度达到 2.4%。

通胀预期是决定通胀动态变化的一个重要因素。① 我们可以用不同的方法来测算通胀预期。有些测算基于家庭调查或专业预测机构的调查，有些则基于金融市场中的交易数据。我认为，从这些测算来看，过去几年的通胀预期一直比较稳定，甚至在能源价格大幅下跌时也是如此。专业预测机构对长期通胀预期的调查测算（如图 5 所示）和家庭调查测算均显示了这一稳定性（如图 6 所示）。虽然有这些长期通胀预期的测算，但分析显示家庭通胀预期对能源价格的大幅变动很敏感，在美国，家庭通胀预期的任何轻微下降都反映了国际石油价格的大幅下行。②

为了加入这些基于调查的测算，经济学家们开发了利用金融市场数据来推导通胀预期的模型。在美国，十年期盈亏平衡通胀率（breakeven inflation rate）是通过十年期国债收益率和十年期财政部通胀保值债券（TIPS）收益率之间的差额计算的。1997 年，美国财政部开始发行通胀保值债券，投资者可以购买这类债券来对冲通胀的意外上升。从理论上讲，通胀掉期工具也为投资者提供了保护，基于掉期的通胀补偿（inflation compensation）也是衡量通胀预期的重要指标。基于市场数据的指标波动性较大。图 7 显示了未来五年的五年期通

① 例如，Faust and Wright（2013）证明了专业预测机构的长期通常预期调查对预测短期通胀的价值。

② Larkin（2016）给出了危机前后石油价格上涨对美国、欧元区、以色列和英国的通胀预期所产生的影响。

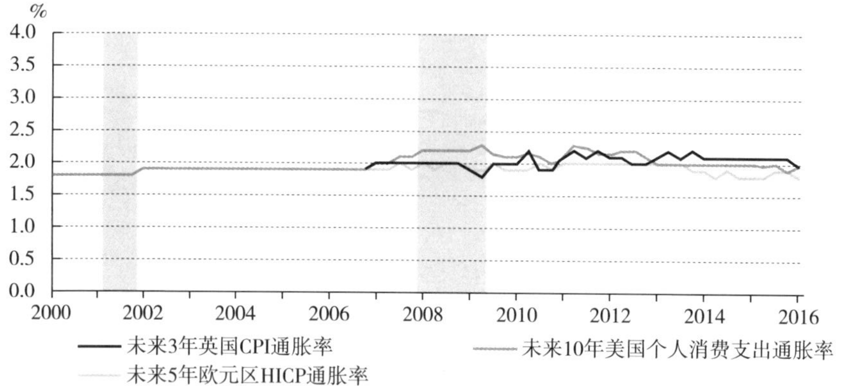

图5　长期通胀预期：专业预测机构的调查

注：数据为季度数据，截至2016年第一季度。

资料来源：Federal Reserve Bank of Philadelphia via Haver Analytics，ECB，Bank of England

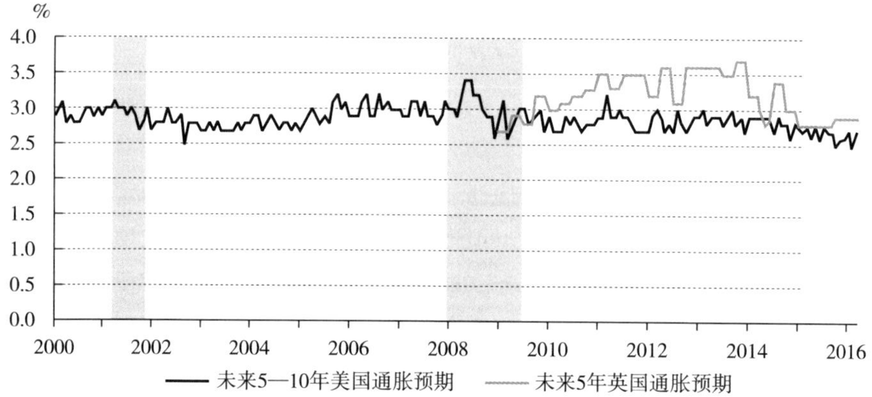

图6　长期通胀预期：家庭调查

注：美国数据为月度数据，截至2016年3月；英国数据为季度数据，截至2016年一季度。

资料来源：University of Michigan，Bank of England/GfK

胀补偿，即所谓的五年—五年远期指标（five－year，five－year forward）。我对波动性进行了平滑处理，并给出了月度数据。正如读者可以看到的，在过去两年中，这一指标在美国和欧元区均有下降（图7）。

需要注意的是，通胀补偿与通胀预期是不同的，通胀补偿指标不仅反映了投资者的通胀预期，也体现了投资者为保护自己免受通胀风险所愿意支付的价格。此外，相对于国债市场来说，通胀保值债券市场的流动性较低，因此，盈亏平衡通胀率和通胀补偿率还需附加流动性溢价。通胀风险溢价和流动性溢价

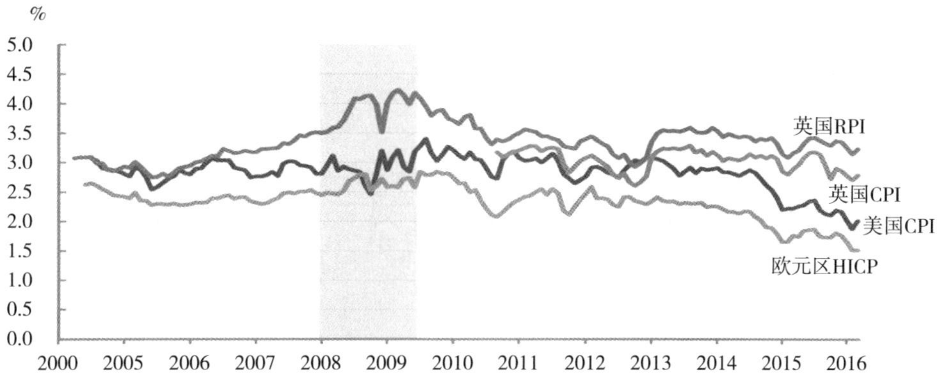

图 7　基于掉期计算的五年—五年远期通胀补偿

注：数据为月度数据，截至 2016 年 3 月。

资料来源：Bloomberg

会随着时间的变化而变化，需要通过模型将通胀预期和通胀补偿分离出来。不同模型所产生的结果是不同的。图 8 给出了克利夫兰联储和旧金山联储员工使用相关模型得出的通胀风险溢价。① 或许读者会注意到这里正负号的不同：在最近一段时间，旧金山联储模型估算的风险溢价为负值，而克利夫兰联邦模型估算的风险溢价为正值。由此可见，从这些模型中得到的通胀预期可能是截然相反的（图 9）。另外，投资者寻求资金避险的需求增加，这会造成国债需求上升，因此，通过通胀补偿来推算通胀预期将更加困难。最后，通胀补偿指标变化与能源价格变化是相关的，这表明通胀补偿作为长期通胀预期的指标并不一定可靠。

乔恩·福斯特和乔纳森·怀特（Jon Faust and Jonathan Wright）认为，基于市场数据的通胀补偿指标太不稳定，不宜作为长期通胀预期的指标。他们还指出，数据也驳斥了五年—五年远期通胀补偿可作为长期通胀预期的合理指标这一假设。②

---

① 请注意，旧金山联储的序列数据是每日数据，而克利夫兰的序列数据是月度数据，因此两个序列数据都比较平滑。克利夫兰联储结合名义收益率数据、通胀掉期和各种通胀预期调查，分别识别出这些因素，然后据此估算出通胀预期和通胀风险溢价。

② 正如 Faust and Wright（2013）论述的，如果五年—五年远期通胀补偿可以作为合理的长期通胀预期，它就必定是鞅，也就是说，它的未来期望值一定等于现值。这其中的含义是远期通胀补偿 k 期变化的波动性必定是 k 乘以第一期变化的波动性。他们检验并最终推翻了这一假说。

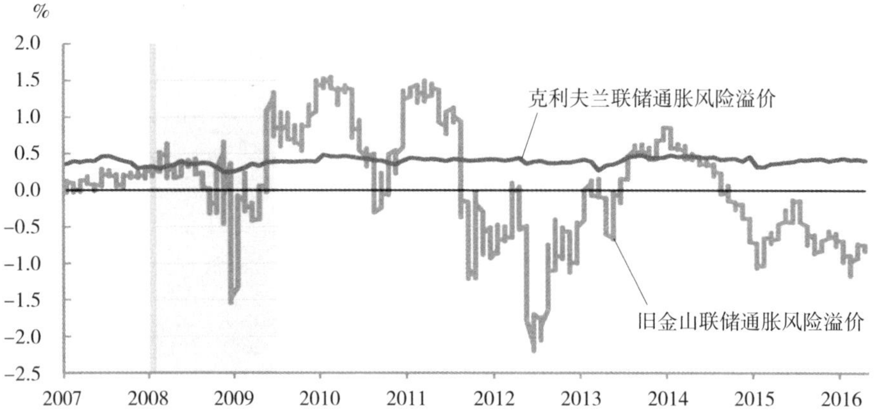

图 8　十年期通胀风险溢价

注：克利夫兰联储的为月度数据：截至 2016 年 4 月；旧金山联储的为每日数据：截至 2016 年 4 月 7 日。

资料来源：Federal Reserve Bank of Cleveland，Federal Reserve Bank of San Francisco

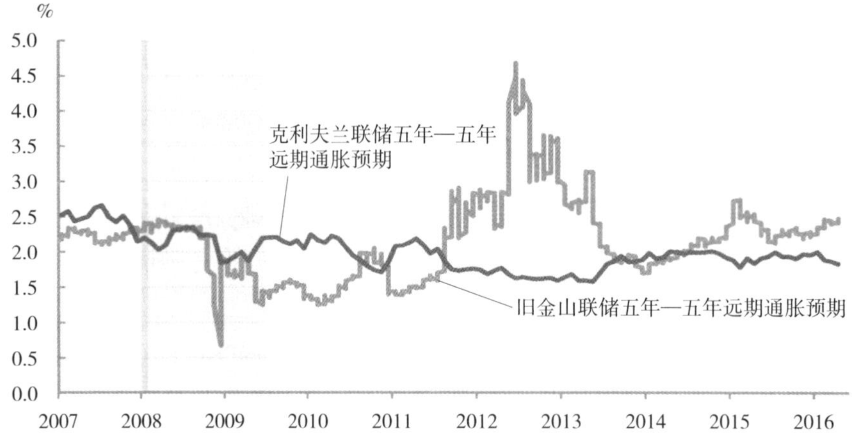

图 9　五年—五年远期通胀预期

注：克利夫兰联储的为月度数据：截至 2016 年 4 月；旧金山联储的为每日数据：截至 2016 年 4 月 19 日。

资料来源：Federal Reserve Bank of Cleveland，Federal Reserve Bank of San Francisco

考虑到测算通胀预期面临的挑战以及 2015 年夏天和 2016 年初金融市场所经历的波动，我认为，根据金融市场指标来推断通胀预期变化的信号需要更加谨慎。不过，我也认为，监测通胀预期的所有这些指标是值得的，因为通胀预期在通胀动态变化中发挥着重要作用。

三、通胀模型和预测

经济学家通常用附加预期的菲利普斯曲线这一统计关系来预测通胀，而我在前面讨论的那些因素，包括需求增长、石油价格及相关价格冲击、通胀预期，也都出现在附加预期的菲利普斯曲线中（图 10）。传统版本的菲利普斯曲线描述的是通胀变化与失业率变化之间的关系；新版本的菲利普斯曲线则强调通胀预期在通胀动态变化中的重要作用。相比之下，新版本的菲利普斯曲线对通胀预期的预测要比传统菲利普斯曲线更好。

传统版本的菲利普斯曲线：

$$\pi_t = -\gamma u_t + \varepsilon_t$$

附加预期的菲利普斯曲线：

$$\pi_t = \beta E_t(\pi_{t+1}) - \gamma(u_t - u^*) + \varepsilon_t$$

新凯恩斯主义的菲利普斯曲线：

$$\begin{aligned}\pi_t &= \beta E_t(\pi_{t+1}) + \lambda mc_t + \varepsilon_t \\ &= \beta E_t(\pi_{t+1}) + K(y_t - y_t^{efficient}) + \varepsilon_t\end{aligned}$$

图 10　菲利普斯曲线模型

在附加预期的菲利普斯曲线中，经济活动是由闲置产能指标来衡量的，通常是失业率缺口（自然失业率与实际失业率之差）或产出缺口（潜在产出与实际产出之差）。许多研究表明，在附加预期的菲利普斯曲线中，闲置产能的斜率系数递减，通胀预期则是推动通胀动态变化的更重要的因素。在预测能力方面，附加预期的菲利普斯曲线对 2009—2011 年复苏早期的通胀预测偏低，使人们对它的预测能力产生了怀疑。于是，有不少研究开始致力于揭开“通货膨胀失踪之谜”。欧洲中央银行的经济学家在其分析中指出，把食品和能源价格包含在核心通胀率里的菲利普斯曲线可以解释 2009—2011 年欧元区通货膨胀失踪之谜。① 这表明附加预期的菲利普斯曲线具有特殊性，对于通胀预期和闲置产能的不同衡量方法会影响其预测能力，如果一个人想将附加预期的菲利普斯曲线应用于实际，它助益不大。

更为重要的是，自然失业率与潜在 GDP 水平都是不可观测的变量，因此，

---

① 参见 Constâncio（2015）。

我们必须认识到，菲利普斯曲线对闲置产能的测算并不准确。随着时间推移，对闲置产能的这些测算也将得到修正。事实上，自“大衰退”开始后，经济学家和政策制定者几乎每年都在下调其对潜在经济增长率的估值。例如，2008年，美国国会预算办公室将2008—2013年的潜在经济增长率由2.5%下调至1.3%。对个人消费支出通胀率等指标的修正更为复杂，加大了实时制定货币政策的难度。例如，2002年初，联邦公开市场委员会担心通胀率下降，最终，大部分下降都被修正掉了。阿萨纳休斯·欧菲尼德斯（Athanisios Orphanides）在多篇论文中令人信服地论证了，对闲置产能和自然利率等不可观测变量的错误测算导致货币政策失误，造成了20世纪70年代的“大通胀”。他认为，这些被错误测算的变量对今天的货币政策仍有负面影响。①

新凯恩斯主义的菲利普斯曲线是可以作为上述统计型菲利普斯曲线之外的另一种选择，是动态随机一般均衡模型（DSGE）的重要组成部分，其基本模型（workhorse model）在央行中得到广泛适用。该模型假定，企业具有一定的定价能力，即存在不完全竞争，公司将以利润最大化设定价格。该模型还假定，价格具有粘性，即企业并不能应对每一次经济冲击，仅能偶尔调整自己的价格。这些扭曲意味着，当经济遭受冲击时，实际产出可能偏离无价格粘性和完全竞争市场下的有效水平。这还意味着，货币政策在短期内能影响实体经济，虽然在长期内对实体经济的影响仍为中性，通胀短期内动态变化的主要原因是企业向其客户收取的超过边际成本的预期加价。这一预期加价将随着时间和经济环境而变化。②

新凯恩斯主义的菲利普斯曲线表明，闲置产能的常用指标在通胀动态变化中所起的作用仅仅是它们有助于预测边际成本的未来变化，而这一作用似乎也没有成为现实。不过，在新凯恩斯主义的菲利普斯曲线中，有着另一个闲置产能的概念，即有效产出水平与不完全市场和粘性价格下的产出水平之差。这一差值和通胀预期与实际通胀具有关联性。如果相关冲击并没有导致企业改变其边际成本之上的合意加价，货币政策就应该设法使有效产出水平与不完全市场和粘性价格下的产出水平之差最小化，这相当于稳定通胀。对经济产生影响的某种冲击的性质决定了有效产出水平是否会变化，货币政策是否需要对此做出

---

① 例如，可参见Orphanides（2015）、Orphanides and Van Norden（2005），以及Orphanides（2002）。

② Sill（2011）以通俗易懂的方式描述新凯恩斯主义的菲利普斯曲线。

反应。

虽然我已指出利用统计型菲利普斯曲线来预测通胀存在某些困难，但也需要认识到新凯恩斯主义的菲利普斯曲线在解释通胀动态变化时的局限性。例如，该理论无法预测通货膨胀为何在导致其产生的边际成本因素消失后仍然持久存在，而且美国的数据表明，通胀有相当长的持久性。因此，利用该模型预测通胀趋势，需要加入通胀或产出的滞后值，并允许长期通胀预期缓慢变化。①

我们仍在努力改进我们的预测模型，因为通胀预测对货币政策制定极为重要。由于货币政策传导存在时滞，所以货币政策制定需要前瞻性。美国、英国和欧洲央行预测，在未来几年内，实际通胀率将逐步回归至各自的通胀目标。利用模型预测通胀时应当注意以下两点：一是预测的置信区间较大，反映了模型的不确定性；二是由于宏观经济时常会受到冲击，相关数据也需要不断修正。

图 11 显示了英格兰银行和欧洲央行通胀预测的置信区间。英格兰银行通胀预测的置信区间中间值为 70%，欧洲央行通胀预测的置信区间为 57.5%，年度置信区间宽度均略高于 ±1 个百分点。

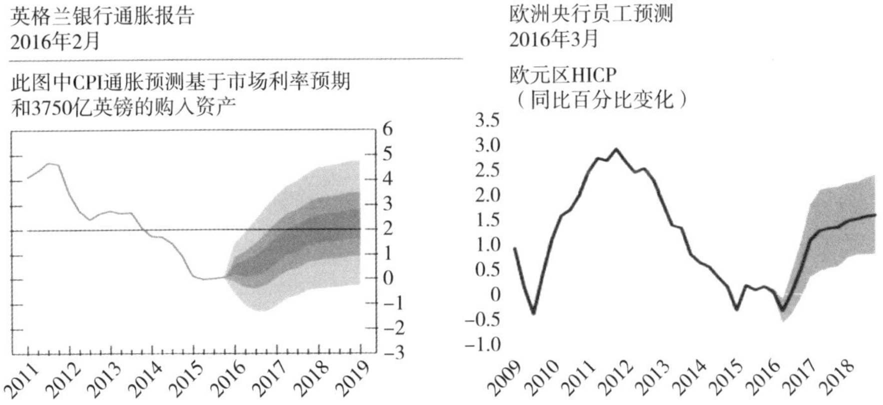

图 11　通胀预测的置信区间

与英格兰银行和欧洲央行不同，美联储从未公布过通胀预测指标。不过，联邦公开市场委员会每年会发布四次对各成员的预测进行汇总后的综合预测。

① 参见 Sill（2011）的讨论。

2016 年 3 月，联邦公开市场委员会发布的个人消费支出总体通胀率中位数预测显示，美国通胀率有可能从 2015 年的 0.5% 上升到 2016 年的 1.2%；2017 年和 2018 年可能继续攀升至 2%。联邦公开市场委员会虽然会讨论这些预测的误差范围，但从不公布。①

联邦公开市场委员会曾发布了私人预测机构和政府预测机构对 1996—2015 年间所做预测的平均历史误差汇总表。在通胀方面，一年期和两年期的误差区间大约为 1 个百分点，将这一误差用于联邦公开市场委员会的预测中位数，可得到接近 70% 的对称置信区间。如图 12 所示，尽管联邦公开市场委员会成员的预测差异也常受到关注，但与通胀预测置信区间相比，其预测的置信区间还是很窄的。

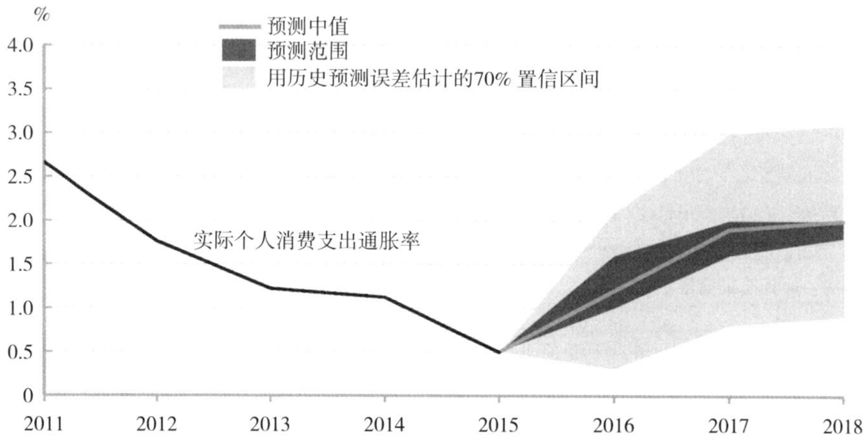

图 12　联邦公开市场委员会的经济预测汇总：个人消费支出通胀率

资料来源：联邦公开市场委员会的经济预测汇总（FOMC Summary of Economic Projectios），2016 年 3 月

在制定货币政策时，我们需要关注通胀预测的准确性。我们必须要有前瞻性，这意味着我们必须依靠模型来预测通胀，但是，到目前为止，还没有任何模型可以给出十分准确的预测结果。在此情况下，最好的做法是承认预测中的不确定性。我赞成联邦公开市场委员会公布其预测的误差区间，因为这不仅可以使公众了解到通胀预测所存在的某些风险，同时也有助于提醒政策制定者重视不确定性因素。从这个角度讲，预测误差并不会让我们束手无

① 参见 2016 年 1 月 26—27 日的 Minutes of FOMC Meeting。

策。相反，我们应当仔细分析多个模型和模拟计算的预测结果，利用模型平均技术，根据收入数据不断地评估模型所做的预测，以此来解决预测误差问题。联邦公开市场委员会已扩展了政策制定过程中常用的模型，包括大型FRB/US模型、两个规模较小的动态随机一般均衡模型（EDO和SIGMA），以及各联邦储备银行维护和使用的其他各种模型。目前研究人员正在构建模型库，以较为系统地比较分析一系列经济模型的实证结果和政策影响，以便为政策分析提供支持。宏观经济模型数据库（MMB）就是其中的一个，它主要由法兰克福歌德大学的沃尔克·维兰德（Volker Wieland）牵头，目前包括了61个动态模型。① 主要目的是在经济形势发生变化时，为货币政策制定和操作提供参考。

四、通胀预期研究

尽管通胀预期在我们的通胀动态变化理论和货币政策传导中发挥着十分重要的作用，但我们仍然不知道预期是如何形成的，谁的预期会影响通胀预测和货币政策制定？经过多年努力，通胀预期得以下调，当务之急是继续将通胀预期锁定在中央银行的政策目标上。在未来一段时间内，如果实际通胀率低于或高于目标通胀率，是否会导致长期通胀预期不稳定？是否会导致社会公众对中央银行失去信心？实际通胀率对目标通胀率偏离多大或多久才会触发类似的反应？如果我们不能理解通胀预期是如何形成的，就很难回答这些问题，也很难知晓导致通胀预期偏离央行目标的原因。

日本的历史经验表明，这些问题并不简单。如图13所示，日本经历了长期接近于零的经济增长后，从2009年到2013年年中，实际通胀为负。即使如此，数年来通胀预期指标依然处在1.5%—2%的相对稳定区间，远远高于实际通胀。② 这提出了一个难题，因为传统理论认为通胀预期的变化应该导致实际通胀的变化。

我们或许可以用通胀预期来解释2009—2011年的“通货膨胀失踪之谜”（图14）。虽然通胀预期理论往往基于企业定价行为，但是在美国，我们并没有逻辑一致的企业通胀预期指标。奥利弗·科伊宾和尤里·格罗德尼杰科

① 关于数据库的更多详细，参见The Macro Model Data Base（MMB）的网页：www.macromodelbase.com，关于这一方法的讨论，参见Wieland、Gwik、Müller、Schmidt and Wolters（2012）。

② 参见Yellen（2015），Trehan and Lynch（2013）。

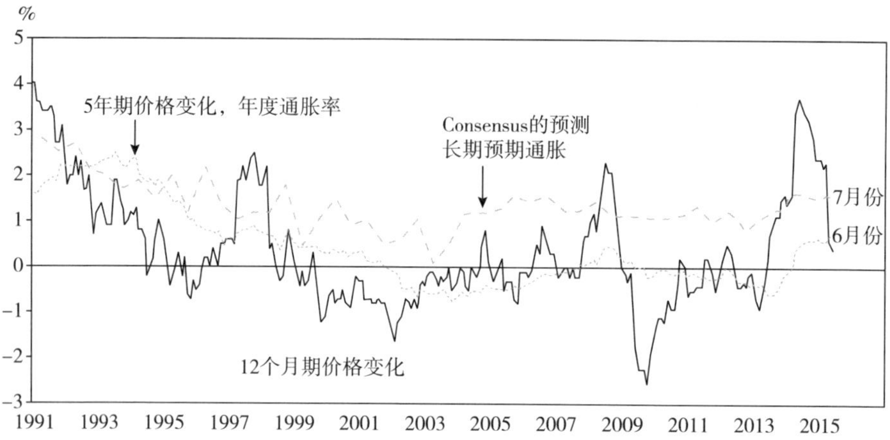

图 13　日本实际通胀和通胀预期

注：5 年期价格变化和 12 月期价格变化数据为月度数据，Consensus Economics 的预测数据于 1991 年 4 月开始编制，至 2014 年 4 月为半年编制，之后为按季编制。

数据来源：Ministry fo Internal affairs and Communications（Japan）；Consensus Economics（London），Haver Analytics。引自 Janet L. Yellen，“Inflation Dynamics and Monetary Policy”，The Philip Gamble Memorial Lecture，University of Massachusetts，Almherst，MA，2015 年 9 月 24 日

- 通胀预期的形成
  - 通胀预期是领先还是滞后于通胀？
  - 企业、家庭部门和专业预测机构的通胀预期
- 厂商的定价行为
  - 微观数据
  - 金融约束
- 多重均衡
- 学习模型

图 14　通胀预期研究

（Olivier Coibion and Yuriy Gorodnichenko，2015）的研究发现，如果用家庭通胀预期作为通胀预期指标，从菲利普斯曲线得出的通胀预测结果与实际通胀之间有更强的相关性，相反，如果用专业预测机构的通胀预期作为通胀预期指标，则相关性较弱。① 两位作者对新西兰企业的通胀预期进行了调查，并得出了一

① Coibion and Gorodnichenko（2015）.

些有趣的结果。这些结果表明企业的通胀预期与家庭类似，远远高于专业预测机构的预期，而且企业之间的通胀预期差异也远高于专业预测机构之间的通胀预期差异。自2009年开始，企业和家庭的通胀预期显著上升，反映了石油价格的上涨。奥利弗·科伊宾和尤里·格罗德尼杰科认为，2009—2011年，受石油价格上涨等因素的影响，许多国家并没有出现通缩压力。

更好地理解企业的通胀预期，可以帮助我们进一步理解企业的定价机制，解释经济模型与实际定价行为之间的差异。基于用来构建总价格指数（比如CPI）的各种价格，马克·比尔斯和彼得·克雷诺（Mark Bills and Peter Klenow）发现，企业调整价格的频率高于标准模型的预测，这些模型已根据宏观经济周期的各种特点进行了校准。① 这个发现令人不安，因为它表明，微观数据与经常用来进行货币政策分析的新凯恩斯宏观模型之间缺乏相关性。

西蒙·吉尔克里斯特和埃贡·扎杰申科（Simon Gilchrist and Egon Zakrajsek）研究了金融约束对企业定价行为的影响。他们发现，产品价格上涨与企业外部融资的难易程度存在相关性。那些容易获取外部融资的企业，可以通过降低价格来应对需求减少；那些无法获得外部资金的企业则需要通过提高价格来保证收入稳定。因此，受金融冲击，需求水平下降，企业信贷和流动性减少，我们通常可以看到，产出下降，加价提高，随后出现通胀。② 这是解释“大衰退”之后“通货膨胀失踪之谜”的另一个因素。这类研究结果表明，需要进一步完善融合了金融市场、金融压力、借款人违约和金融机构倒闭等因素的动态随机一般均衡模型，这类模型必定相当复杂。就其性质而言，金融危机涉及非线性、潜在的多重均衡以及限制套利的金融摩擦。但是，进一步了解通胀的动态变化能让我们获益匪浅。

阿罗巴和肖夫海德（Boragan Aruoba and Frank Schorfheide）将非线性纳入动态随机一般均衡模型，以分析退出零利率政策过程中的通胀动态变化。③ 该模型包含了多重均衡，两位作者着重研究了以下两种稳定状态：一是通胀率处于目标水平；二是名义利率为零，通胀率为负。这样计算出的通胀预期可以反映社会公众对每种状态下的平均通胀的预期，并且引入了他们对两种状态变换概率的预期。分析结果表明，与稳态的目标通胀率相比，稳态的通缩会对社会

---

① Bills and Klenow（2004），Nakamura and Steinsson（2008）.

② Gilchris，Schoenle，Sim and Zakrajsek（2015）.

③ Aruoba and Schorfheide（2015）.

福利造成更大损失。

如在上述模型中一样，在多重均衡的世界里，我们可以将中央银行的货币政策视为选择某一多重均衡路径，但每一条路径对社会福利的影响却大相径庭。在上述模型中，当实际通胀率处于目标水平时，一次短暂的负面冲击或目标通胀范围内的一系列冲击或经济转向通缩状态，都有可能使经济触及零下限。由于两种状态中的通胀率和利率都可以很低，知晓经济实际上处在哪种状态是有困难的。这给中央银行带来了挑战，因为每一种均衡状态下的最优货币政策各不相同。根据对美国、欧元区及日本的通胀和利率所做的研究，阿罗巴和肖夫海德指出，日本已转入通缩，但欧元区不太可能，而美国的情况尚不清晰。①

这样的模型可以帮助我们思考中央银行的通胀目标。受最近这次“大衰退”的影响，一些经济学家认为，在经济的常规时期，应当设定较高的通胀目标。因为只有这样，在经济受到冲击时，才有更大的空间来实施扩张性货币政策。② 阿罗巴和肖夫海德利用他们的模型，研究了在以下两种情景下，产出、通胀率和利率的可能变化。第一种情景是美国在 1984 年将通胀目标设定为 4%，第二种情景是将美国现在的通胀目标设定为 4%。在第一种情景中，2009 年之后美联储的基准利率不会为零，通胀将迅速恢复到 4% 的目标，产出也比基线通胀率较低时恢复得更快，消费也更高。不过，两位作者认为，货币政策的总体效果是不确定的，因为将价格调整到较高的通胀目标可能是有成本的，在高通胀时期持有现金和其他流动资产的成本也更高。此外，货币政策的效果还取决于经济第一时间触及零下限的概率。

在第二种情景中，通缩风险降低，产出基本没有变化，因此，没必要调整通胀目标。此外，未被建模的其他因素也表明，改变通胀目标是无效的，甚至适得其反。中央银行为自己设定的通胀目标赢得可信度需要时间，家庭和企业将他们的预期锚定在通胀目标上也需要时间，因此改变通胀目标的短期效果并不显著，如果这样做削弱了目标的可信度并使预期变得不稳定，长期来看，则反而有害。

非线性动态随机一般均衡模型，如阿罗巴和肖夫海德所构建的模型，其多重均衡性质表明，一个有可能产生丰硕成果的研究领域是将宏观经济学中关于学习的文献和行为人如何形成预期的经验文献相结合。人们是根据自己的经验

---

① 参见 Aruoba and Schorfheide（2015）以及 Aruoba、Bocola and Schorfheide（2013）。

② 例如，可参见 Blanchard、Dell’ Ariccia and Mauro（2010），以及 Roșengren（2015）。

形成通胀预期，还是在听取专家建议后形成通胀预期，再或者是根据过去的通胀率形成通胀预期？他们对未来通胀的决定因素是否有自己的理论？理性预期概念，即行为人的预期与经济模型一致，这是宏观经济理论的一个重大进步，也是现代宏观经济模型的基准假设。但这是一个很强的假设，因为它要求所有行为人都理解模型及其参数，而且知道其他行为人也是理性的。在过去 20 年中出现的大量文献已经将各种关于学习的模型纳入了宏观经济学模型。① 虽然其中的某些模型发现通胀预期最终都收敛于理性预期，但此类模型中的经济动态变化与基准理性预期模型中的可能有所不同。除了探究不同学习模型，例如递归学习模型或贝叶斯学习模型的影响外，某些经济学家把这些模型带到实验室，通过实验来研究经济的动态变化。②

关于学习的文献使我们可以研究经济会如何从一个均衡走向另一个均衡。③ 这种均衡变化可能是渐进的，也可能是突变的，取决于学习模型是如何构建的，这对宏观经济稳定和合理的经济政策都有意义。学习模型帮助我们将某些结构应用于锚定的通胀预期这一概念之上。它们不仅向我们指出了一些也许会影响通胀预期锚定的因素，还使我们可以了解中央银行的沟通和信誉在个人通胀预期形成中的作用。

五、结论

在本文中，我指出了与通胀有关的若干待解决的问题。不过，我并不因为我们仍然不了解通胀而感到气馁，反倒被许多有效的方法来推进我们对通胀动态变化和通胀预期的了解所鼓舞。我也积极鼓励研究者们继续推进这方面的研究，这不仅因为价格稳定无疑是一个值得追求的目标，还因为好的政策制定有赖于研究，研究可以为政策制定提供丰富的信息。

（中国人民银行研究局副局长 王宇　译）

---

① George W. Evans and Seppo Honkapohja 在学习和宏观经济学方面开展了原创性的研究工作。参见他们的评论文章，Evans and Honkapohja（2009）。也可参见 Orphanides and Williams（2008）。

② 一篇有趣的文章（Assenza、Heemeijer、Hommes and Massaro，2013）在一个有人类主体的实验环境里，研究了新凯恩斯主义模型中的个人通胀预期是如何形成的。作者们发现，经济有摆动地收敛于一个均衡，而且与理论文献一致的是，对通胀变化做出多种反应的货币政策规则可以稳定通胀。

③ Bernanke（2007）讨论了其中的某些想法。

参考文献

Aruoba, Boragan, Luigi Bocola, and Frank Schorfheide, "Assessing DSGE Model Nonlinearities," National Bureau of Economic Research Working Paper 19693, 2013.

Aruoba, Bora ğ an, and Frank Schorfheide, "Inflation During and After the Zero Lower Bound," Federal Reserve Bank of Kansas City Economic Policy Symposium, Jackson Hole, WY, August 2015.

Assenza, Tiziana, Peter Heemeijer, Cars Hommes, and Domenico Massaro, "Individual Expectations and Aggregate Macro Behavior," Tinbergen Institute Discussion Paper 13 – 016/II, January 5, 2013.

Bank of England, *Inflation Report*, February 2016.

Bernanke, Ben S., "The Benefits of Price Stability," Center for Economic Policy Studies, Princeton University, Princeton, New Jersey, February 24, 2006.

Bernanke, Ben S., "Inflation Expectations and Inflation Forecasting," remarks at the Monetary Economics Workshop of the National Bureau of Economic Research Summer Institute, Cambridge, MA, July 10, 2007.

Bils, Mark, and Peter J. Klenow, "Some Evidence on the Importance of Sticky Prices," *Journal of Political Economy* 112, 2004, pp. 947 – 985.

Blanchard, Olivier, Giovanni Dell' Ariccia, and Paolo Mauro, "Rethinking Macroeconomic Policy," *Journal of Money, Credit, and Banking* 42, 2010, pp. 119 – 215.

Clark, Todd, and Christian Garciga, "Recent Inflation Trends," Federal Reserve Bank of Cleveland *Economic Trends*, January 14, 2016.

Cogley, Timothy, Giorgio E. Primiceri, and Thomas J. Sargent, "Inflation – Gap Persistence in the US," *American Economic Journal: Macroeconomics* 2, 2010, pp. 43 – 69.

Coibion, Olivier, and Yuriy Gorodnichenko, "Is the Phillips Curve Alive and Well after All? Inflation Expectations and the Missing Disinflation," *American Economic Journal: Macroeconomics* 7, January 2015, pp. 197 – 232.

Constâncio, Vítor, "Understanding Inflation Dynamics and Monetary Policy," remarks at the Federal Reserve Bank of Kansas City Economic Policy Symposium, Jackson Hole, WY, August 29, 2015.

European Central Bank, *ECB Staff Macroeconomic Projections for the Euro Area*, March 2016.

Evans, George W., and Seppo Honkapohja, "Learning and Macroeconomics," *The Annual Review of Economics* 1, 2009, pp. 421 – 449.

Faust, Jon, and Jonathan H. Wright, "Forecasting Inflation," in *Handbook of Economic Fore-*

casting, Graham Elliott and Allan Timmermann, eds. , Amsterdam: Elsevier Press, vol. 2A, 2013, pp. 2 - 56.

Fischer, Stanley, "U. S. Inflation Developments," remarks at the Federal Reserve Bank of Kansas City Economic Policy Symposium, Jackson Hole, WY, August 29, 2015.

Fratianni, Michele, and Jürgen von Hagen, "The Konstanz Seminar on Monetary Theory and Policy at Thirty," May 2001.

Gilchrist, Simon, Raphael Schoenle, Jae W. Sim, and Egon Zakrajsek, "Inflation Dynamics During the Financial Crisis," Board of Governors of the Federal Reserve System, Finance and Economics Discussion Series 2015 - 012, March 3, 2015.

Larkin, John, "Box A: Oil Prices and Inflation Expectations: An Investigation Into the Contribution of Global Demand and Oil Supply Shocks to Euro Area Inflation Expectations," in Central Bank of Ireland, *Quarterly Bulletin* 02, April 2016, pp. 47 - 48.

Mester, Loretta J. , "Inflation and Monetary Policy: Six Research Questions," speech before the 2014 Inflation Conference hosted by the Federal Reserve Bank of Cleveland, May 29, 2014.

Minutes of the FOMC Meeting of January 26 - 27, 2016.

Nakamura, Emi, and Steinsson, "Five Facts about Prices: A Reevaluation of Menu Cost Models," *Quarterly Journal of Economics*, November 2008, pp. 1415 - 1464.

Orphanides, Athanasios, "Monetary Policy Rules and the Great Inflation," *American Economic Review* 92, 2002, pp. 115 - 120.

Orphanides, Athanasios, "Inflation Dynamics: Lessons From Past Debates for Current Policy," remarks at the Federal Reserve Bank of Kansas City Economic Policy Symposium, Jackson Hole, WY, August 29, 2015.

Orphanides, Athanasios, and Simon Van Norden, "The Reliability of Inflation Forecasts Based on Output Gap Estimates in Real Time," *Journal of Money, Credit, and Banking*, 37, 2005, pp. 583 - 601.

Orphanides, Athanasios, and John C. Williams, "Learning, Expectations Formation, and the Pitfalls of Optimal Control Monetary Policy," *Journal of Monetary Economics* 55, 2008, S80 - S96.

Plosser, Charles I. , "Strengthening Our Monetary Policy Framework," 20th Annual Hyman P. Minsky Conference, New York, NY, April 14, 2011.

Rosengren, Eric S. , "Changing Economic Relationships: Implications for Monetary Policy and Simple Monetary Policy Rules," Chatham House, London, England, April 16, 2015.

Sill, Keith, "Inflation Dynamics and the New Keynesian Phillips Curve," Federal Reserve Bank of Philadelphia *Business Review*, Q1 2011, pp. 17 - 25.

The Macroeconomic Model Data Base (MMB) web page.

Trehan, Bharat, and Maura Lynch, "Consumer Inflation Views in Three Countries," *Economic Letter*, Federal Reserve Bank of San Francisco, November 2013.

Wieland, Volker, Tobias Cwik, Gernot J. Müller, Sebastian Schmidt, and Maik Wolters, "A New Comparative Approach to Macroeconomic Modeling and Policy Analysis," *Journal of Economic Behavior and Organization* 83, 2012, pp. 523 - 541.

Yellen, Janet L., "Inflation Dynamics and Monetary Policy," The Philip Gamble Memorial Lecture, University of Massachusetts, Amherst, MA, September 24, 2015.

债务和货币

融资约束与主权融资

帕特里克·博尔顿

金融学最近遭到重击。美国金融学会前主席津加莱斯（Luigi Zingales，2015）有些沮丧地提醒我们，在大众眼中金融服务业已丧失了光环。不仅如此，最近的研究还质疑了经典公司财务理论的经验效力和针对性。虽然批评有理有据，我们也要当心，不能良莠不分，好坏一起丢。在这次美国金融学会主席演讲中，我将关注正面的观点，聚焦于一些当我们把公司金融（Corporate finance）的视角应用于特定经济问题时所带来的有价值的见解。

迈尔斯在他的美国金融学会主席演讲中（Stewart Myers，1984）问道："企业应该如何选择他们的资本结构呢?"他马上回答道："我们不知道。"二十多年过去了，莱蒙等人（Lemmon、Roberts and Zender，2007）在其文章的开头也提出类似的问题："经过几十年的研究，关于"公司的资本结构"我们究竟知道多少?"他们发现，依据技术参数的不同，从采用已确定自变量的传统杠杆率回归模型得到的调整后 R^2 变化范围在 18%—29% 之间。相比之下，用公司的固定效应（统计上可替代杠杆率的永久组成部分）对杠杆率进行回归，可得出调整后的 R^2 为 60%，这意味着一组公司的资本杠杆率的大部分变

---

* Patrick Bolton，哥伦比亚商学院讲席教授，美国金融学会现任主席。本文为作者就任美国金融学会主席时的就职演讲，原文发表于 *Journal of Finance*，Volume 71 Issue 4，2016。

化并不随时间而变化，很大程度上不能从先前确定的自变量得到解释。去年，有学者（DeAngelo and Roll，2015）通过研究发现：资本杠杆率实际上完全不是时序不变的，在几年内杠杆率的横截面显著不同。这一发现让已有的理论受到更大的质疑：不仅横截面部分的变化不能被解释，而且时间序列变动的推动因素也不太清楚。

这是否意味着我们应该抛弃现有的公司金融理论呢？我的解读是，关于公司资本杠杆率的决定因素，公司金融理论诚然应该做出更多说明，但更要紧的是理解融资约束条件对企业投融资决策的影响。自迈尔斯（1984）以来，公认的一般稳健原则是，公司应该筹集边际上最便宜的资金去投资。也就是说，公司应该保证在任何时刻市场对现金流的定价都是最有利的。

假如将这个原则运用到极致，当人们认识到有时候市场会高估公司的股权，那么健全的原则就意味着，公司可以在资本市场上选择恰当的时机，通过在暂时被高估的时候发行股权而获利。贝克和乌格勒（Baker and Wurgler，2002）有一个引人注目的发现，即这种发行普通股的市场时机选择对公司的资本结构有长期影响：在很大程度上，与历史相关的投资顺序和市场时机影响着企业在任何时刻的资本结构。难怪公司的固定效应和公司十年间的相互作用效应会有如此强大的解释力，原因是每一家公司都有其特殊的投资或者市场时机的选择机会。

但是公司金融理论并不仅限于对公司杠杆率的研究。公司金融理论的主要兴趣或许是理解那些阻碍公司做出有效投资决策的融资约束。从 2007 年到 2009 年的全球金融危机中我们得到了一个普遍性的深刻教训就是，融资约束很重要，多数时候其影响并不显著，但有时候不可忽视，在极端的危机中则是致命性的。更重要的是，它们产生负面影响时，会引起长时间的经济停滞。为了模型的简洁和优雅而忽视对融资约束的研究是很危险的。

因此，融资约束的普遍存在使公司金融具有重要意义。大多数经济决策在边际上都受到融资约束的影响。理解这些约束，我们就能更好地理解经济决策；理解怎样缓解融资约束，我们就可以实现更有效的资源配置。

为了说明来自公司金融理论的深刻洞见，我将在公司金融框架中分析主权融资，并由此为货币理论和主权债务提出新的见解。本文的讨论是基于一篇给出了正式分析的相伴论文（Bolton and Huang，2016），以及我自己先前关于主权债务的研究（Bolton，2003；Bolton and Skeel，2004，2005；Bolton and

Jeanne，2007，2009，2011）和相关的国际金融文献。

一、国家的资本结构

如前人所做的那样，我们可以把一个国家看作一个公司。尽管有过度简化之嫌，但是将一个国家的所有行为人归并为单一的代表性决策者可以带来这样的好处：以简单的方式表明一个国家的经济目标和它所面临的约束，特别是融资约束。与公司的情形一样，这样做的主要缺陷是，这种归并隐藏了所有的内部代理和治理问题。归并也给实证检验带来了挑战。

如果将一个国家当作一个公司来考虑，那么会很自然地问，用国家的什么来类比公司的资本结构？什么是一国的资产负债率？实际上，如何界定一国的股权呢？在我和黄海洲（Bolton and Huang，2016）合作的相伴文章中，我们建议在国家层面类比公司资本结构中的股权即是法定货币。的确，美元纸币并没有伴随着投票权，可是实际上货币可以让其持有者分享国民产出的一部分，就像一个普通股的持有者可以从剩余现金流中按比例获取分红一样。大多数金融理论模型将股权看作对剩余现金流的索取权，忽视股权赋予其所有者的投票权。货币与股权的类比，与金融理论中的模型很接近。

除法定货币以外，我还将本币债务看作股权。这样做也并不牵强。本币主权债务实际上是一种实物支付凭证（PIK note）。当公司发行此类凭证时，税务机关将其看作股权的近似替代物，公司通常不能随意从应税的公司所得中扣除利息支付（参见 Bulow、Summers and Summers，1990）。类似的，国库券被许多机构当作货币储备持有，国库券的回购协议被广泛看作类似货币的工具，就如同货币市场的共同基金被看作活期存款的相近替代物。

我们可以从法定货币和公司股权的类比中学到什么呢？最主要的是，我们可以将股权融资和债务融资的经典权衡理论应用于主权融资。迈尔斯等人（Myers，1977；Myers and Majluf，1984；Stein，1996；Baker、Stein and Wurgler，2003）提出的理论权衡了债务拖延的代价（或违约成本）和潜在的股本稀释的代价，这对我们尤其有启发。一个背负高额未偿外币债务或者 GDP 非常不稳定的国家，最好通过发行货币或者本币债务来为投资融资，即使这可能带来一定的通货膨胀。

简而言之，股权稀释成本和通货膨胀成本之间存在着有趣的平行关系。虽然公司折价发行新股会稀释现有股东的所有权，但这并不意味着任何股票发行都必定导致稀释。斯特恩等人（Stein，1996；Baker、Stein and Wurgler，2003）认为，当公司的股票价值被高估时，公司也可以发行新股。在这种情况下，股票发行对现有股东而言是增加价值的。类似的，如果货币供给的增加大于产出的增长，印发更多货币将导致通货膨胀和国民的购买力下降，不过，正如发行新股和股权稀释的情形一样，印发货币未必总会引起通货膨胀和货币贬值。

从这个类比中衍生出来的另一个重要观察是：和股权稀释成本一样，通货膨胀成本归根结底是财富再分配的成本。通货膨胀成本（如果有的话）是将财富从旧的货币持有者手中转移给新的货币持有者。我们从迈尔斯和马杰鲁夫（Myers and Majluf，1984）的文章中可知，所有股东一致采取的配股行为并不会带来股权稀释，老股东以相同价钱获得同比例份额的增股，因此在最后他们拥有相同比例的公司股份。类似的，如果发行新的货币，每个人都按比例持有新增货币，那就不会造成通货膨胀的代价。另一种表述该观点的方式是，货币面值的改变不会影响一个国家实际 GDP 的价值，正如股票分割并不影响公司的价值。

有趣的是，关于公司股权与法定货币（本币债务）的类比，第一次出现在宏观经济学关于价格水平的财政理论文献中（Sims，2001；Cochrane，2005）①。不过，这篇文献并没有探讨这一类比对财政支出的最优融资方式的意义。另外一些相关文献是国际金融文献中关于发行外币主权债务风险的讨论。追随埃肯格林等人（Eichengreen、Hausmann and Panizza，2003）的大多数文献理所当然地认为，除了经济最发达的国家，所有国家都只能发行外币债务。这些研究文章将“原罪”一词用于如下情况，即新兴市场国家别无选择，只能通过外币债务来融资。这种极端情形与许多初创公司所面临的约束并无不同，其唯一的外部融资方式就是发债。然而，随着经济体和企业的成长以及建立了可信的声誉，融资方式就多了选择，债务和股权融资之间的经典权衡就有了意义。在这方面值得注意的是，近年来不少新兴市场国家在国际市场上成功发行了本币债券，以至于“原罪”已经不能被用于描述他们所面临的现实了。

为了更好地理解关于主权融资的公司金融框架能带来什么结果，现在对我和黄海洲（2016）所提出的模型及其关键结果做一个简短描述，接下来讨论其

① Cochrane（2005，第 502 页）非常清楚地指出了联系，他曾经写道：“价格水平的财政理论认为，名义债务，包括基础货币，是对政府主要盈余的剩余索取权，就像微软股票是股东对微软收益的剩余索取权”。

实证意义和局限，最后考察公司金融视角对主权债务重组的教训。

二、我和黄海洲（2016）的模型

基础模型结构是一个应用于小型开放经济的典型的三期公司金融框架。在时期0，国家进行了一项基础设施投资，规模 $k>0$。在时期1，商品的初始禀赋 $w>0$，且被分为消费 c_1 和生产投入。在时期2，产出已经实现并被消费。时期0的投资可以用债务也可用货币来融资。

一个代表性的风险中性家庭会最大化他们一生的消费效用。

$$U(c_1,c_2) = \beta c_1 + c_2 \tag{1}$$

其中，$c_t>0$，$t=1$，2，$\beta>1$。家庭可以储藏他们的初始禀赋，也可以卖给公司。储藏会导致贬值，因此从时期1到时期2单位储藏的折旧率 $\delta<1$。经济体是由相同的家庭和完全竞争市场中的厂商构成。

产品在时期1需要初始禀赋（消费品）作为投入：如果一个企业在时期1获得了 x 的投入，那么它在时期2的产出 $y=\theta Q(k)f(x)$，其中，$f'>0$，$f''<0$，θ 是生产率冲击，其概率密度函数和累积分布函数分别为定义在 $[\theta_L, \theta_H]$ 上的 $h(\cdot)$ 和 $H(\cdot)$。因素 $Q(k)$ 反映了时期0的基础设施投资 k 带来的生产率提高，其中 $Q(0)=1$，$Q'>0$，$Q''<0$。为简化标记，我们可以重写如下：

$$\Omega(k,x) \equiv Q(k)f(x)$$

在时期1，家庭持有他们的初始禀赋 w，企业持有货币 m。在时期1家庭用货币在竞争市场上购买投入品，在时期2消费者用他们储蓄的钱购买企业的产品，因此货币发挥着流通媒介和价值储藏两方面的作用。

企业由企业家拥有，企业家可以将时期2的产出（其个人消费是产出的一部分）最大化，企业的持续价值为 $V(m_2)$，对于 m_2 严格递增，m_2 是企业在时期2最后持有的现金。[①] 在时期0，代表性家庭可以凭时期2的产出发行索取权（claims）为投资 k 融资。

货币数量论。这个模型的设立满足货币数量论成立的前提条件。在下面的

① $V(m_2)$ 是用于生产的未来投入的价值，而生产可带来 m_2，参见 Bolton and Huang（2016）。如果公司看重期末的货币资产，那么在时期2，货币也是有价值的，这就解决了 Hahn（1965）提出的问题。

充分条件下，即 $f'(w)>1$ 且 $\bar{\theta}\geqslant 1$，家庭最好在时期 1 卖掉他们所有的初始禀赋，将其作为企业生产的投入品。因此，$x=w$。投入品的竞争市场价格 $p_1=\frac{m}{w}$。商品在时期 2 的价格为：

$$p_2(\theta)=\frac{m}{\theta f(w)}$$

我们的分析表明：对于家庭，最好是在时期 1 以价格 p_1 卖掉他们所有的初始禀赋，对于企业，最好是在时期 2 以价格 $p_2(\theta)$ 卖掉他们的产品。假定这些表达式为时期 1、时期 2 均衡状态时的价格，那么可以很直观地看出，货币的数量 m 的加倍只是导致时期 1 和时期 2 的商品价格提高 1 倍。

国家层面的莫迪格里亚尼—米勒定理（Modigliani - Miller theorem）。我们的模型也生成了一个无摩擦经济体的莫迪格里亚尼—米勒定理。为了说明这一点，考虑如下情形，国家在时期 0 时投资了一个净现值为正的基础设施项目，此投资可以提高国家的生产率。该国在国际资本市场上以 1 单位世界价格筹集了资本 k。可以通过两种方式偿还 k：或者增加 $(\Delta-1)m$ 的货币供给，其中 $\Delta>0$ 以使新印发的货币值不低于 k；或者通过发行大于 k 的外币国债 D，以时期 2 的产出来偿还。在无摩擦经济环境下，国家可以承诺不违约、不印发更多的货币。在完全承诺下，我们有 $D=k$，以及

$$\frac{(\Delta-1)m}{E[p_2(\theta)]}=k$$

其中，

$$p_2(\theta)=\frac{\Delta m}{\theta Q(k)f(w)}$$

也就是说，在时期 0 资本的卖方（国外）必须能得到与投资额等值的补偿或者债权。当他们把 k 换成货币 $(\Delta-1)m$，在时期 2 的货币供应总量为 Δm，相对于任意生产率冲击反应 θ 的总产出为 $\theta Q(k)f(w)$，于是价格就是如上文给定的 $p_2(\theta)$。通过消费他们持有的货币量 $(\Delta-1)m$，国外投资者可以得到 $(\Delta-1)m/p_2(Q)$ 的产出。获得的产出期望值必须与投资资本额相同。

在各种融资方式下，预期的财产净增加值是相等的，这时得到莫迪格里亚尼—米勒等式：

$$\frac{\bar{\theta}\Omega(k,w)}{\Delta}=\bar{\theta}\Omega(k,w)-k$$

等式左边是以发行货币融资（股权）的情况下居民在时期 2 得到的期望消费，等式右边则是债务融资（债权）的情况下居民得到的期望消费。这是在完全承诺时出现的情形。对于任何债务融资和货币融资的组合，甚至当债务融资有风险的时候，只要没有违约后的无谓损失，此等式也成立。

如同在所有的公司金融理论里一样，一国的资本结构只有存在摩擦时才变得重要。我和黄海洲（2016）引入了两种摩擦。第一，存在着外币债务的偿还意愿问题：当时期 2 已实现的产出相对于国家的未清偿债务来说过低，该国就会策略性违约，即便不得不承担产出损失的代价。第二，国家可能做不到完全承诺为控制通货膨胀而严格控制货币发行量。这样，政府（以代理人的利益行事）就会在货币稀释的代价和债务违约的代价之间权衡，由此决定投资的最优融资方式。

A. 不愿偿还债务与愿意制造通货膨胀

第一种摩擦，即当一国的债务过高时不愿意偿还，是国际金融文献中的标准情形，可参见伊顿和格肖维茨（Eaton and Gersovitz，1981）以及比洛和罗高夫（Bulow and Rogoff，1989）。在我们的模型中，一国承诺在时期 2 偿还外币债务 D 给外国投资者，如果其违约成本小于偿还债务的成本，该国可能会选择违约。当一国违约，它会损失一定百分比 ϕ 的最终产出，其中 $\phi>0$，并且只能消费 $(1-\phi)\theta\Omega(k, w)$，只要 $\theta\Omega(k, w)-D<(1-\phi)\theta\Omega(k, w)$，国家会选择违约。

如果将 $\theta_D=\dfrac{D}{\phi\Omega(k, w)}$ 定义为国家违约的临界点，那么该国债务的持有人的信用风险被定义为 $\Pr(\theta<\theta_D)$。如果一国决定通过发行外币债务为投资融资，那么为了补偿承担信用风险的外国投资者，债券的面额必须如此设定，以保证：

$$\Pr(\theta\geqslant\theta_D)D=k$$

违约的预期成本为：

$$\Pr(\theta<\theta_D)E[\theta\mid\theta<\theta_D]\phi\Omega(k, w)$$

第二种摩擦，即通过发行货币（股权）为投资进行融资可能造成股权稀释或者通货膨胀成本，这在公司金融学中司空见惯，然而在国际金融学文献中通常没有被模型化。即使对公司金融学的读者来说，我们将潜在成本与印发货币相联系来建模的方式也是很少见的。虽然稀释成本的一般想法受到了迈尔斯和马杰鲁夫（1984）的直接启发，但我们模型化这类成本的方式更接近迪特玛和塔克（Dittmar and Thakor，2007）的研究以及关于“市场驱动”型公司金融的研究（Baker，2009）。

如果通过印发货币（或者发行本币债务）获得资本 k，那么国家面临的潜在成本与外国投资者过高的通货膨胀预期有关，这会导致本币无端贬值。更正式地说，在时期 0，人们并不知道在时期 2 政府会是货币政策的鹰派还是鸽派？在时期 2，鸽派政府扩张货币供给，为本国居民再印发数量为 $(\Delta_1-1)\Delta_0 m$ 的货币，这会导致名义价格上升，从而将财富从国外投资者手中转移到本国居民手中。而鹰派不会在时期 2 扩大货币供给量。

在时期 2，国内居民相信他们有鸽派政府的概率为 $\lambda\in(0,1)$。正如熊伟等人（Scheinkman and Xiong，2003）所认为的那样，外国投资者的信念可能有所不同。而且，外国投资者认为他们在时期 2 会遇到鸽派政府的信念取决于时期 0 的货币发行量 (Δ_0-1)，而且随 Δ_0 增强。换句话说，用符号 $\mu(\Delta_0)$ 表示外国投资者的有条件信念（conditional belief），即在时期 2 将会有鸽派政府，模型假定 $\mu'\geqslant 0$。一个简单的函数形式是 $\mu(\Delta_0)=\underline{\mu}+\gamma\Delta_0$，其中 $\underline{\mu}<\lambda$，$\mu(\Delta_0)>\lambda$，Δ_0 足够大。

我们可以拿 $\mu'=0$ 的特殊情况来说明关键的权衡，将 100% 的债务融资和 100% 的货币融资作对比。在货币融资的情形下，国家在时期 0 发行 (Δ_0-1) 的货币，获得了 k 数量的资本金，这导致了时期 2 在鸽派政府管理下的价格水平为：

$$E[\hat{p}_2(\theta)]=\frac{m\Delta_0\Delta_1}{\theta\Omega(k,w)}$$

在鹰派政府管理下的价格水平为：

$$E[\hat{p}_2(\theta)]=\frac{m\Delta_0}{\theta\Omega(k,w)}$$

因此，外国投资者要求支付 (Δ_0-1) 的货币与投资 k 作交换：

$$\left[\frac{\mu}{E[\hat{p}_2(\theta)]}+\frac{1-\mu}{E[\hat{p}_2(\theta)]}\right](\Delta_0-1)$$

把 $E[\hat{p}_2(\theta)]$ 和 $E[p_2(\theta)]$ 代入到上面的等式中，很容易求得时期 0 的货币供应量增长：

$$\Delta_0(k)=\frac{\left(\frac{\mu+(1-\mu)\Delta_1}{\Delta_1}\right)\bar{\theta}\Omega(k,w)}{\left(\frac{\mu+(1-\mu)\Delta_1}{\Delta_1}\right)\bar{\theta}\Omega(k,w)-k} \tag{2}$$

外国投资者将 k 的现值分配给（Δ_0（k） -1）m，但是国内居民将（Δ_0（k） -1）m 的价值估计为：

$$(\lambda + (1-\lambda)\Delta_1)\,\bar{\theta}\Omega(k,w)\left(\frac{\Delta_0(k)-1}{\Delta_0(k)\Delta_1}\right)$$

因此，国内居民觉察到本币贬值或者购买力下降的成本为：

$$(\mu-\lambda)\,\bar{\theta}\Omega(k,w)\,\frac{(\Delta_1-1)(\Delta_0(k)-1)}{\Delta_0(k)\Delta_1}$$

只要 $\mu > \lambda$。他们将这种成本与用外币债务融资的违约成本做比较。

最优融资。当比较这些成本时，再进一步假设 θ 只取两个值，$\theta \in \{\theta_L, \theta_H\}$，$\Pr(\theta = \theta_H) = \pi \in (0,\ 1)$，计算就会相当简单。在低产能状况 θ_L 下，债务融资将导致国家违约，这时在货币融资和债务融资之间的权衡就很有趣地呈现了出来。在这种情况下，为了能通过发行外债筹集到资金 k，国家必须做出的偿债承诺由 $D = k/\pi$ 给出，国家要承担的预期违约成本为（$1-\pi$）$\theta_L\phi\Omega$（k，w）。相比之下，在货币融资的情形下，预期的稀释成本为：

$$(\mu-\lambda)(\pi\theta_H + (1-\pi)\theta_L)\Omega(k,w)\,\frac{(\Delta_1-1)(\Delta_0(k)-1)}{\Delta_0(k)\Delta_1}$$

比较这两个表达式，货币融资优于债务融资的条件可以简洁地概括为：

$$(\mu-\lambda)(\pi\theta_H + (1-\pi)\theta_L)\,\frac{(\Delta_1-1)(\Delta_0(k)-1)}{\Delta_0(k)\Delta_1} < (1-\pi)\theta_L\phi\Omega(k,w) \tag{3}$$

B. 政策含义和注意事项

埃肯格林等人（Eichengreen、Hausmann and Panniza，2003）所言的“原罪”情形可以被解释为上述分析框架的一个特例。当（$\mu-\lambda$）非常大时，国际投资者不相信新兴市场的发行者可以成功控制本国的通货膨胀，因此他们要求得到补偿的通货膨胀风险如此之高，以至于国家还是用外币债务来融资更好。但是，当国家暴露出可能的债务危机和违约成本时，外币债务就不是灵丹妙药了。① 人们有理由认为，上述分析框架低估了国家采用外币债务作为融资手段时债务危机的风险和代价。这里没有分析债务积压的后果，但我和黄海洲

① Credit Suisse 的现任 CEO Tidjane Thiam 最近宣称：“我一生大力推动基础设施发展。但用外币为基础设施融资是疯狂之举。”[Thiam, Criticizes Foreign Debt Reliance, Clark Simon, Wall Street Journal October 7, 2015.]

(2016)探讨了债务积压所带来的恶果：即使没有实际违约，也可以抑制增长。另一种与外币债务有关的成本，是自我实现的债务危机成本，这在国际金融和宏观经济学的文献中已经得到了强调（参考 Calvo，1988；Chang and Velasco，2000；Burnside、Eichenbaum and Rebelo，2001；Cole and Kehoe，2000；Jeanne and Wyplosz，2001；Jeanne，2009）。当一国为了偿还外币债务而不得不开始减价出售资产的时候，即使该国很愿意并且能够在更有利的预期和利息条件下偿还债务，仅仅这种减价出售资产的预期也会引发债务危机。我和黄海洲（2016）提出的理论框架并没有考虑这种自我实现的债务危机，因此可以说天平更倾向了外币债务融资。

从条件（3）可以得出一个简单却有启发性的观点：那就是，对于甚至在危机时期也具有较高生产率（较高的 θ_L）的国家，违约造成的净损失 ϕ 也很大，例如在债务违约导致银行危机的情况下［如 Bolton and Jeanne（2011）提到的那样］，通过印发货币或发行本币债务为投资进行融资要更好。

对于货币理论来说，一个更一般的启示是，最优货币数量依赖于通货膨胀的代价和预期的债务违约成本之间的微妙权衡。通常情况下，在有金融摩擦的经济中，最优货币数量的发展演变并没有简单的规则可循。一个国家应该多大程度上依靠印发货币而不是外币债务来融资，取决于由所筹资金支持的投资有多大价值、对通货膨胀风险的不同信念的变化，以及国家债务违约的预期风险。就如贝克和乌格勒（2002）关于公司杠杆率所说的那样，我们可以将一国的最优货币数量以及本币债务对外币债务的比值视为以下几方面发生一系列变化所导致的与历史相关的结果：即通胀预期、汇率、增长机会以及国家对长期最优融资来源的权衡。

我们这里的公司金融框架对一国的外汇储备管理也有新的含义。1997—1998 年亚洲金融危机之后的数月，一些亚洲国家积累了大量的外汇储备，如此引人注目的事实让人们近年来又重新关注外汇储备。怎样解释这种积累呢？这样的积累意味着什么？在国际金融文献中有两个主要假设得到了讨论，一个"重商主义"假设，一个"预防性储蓄"动机，不过两者都还没有找到具体的实证支持（参见 Aizenman and Lee，2007；Jeanne，2007）。

重商主义的观点认为，外汇储备的积累反映了国家试图降低汇率，由此增加出口行业的竞争力，以实现经常账户盈余（Dooley、Folkerts-Landau and Garber，2004）。预防性储蓄理论认为，国家积累外汇储备是为了缓和不利的贸易条件和突然而至的负面冲击，从而实现更好的消费平滑（参考 Jeanne，2007；Caballero and Panageas，2007；Durdu、Mendoza and Terrones，2009；Jeanne and Ranciere，2011）。出口特殊商品或者大宗商品的国家积累外汇储备，是为了预防“荷兰病”（van der Ploeg and Venables，2011）或者缓和大宗商品出口收入的波动（Cespedes and Velasco，2012）。

确定最优外汇储备规模的一个关键困难是，如何确定积累和持有外汇储备的机会成本。许多实证研究所采取的捷径是，将国家承诺的外币债务利率和外汇储备的收益率之间的差算作积累储备的成本（参见 Jeanne，2007）。这个方法的思路是，如果增加 1 美元的储备，国家必须以利率为 R 借来这 1 美元然后将钱投资于票面利率为 r 的美国国债，这样就有一个（$R-r$）的成本。但是如珍妮（Jeanne，2007）所指出的，以及萨默斯（Summers，2007）在讨论珍妮的论点时所强调的，“在完善的资本市场中，所有资产都是完全替代品，而且外汇储备都是通过发行内债来融资的，持有外汇储备没有任何成本”。

我们的公司金融框架可以进一步阐明这一问题。基本上，积累外汇储备的边际成本是稀释成本，与印发更多的货币和发行更多的本币国债有关。鉴于国外投资者对未来通货膨胀的预期比本国居民更悲观，他们会低估该国货币以至于购买外币必然会付出机会成本。这项成本对一些国家来说如果过高，他们积累大量外汇储备就是划算的。然而重要的是，这些成本对于另一些国家来说就太小了，尤其那些通货膨胀预期较低（甚至有通货紧缩）的国家。实际上，后者通过发行本币购买外币资产可能会有严格的正回报。

日本和瑞士是这种情形的两个突出例子。日本的外汇储备从 2000 年占 GDP 的 7% 增加到 2014 年占 GDP 的 26%。在此期间，日本的通胀率处于通缩的范围，徘徊在 0% 左右（除了 2014 年，其时通胀率达到峰值 2.7%）。日本的外汇储备是累积性经常项目盈余的结果，这一盈余一直不能被资本账户的赤字抵消，如图 1 所示。瑞士外汇储备的积累更为引人注目，从 2007 年占 GDP 的 10% 增长到 2012 的 70%，现在达到占 GDP 的 100%。瑞士也是经常项目连年盈余，不过造成外汇储备激增的原因是，在许多年中瑞士的经常账户和资本账户都有盈余，正如图 1 所示。外汇储备的积累事实上是无代价地实现的，因为瑞士的通货膨胀率从 2007 年的 2.5% 已经下滑到了 2014 年的负值。

这两个例子（连同丹麦）和那些没有成功利用此类有利的汇率机会去积累外汇储备的国家（尤其在大量热钱流入的时期）表明，更好地理解外汇储

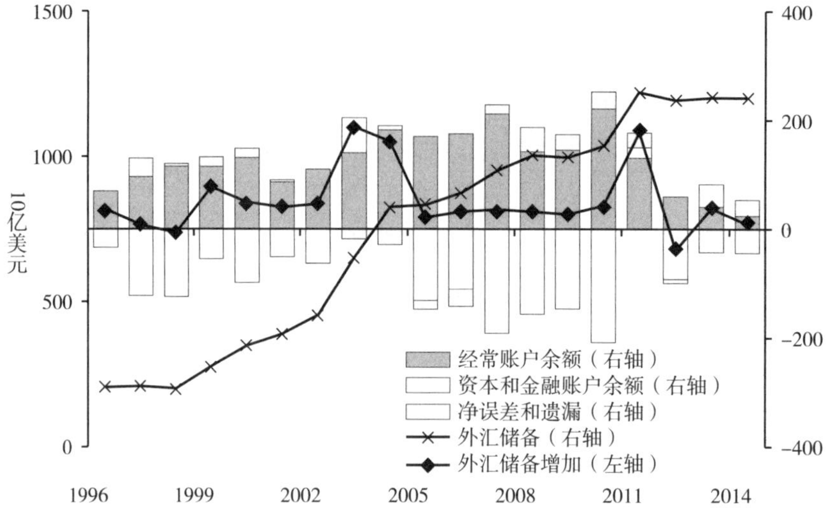

（a）日本外汇储备

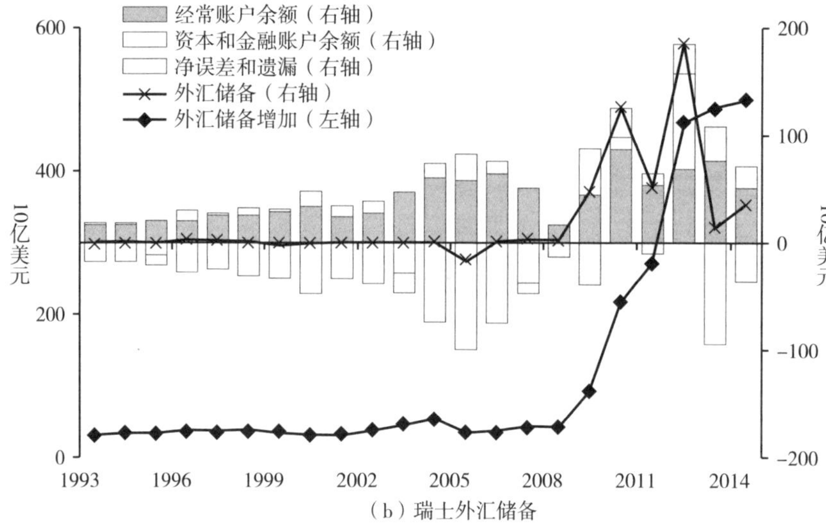

（b）瑞士外汇储备

图 1　日本和瑞士外汇储备情况

注：经常账户为正表示盈余；资金和金融账户为正表示净流入；误差和遗漏为正表示净流入；外汇储备增加为正表示增加，为负表示减少。

备管理的动态变化是重要的。的确，多明戈兹等人（Dominguez、Hashimoto and Ito，2012；Cespedes and Velasco，2012）最近的研究提供了有力证据，表明具有 GDP 优势的国家在 2007—2009 年亚洲金融危机期间持有大量外汇储备。可是，储备/GDP 比率的合理目标是什么？何时积累储备？何时使用它们？怎么将储备与外币债务相连接？我们对外汇储备管理的理解仍然很不精确，就如萨默斯（如 Larry Summers，2007）所说：

> 1993 年，我作为负责国际事务的财政部副部长到了财政部不久，听取了有关外汇平准基金的介绍，我问的第一个问题是为何基金规模这么大。格林斯潘略显窘迫地给出了他们的结论，这取决于很难确定下来的特定假设，（储备）的最优水平大约在 200 亿美元到 20000 亿美元之间。

公司金融理论在研究公司储蓄和现金管理的动态变化方面所取得的进展可以为我们分析国家外汇储备管理提供有益的参考（参见 Almeida et al，2014）。不过，在公司现金管理和国家外汇储备管理之间有个重要的差异，当公司的现金持有量达到如下水平，即现金的边际（公司）价值等于现金对股东的税后价值时，公司最好支付红利（Bolton、Chen and Wang，2011，2013，2014）。公司支付的红利在国家层面没有严格的对应，即不存在支付给一国现金货币持有者的红利，这就提出了一个问题：支付红利对于积累起过量外汇储备的国家来说究竟意味着什么？通常来讲，事实上，外汇储备的减少意味着国家干预外汇市场以阻止汇率的贬值。这类似于股票回购。当存在这样的风险时，也就是说，由于自我实现的潜在通胀预期，本币可能过度贬值时，采取这样的回购操作是有道理的。不过，就这种干预而言，以往的经验是令人失望的，因为处于这种情况下的国家已经发现，他们的外汇储备不足以支撑如此大规模的干预，以便对汇率走势产生持久的影响。还要注意到，像瑞士、日本和丹麦这样的国家根本没有理由花费其“过量”的外汇储备来支持已经被高估的汇率。那么，这些国家应该如何为其过多的外汇储备分红呢？答案似乎显而易见，以财政转移支付的形式！可是这样又不过是循环推理，毕竟这种转移支付的合理标准又是什么呢？

关于法定货币与普通股的类比，另一个重要告诫是，法定货币不仅仅是价值储藏手段，而且主要是一种交易手段。只要货币的流通速度恒定，就可以将货币的购买力与股票的每股收益做一个相对直接的类比。可是事实上货币的流通速度是内生的，而且时刻发生着变化，这限制了类比的合理性。

正如我们此前提到的，把一个国家看成是一个行为人所代表的合并单位这种做法也是过度简化的。事实上一个国家的资本结构（其债务的币种构成和货币供给 M2）不仅仅由国家政府决定，还由独立行动的私人、公司、银行、家庭所决定。梯若尔（Tirole，2002，2003）提出的二元行为人框架是把一个国家分解成一个政府和一个具有许多行为人的私营部门的简单处理方式，其间私营企业首先行动，用本币债务和外币债务的组合为其投资项目融资，政府随后行动，出台对国内企业有利的政策（也可参见 Jeanne，2003）。国际放款人面临着双重行为人问题：他们不仅要与私营部门的借款人打交道，还要应对政府的策略性行为。这个分析框架的一个核心预测是，私人行为人（包括公司借款人和国际放款人）为了缓解与政府相关的代理人问题（agency problem），会选择扭曲他们的债务合同。尤其是，他们为了防止政府出台有利于国内企业却不利于国际放款人的政策，会进行更多的短期债务融资（Tirole，2003）和更多的外币债务融资（Jeanne，2003）。这里的基本论点是，通过使他们的债务结构更加脆弱，借款人和放款人能防范政府事后制定的不利政策。

在一个完全动态的模型中，债务合同当事人与政府各自行动的时间选择是不明确的，而且也不清楚究竟在多大程度上债务的脆弱性是被刻意设计来对付政府行为的。最近，有学者（Du and Schreger，2015）考虑了这样一种动态模型，以研究主权债务的货币构成与公司债务的货币构成之间的相互影响，与梯若尔的二元行为人分析框架一致，他们表明，当公司更多地依赖外币债务时，政府会更加乐意减少通货膨胀压力以避免本币贬值，本币贬值会对公司资产负债表造成严重的不利后果。在一项关于新兴市场债务的跨国分析中，他们还发现，尽管政府最近已经减少了对外币债务的依赖（从而降低了债务违约风险），公司却没有。有趣的是，他们发现这增加了政府本币债务的违约风险，因为政府把更多注意力放到了控制通货膨胀上。

在私人借款者之间也存在外部效应。通过将公司金融学中有关减价出售之外部效应的经典概念（Shleifer and Vishny，2011）应用于国际金融环境，克里尼克（Korinek，2010）表明，当分散化企业的借款约束随着真实汇率的变动内生地变化时，他们就会过度依赖外币债务。的确，金融危机的一个常见模式是，危机之前不断升温的借款越来越多地表现为外币债务。不仅如此，为了应对危机临近之时的货币环境趋紧，对外币债务的依赖在加速，因为彼时外币债务的利率相对而言更低。我们并不完全清楚为什么外债利率更低。有些作者解释说，国际放款人更有远见，理性地预料到在危机事件中会有救助行为（参见 Schneider and Tornell，2004）。尽管很难确定这是不是真的，不过更经常的情形是，痛苦沮丧的外币借款人尤其是银行，在危机期间得到其政府的救助，从而有效合并了私人部门和政府的外币债务。

在几个国家迅速积累外币债务的背后，有一个重要机制。例如，作为政府救助银行以及私人部门债务与政府债务合并的结果，在2007—2009年金融危机期间西班牙和爱尔兰的政府债务激增（参见Acharye、Drechsler and Schnab，2014）。这种外币债务的积累显然不是经过认真权衡的资本结构决策的后果，而是缺乏协调、监管不力的私人部门借款的结果。这种计划之外的债务合并给国家资产负债表带来的风险敞口是主权债特有的问题，使各国在私人部门和公共部门全都积累债务时决定最优资本结构变得更加困难。

问题的加剧是双重性的，如我和珍妮（Bolton and Jeanne，2011）以及杰乐尼等人（Gennaioli、Martin and Rossi，2014）所表明的，主权债务危机引发银行业危机的主要原因有两个。第一，银行通常会把主权债务的相当一部分放在其资产负债表上，因此主权债务违约就会威胁银行的偿付能力。第二，无力偿债的主权国家将不再能有力地支持银行，于是将银行置于破产的危险中。主权债务违约引起银行业危机，使银行业系统停止运行，这会引起异常的大规模产出收缩，就像2001—2001年阿根廷危机和2007—2015年希腊危机所表明的那样。鉴于银行系统受制于外币债务危机时国家面临经济灾难的风险，依赖股权或者本币债务融资就更为重要（当然，前提是如此融资的成本还没有高到难以接受），毕竟本币债务融资的重要优势是不会把银行系统置于危险中。

本文先前部分的核心分析将问题过度简化了，不仅把主权国家当作合并起来的单个单元，而且将分析限制在小型开放经济背景中。就像珍妮等人（Gourinchas and Jeanne，2012）所认为的那样，全球经济增长和（高储蓄率的）新兴市场经济体产出份额的增加可以造成全球安全资产的匮乏。他们将这样的发展状况称为“特里芬困境”（Triffin，1960）的当代化身。储备货币国所发行的本币国债可以满足全球对安全资产的需求，同时为这些国家的投资提供比较廉价的资金来源。因此，在全球范围内，像瑞士、日本这些国家利用市场时机积累庞大的外汇储备，就会导致全球安全资产的匮乏。换句话说，由储备货币国向世界经济提供的安全资产很有可能成为决定其资本结构的重要因素。何治国等人（He、Krishnamurthy and Milbradt，2015）最近分析了哪些国家更有可能扮演安全资产的供给者角色。他们认为，在全球对安全资产的需求比较大的时期，背负巨额未偿付债务的国家因为可以从储备资产中获得便利性收益（convenience yield），即使在全球对安全资产的需求较低时期，他们也会面临债务展期的风险。

从一般均衡的角度来看，在当下的环境中存在许多与储备资产的需求及供给有关的问题。首先，当瑞士和日本通过向全球经济提供以瑞士法郎、日元计价的储备资产而积累起外汇储备时，会导致全球储备资产供给的净增加吗？如果这些国家买入以美元或者欧元计价的债券，那么可以说，他们只是把一种储备资产换成另一种。然而，假如瑞士国家银行通过印发瑞士法郎来购买股票和建立股票的投资组合，如它已经做的那样，就相当于全球储备资产的净增加。其次，如果货币储备国是储备资产的净供应商，那就意味着其他国家是以外币计价的借款者。如果这些借款者是政府，政府用外币计价的债务为其支出融资，那么储备资产不断增加的不幸后果就是，通过外币债务来借款的国家将面临更大的脆弱性和违约风险。然而，如果借款方主要是银行或者公司，全球储备资产的供给增加就会提高全球货币市场的效率，减轻通货紧缩的压力。第三，假如多个储备货币国家在储备资产的全球性分散化市场上提供储备资产，那么市场均衡结果会是储备资产的有效配置吗？

三、对主权债务重组的反思

上述框架将主权债务的违约成本模型化为违约后的产出损失的百分比。在阿根廷于2001年违约后的一年中，这项成本为GDP的11%。虽然从技术上说希腊并没有违约，可是在希腊政府于2009年11月公布希腊政府处于财务困境后的一年里，其GDP缩水超过了25%。违约之后这么严重的产出损失首先且主要是由银行系统崩溃和信贷市场冻结造成的。另外，贸易制裁和商业信用的收回导致了商业崩溃。信贷市场和商业崩溃导致严重的事后无效率，给无辜的局外人造成重大损失。这是运行良好的主权债市场不可避免的副产品吗？需要这样的“惩罚”来加强主权债务偿还纪律吗？

国际货币基金组织创建于1944年，它的核心使命就是帮助避免主权债务违约以及随后的经济灾难。直到1998年的俄罗斯债务危机，国际货币基金组织在主权债务危机中独有的运作方式一直是安排救助（就是所谓的备用协议），不惜一切代价来避免违约。1998年俄罗斯的违约和随后2001年阿根廷的违约使国际货币基金组织的救助模式走到了尽头，当时的道德风险问题已经太过明显，以至于再也无法被忽视。让这种救助模式陷入两难困境的另一个更简单的原因是，国际货币基金组织的资产负债表开始显得太小了，以至于扛不动越来越大的救助压力。

随着主权债务违约的重现，如何不通过救助来处理主权债务危机的问题，也就是如何促进债务重组以避免公然无序违约的经济代价，不可避免地受到普遍关注。在2001年的政策讨论中，国际货币基金组织副总裁安妮·克鲁格最后提出一种新的主权债务重组机制（SDRM）。主权债务重组机制被视为一种主权破产程序，类似于公司或者市政府的破产程序。正如公司破产一样，主权债务重组机制的主要好处是可以被看作债务催收行为的支撑，是一个由独立法庭裁定的有序、公平的债务削减过程，在债务重组期间主要由主权债务重组机制提供破产保护（debtor－in－possession）融资来支撑陷入困境的主权国家。

2002年，尽管主权债务重组机制获得了世界很多国家的政治支持，国际货币基金组织最终并没有获得几个关键成员国的支持，尤其是美国、墨西哥和土耳其。这项提议最终被搁置，围绕主权债务重组机制所进行的讨论取得的唯一重要进展，就是将集体行动条款（CACs）系统地纳入主权债务合约。这些条款让主权债务持有人在主权国家濒临违约时更容易重新磋商债务［通常集体行动条款需要绝大多数债权持有人同意估值折扣，这比美国外部破产（outside bankruptcy）中的公司债务重组需要全体同意更好，参见Gelpern and Gulati（2006）］。

集体行动条款可以促进债务重组，但是，如果不将发行在外的不同债务聚集起来的话，集体行动条款在阻止个人债权人讨债方面作用很小。担心在主权债务违约后个体债权人提起的诉讼将会激增，是引入主权债务重组机制的首要动机。在阿根廷债务违约中，这种担忧甚嚣尘上。2001年债务违约后，阿根廷在2005年有组织地进行了主要涉及大规模减记账面价值的债务置换（debt exchange）。然而，一些主要的债权持有人宁愿在纽约起诉阿根廷，也不愿接受这种大规模减记账面价值的债务置换。2012年10月，纽约南区法院裁定阿根廷停止偿付重组后的债务，直到承付款项满足投资者为止，这些诉讼最终给阿根廷和2005年重组债务的持有人制造了空前的混乱。① 法院的裁决并没有涉及案件的法律细节，但它阻止阿根廷继续偿付重组后的债务，最后又使阿根廷在2014年8月份发生债务违约。纽约南区法院的裁决对整个主权债券市场

① 纽约南区法院的裁决后来得到了美国第二巡回上诉法院的支持。最高法院最终拒绝受理阿根廷的终审上诉。

有着广泛的影响。除非国债发行人可以避免平等地位条款（pari passu clause，纽约南区法院禁令的依据）发生在发行人自己身上，否则他们会发现自己和阿根廷处于同样的情形下，都没有能力履行他们重组后的债务（参考 Gulati and Scott，2012，2016）。如果可以预料到法院禁止债务偿付，那债权人可能更不愿意在一开始就进行债务重组。

当阿根廷的事件还没有结束的时候，在主权债务领域的另一起重大事件是2009—2015 年间欧元区的债务危机。在 2010 年 5 月第一次救市失败之后，2012 年 3 月希腊在有秩序的债务重组中免除了它的私人债权人债务，面值超过 1000 亿欧元。第二次救市和 2015 年 8 月第三次救市都伴随着债务注销（write-off），希腊新政府试图从债权人那里注销更多债务，但该尝试以失败告终。虽然 2012 年注销的债务占 GDP 的 50%，希腊债务与 GDP 之比现在仍高达 180%。①

总而言之，随着近 20 年引进更多有秩序的债务重组程序的讨论和尝试，尽管越来越多的证据表明无秩序地解决主权债务危机会形成高额的经济成本，但在形成更为公平有效的债务重组程序方面并没有取得实质性进展。违约成本比之前更高，负债过高的主权国家依然在拼命继续履行无法支撑的债务。

主权国家走向破产的管理体制很慢且具有争议，美国用了 100 多年的时间完善有效的公司破产法律，逐渐被世界各地视作榜样（参见 Skeel，2001）。1978 年的《公司破产改革法案》，虽然最初受到严厉抨击，但现在仍然存在。有四项核心原则是公司破产被广泛接受的基础：（1）为了防止债权人低效、无序的管理，所有个体债权人的讨债行为自动中止，转由法院来管辖；（2）在债务重组期间债务人仍旧持有并经营公司；（3）以破产保护融资来保持企业的持续经营价值；（4）绝对优先规则的执行。②

细化破产银行的解决程序花了很长时间。在 20 世纪 80 年代储贷协会危机之后，《1991 年联邦存款保险公司改进法》已经成为现代银行围绕“即时矫正行动”的解决方案的典范，联邦存款保险公司破产管理已经形成。2014 年，

---

① 另一个被广泛报道的债务重组事件发生在 2012 年的塞浦路斯，在那里银行存款超过 100 欧元部分以自救方式解决，这是约 10 亿欧元救助方案的一个条件。

② 这并不意味着破产是没有争议的。正如，围绕 2005 年《防止破产滥用和消费者保护法案》（Bankruptcy Abuse Prevention and Consumer Protection Act of 2005）的政治斗争表明，破产的争议很大。

在欧洲，单一解决机制下的正式银行解决程序于 2016 年生效。在银行监管机构多年的复杂谈判之后，仍然只有金融稳定委员会赞同针对系统重要性金融机构的重组模式。银行重组与非金融公司破产之间的一个关键不同是，银行更加需要在没有打乱日常运营的前提下重组失败的金融机构，因为任何一个具有破坏性的暗示都可以引发银行挤兑和银行恐慌，这会破坏对金融系统的健康部分的救助。

不像非金融公司，在银行正常运营的同时，很难实施全面的自动中止。正如平常一样，银行需要在纯公共假期或照常营业中做出选择。这就是为什么联邦存款保险公司的基准接管干预是，只要可行，就实施让一家健康运行的银行在周末期间“购买和接管”破产银行的安排，这样破产银行尚在运营的分支机构在下周一就可以开始营业。① 然而，由于找不到现成的健康银行作为买家，尤其在金融危机期间，对于一家破产的系统重要性金融机构来说，这种如外科手术般有效的干预通常是不可能的。金融稳定委员会为系统重要性金融机构提出了新的重组方案，即在控股公司层面上设计长期债务的注销，保证尚在运营的分支机构能照常营业。系统重要性金融机构的重组方案本质上意味着控股公司的长期负债成为系统重要性金融机构的所谓总亏损吸收能力（或者 TLAC）的一部分，并且长期负债可以减记账面价值。② 日常经营必需的其他负债依旧保持不变，因而正常的银行业务可以持续。

为什么我在主权债务重组的背景下提及系统重要性金融机构的重组方案？因为到目前为止，主权债务重组机制设计的主要灵感来源于公司破产和市政府破产（参考 Krueger，2001；Bolton，2003；Bolton and Skeel，2004，2005；Hagan，2005；Hagan and Krueger，2005；Buchheit et al，2013）。然而，尽管在许多方面这个类比有益于我们理解中止讨债的好处、破产保护融资和绝对优先权规则的重要性，由于它低估了在激活主权债务重组程序之后可能出现的直接经济破坏，这个类比也会失效。正如我和珍妮（2011）所提出的，国家主权债务重组面临的关键困难是，由于银行系统处于风险中，银行可能已经濒临无法正常营业的地步。在 2015 年夏天的希腊，这个困难尤其明显：银行长期

① 当破产银行的债务太大，并购银行无力全部承担时，联邦存款保险公司也可以吸收部分债务，以促成交易。在极少的情况下，破产银行不得不关闭，联邦存款保险公司清算银行的资产，并用清算收益来优先履行存款保险责任。

② 拟议的总亏损吸收能力要求超过了银行资产的 20%。

休假以阻止即将来临的挤兑，后者是由对债务重组非常公开和激烈的争论造成的。希腊先例带来的问题是，各种形式的债务重组前景变得更加渺茫。至少在欧元区，免除主权债务在政治上的可行性变得比以往小很多，在未来的几十年里，债务积压将成为沉重而持久的负担。

因此，如何安排主权债务重组可以使经济破坏最小化？这也是与系统重要性金融机构的重组程序相关的地方。系统重要性金融机构重组模式的主要特征是，在财务困境情况下，减证某些指定用途的特殊类别债务，只要系统重要性金融机构可以发行其债务的一部分作为“可自救债务”（bail-in-able debt）。在有意设计的重组情形下，陷入困境的美国系统重要性金融机构将置于联邦存款保险公司的重组权力之下，① 这可以减记银行控股公司持有的长期可自救债务，使系统重要性金融机构重新拥有偿债能力，不过并不改变其他的债务，因此所有的系统重要性金融机构像平常一样持续经营。主权国家同样需要发行一部分长期“可自救债务”，在特殊的经济困境或金融困境下，可以减记债务，并且这一债券不能被银行持有。减记可以使主权国家立即恢复资金稳健，也不会对它的银行系统造成任何破坏。与系统重要性金融机构的类比可以进一步拓展，设想一个类似国际货币基金组织的多边机构具有联邦存款保险公司那样的权威去重组破产的主权国家。在能达到“自救”债券要求的条件下可以获得国际货币基金组织的应急基金，就像系统重要性金融机构达到总亏损吸收能力（TLAC）要求的条件下可以获得中央银行的应急基金。甚至可以更简单：自救债券可以构成或有可转换债券（CoCo 债）的触发器，比如债务占 GDP 的比例如果越过预先指定的界限，就会触发可自救债券的减记。

更有趣的是，诸多试图缓解欧债危机的提议中，一个核心建议是创造两级主权债务（低级债务和高级债务）。德尔普拉等人（Delpla and von Weizsäcker，2010）率先提出的建议是创造两个级别的欧元债券，蓝债券和红债券。蓝债券是高级债券，由欧盟所有成员国共同担保，而红债券是低级债券，只由发行国担保。② 只有红债券可以进行自救安排，并且不能进入银行系统。这种设计的一个主要优点是增加了蓝债券作为全球储备资产的吸引

---

① 有序清算权（Orderly Liquidation Authority，OLA）是一个误称。

② Hellwig and Philippon（2011）建议的欧元债券方案提出了另一种蓝筹债权，即以短期（联合债务）债权来担保高级债权。

力，这可以降低整个欧元区筹集资金的成本。另一个优点是加强了欧盟成员国政府的财政责任感。这个提议引起了广泛关注，并且引起了激烈的争议。有些人认为蓝债券可被视为通往欧盟成员国的财政联盟的道路，而另一些国家强烈反对。由布伦纳梅尔等人（Brunnermeier et al，2011）提议创造的欧洲安全债券，他们称之为ESBies，与蓝债券相似，但不必建立财政联盟，因为欧洲安全债券由中间机构以欧盟主权债券作为担保来发行。换句话说，欧洲安全债券是通过资产证券化创造的，而不是直接由欧盟成员国的国家财政部合并而来的，因而不涉及明确的共同担保。

围绕财政联盟的合意性及其必然引起财富由富国转移到穷国的争论，使人们不再关注相关学者（Delpla and von Weizsacker，2010）提出的其他建议，如与主权债务重组机制相关性更强的红债券。在这方面值得注意的是，创造一种不会引起任何财政相互影响的蓝红混合债券是有可能的。如同系统重要性金融机构的总亏损吸收能力，每个主权国可以同时发行红蓝两种债券，并执行合理的、可使经济破坏最小化的债务重组机制。实际上，红债券让无法发行本币债券的欧元区成员国间的债务市场更加完整。另一种可选择的方法是让这些成员国能够发行可根据当地情况适当改变条款的债券。

如上文所示，这种简单的主权债务重组机制实际上与主权国的或有可转换债券类似。它可以被视为一种粗陋的GDP指数化债务工具。如果一国的债务与GDP之比超过预先确定的临界值，就引发债务减记。诚然，有必要规定发行可自救债务的条件，对于减记可自救债务则需更加谨慎，但这些似乎都不能克服此类制度设计的缺陷。当然，对于建立一个更加有序的主权债务重组模式而言，目前的主要障碍是缺乏政治意愿。一个特别有意义的例子是，国际货币基金组织（2013）尝试重新讨论更加有序的主权债务重组制度的必要性，布鲁金斯学会的报告则呼吁：（1）引入集体行动条款，允许债务重组囊括所有主权国家发行的未偿付债券（必须得到绝大多数人同意）；（2）创立一项主权债务调整便利（Sovereign Debt Adjustment Facility），目的是帮助实现与主权债务重组机制相同的目标（参见Buchheitet al，2013）。① 这是目前最野心勃勃的

---

① 有趣的是，同一份报告为欧元区提出了一个特殊的主权债务重组程序，因为和其他的一体化区域相比，欧元区有两个方面的不同：第一，它的成员处理债务危机的手段较少，他们不能贬值也不能搞通胀；第二，某个成员国发生危机会通过危及共同货币，而对其他成员国造成灾难性后果（参见Buchheit et al，2013，第IV页）。

提议。它算不上激进的宣言，可是比 2001 年主权债务重组机制得到的政治支持更少。

政治情感发生变化的一个重要原因是，2009—2015 年的欧债危机坚定了许多欧洲中央银行行长和政客们的立场，特别是在 2010 年 10 月 19 日德国总理默克尔和法国总统萨科齐为了让部分债务获得救助而达成协议之后，他们决定在法国多维尔通过欧洲稳定机制向成员国筹集资金。在 2011 年危机的顶峰时期，欧元区外围的债务扩散加速，许多著名的评论员责怪《多维尔协议》，因为这一协议曾经规定无论付出多少代价都要抑制债务向外围扩散并且将拯救欧洲置于优先地位，任何提及债务重组和自救的安排都不受欢迎。可是，这一协议不可避免地带来欧元区更为持久的债务积压。我们现在处于矛盾的境地：在欧洲，大而不倒的银行受到严格自救安排要求的管制；不管是欧洲单一解决机制（Single Resolurion Mechanism）、《多德—弗兰克法案》，还是金融稳定委员会为系统重要性金融机构提出的解决方案，都没有为主权国家制定自救安排政策或者创造条件。

四、结论

我希望本文的讨论已经表明，我们可以从主权融资和公司融资的类比中得到很多启发。当然，国家像公司一样面临严峻的融资约束，这一事实并不是什么新的启示。本文主要根据公司金融领域中的新证据和新研究重新讨论了旧的话题。

这两个领域之间的早期学术交流发生于把首先在公司金融理论中探讨的债务积压概念（Myers，1977）用于分析发展中国家的高负债行为（参见 Sachs，1984；Krugman，1988）。这一类比为导致了 1996 年减免高负债穷国债务的动议提供了理论基础。

我和黄海洲（2016）建立的新模型和理论框架将国家货币类比为公司股权，我们的研究不仅清晰地说明了一国资本结构中的关键权衡，而且论述了与本币融资相关的通货膨胀的再分配成本，从而进一步拓展了始于公司金融理论的对债务积压的分析方法在国家层面的应用。也就是说，与货币发行有关的通货膨胀预期意味着本国居民要承担一项成本，即可能会引起财富向国外投资者的转移和购买力的下降。

一国何时应该借入外币债务？何时应该借入本币债务？何时应该积累外汇

储备？一国债务的币种构成如何影响债务积压？这些问题都可以在我们开发的新理论框架中处理。我们的新理论不仅建立在迈尔斯等人（Myers，197；Myers and Majluf，1984）所贡献的公司金融学的核心思想上，还受益于更近的贝克和乌格勒（2002）从市场时机角度所提出的见解。

一国的最优融资选择可以随着国家情况和全球金融市场的变化而改变。因此，正如贝克和乌格勒（2002）就公司的情形所论证的一样，一国在任何时刻的资本结构是之前所有与历史相关的权衡之和。然而，一国在任何给定时刻下的融资选择未必是最优的，它们可能反映了政治和意识形态的约束，也可能是为了国家利益最大化而谨慎平衡后的决策。因此，相比公司固定效应对公司资本杠杆的解释力，我们有理由希望国家的固定效应能够更好地解释债务对GDP比例的国别差异或者公共债务的构成。福斯伦德等人（Forslund、Lima and Panizza，2011）研究了85个发展中国家1994—2006年间公共债务构成的决定因素，发现当国家的固定效应被纳入考察时，通货膨胀和经常项目余额这样的标准解释变量在统计上并不显著，从而给出了上述效应的证据。主要的显著性变量与本币债务占GDP比例正相关。另外，如表1所示，1980—2015年期间，以22个国家为样本在国家固定效应下对债务与GDP之比做回归，调整后的R^2为78%，这表明，与莱蒙等人（Lemmon、Roberts and Zender，2007）所研究的美国公司的杠杆率相比，国家债务对GDP之比有着更大的无法解释的恒定差异。①

表1　国家和年份固定效应的解释力

	模型的调整 R^2		
	国家虚拟变量	年份虚假变量	国家和年份虚似变量
1980—2015年	0.781	0.008	0.798
1995—2015年	0.778	0.24	0.802

注：因变量为一国债务与GDP之比（债务/GDP）$_{jt}$，其中j代表国家，t代表年份。模型（1）仅包括国家虚拟变量。每个国家的虚拟变量不随时间变化。模型（2）仅包括年份效应，其中每个国家的年份虚拟变量不变。模型（3）同时包括国家和年份虚拟变量。表中调整R^2源自1980—2015年和1995—2015年22个样本国家的数据。

① 债务与GDP之比的时间序列变化是不能忽略的。第三栏包括了国家虚变量和年份虚变量，调整后的R^2是0.798。

显然，我们所概述的公司金融框架下一国的最优资本结构，仅仅是一种初步尝试，这也意味着未来有很多问题可以研究。在本文中，我没有讨论的一个重要问题是，债务积压与国家债务的货币结构是如何密切相关的。我们可以预期，如果政府主要用本币债务为公共支出融资，债务积压问题就不会那么严峻，因为政府总是可以印钱来还债（如果有必要的话，还可以通过印发货币来回购债券）。另一个未来的研究方向是资本结构的动态变化和治理问题。债务减免在治理上的后果如何？一些曾经受益于债务减免的重债穷国又一次陷入了债务积压的困境。如果债务减免可能引起未来负债过多或者债务积压，这是否意味着债务减免是完全不必要的呢？

（对外经济贸易大学　王阳　译　李影雯　校）

参考文献

Aizenman, Joshua, and Jaewoo Lee, 2007, International reserves: Precautionary versus mercantilist views, theory, and evidence, *Open Economies Review* 18, 191 –214.

Acharya, Viral, Itamar Drechsler, and Philipp Schnabl, 2014, A Pyrrhic victory? Bank bailouts and sovereign credit risk, *Journal of Finance* 69, 2689 –2739.

Almeida, Heitor, Murillo Campello, Igor Cunha, and Michael Weisbach, 2014, Corporate liquidity management: A conceptual framework and survey, *Annual Reviewof Financial Economics* 6, 135 –162.

Baker, Malcolm, 2009, Capital market –driven corporate finance, *Annual Review of Financial Economics* 1, 181 –205.

Baker, Malcolm, Jeremy Stein, Jeffrey Wurgler, 2003, When does the market matter? Stock prices and the investment of equity dependent firms, *Quarterly Journal of Economics* 118, 969 –1006.

Baker, Malcolm and Jeffrey Wurgler, 2002, Market timing and capital structure, *Journal of Finance* 57, 1 –32.

Bolton, Patrick, 2003, Towards a statutory approach to sovereign debt restructuring: lessons from corporate bankruptcy practice around the world, IMF Staff Papers 50, 41 –71.

Bolton, Patrick, Hui Chen, and Neng Wang, 2011, A unified theory of Tobin's q, corporate investment, financing, and risk management, *Journal of Finance* 66, 1545 –78.

Bolton, Patrick, Hui Chen, and Neng Wang, 2013, Market timing, investment, and risk management, *Journal of Financial Economics* 109, 40 –62.

Bolton, Patrick, Hui Chen, and Neng Wang, 2014, Debt, taxes, and liquidity, NBER Working paper No. 20009.

Bolton, Patrick and Haizhou Huang, 2016, The capital structure of nations, Working paper, Columbia University.

Bolton, Patrick and Olivier Jeanne, 2007, Structuring and restructuring sovereign debt: the role of a bankruptcy regime, *Journal of Political Economy* 115, 901 – 24.

Bolton, Patrick and Olivier Jeanne, 2009, Structuring and restructuring sovereign debt: the role of seniority, *Review of Economic Studies*, 76, 879 – 902.

Bolton, Patrick and Olivier Jeanne, 2011, Sovereign default risk in financially integrated economies, *IMF Economic Review* 59, 162 – 194.

Bolton, Patrick and David Skeel, 2004, Inside the black box: how should a sovereign bankruptcy framework be structured? *Emory Law Journal*, 53, 763 – 822.

Bolton, Patrick and David Skeel, 2005, Redesigning the international lender of last resort, *Chicago Journal of International Law* 6, 177 – 202.

Brunnermeier, Markus, Luis Garicano, Philip Lane, Marco Pagano, Ricardo Reis, Tano Santos, David Thesmar, Stijn Van Nieuwerburgh, and Dimitri Vayanos, 2011, ESBies: A realistic reform of Europe's financial architecture, in Thorsten Beck, ed.: *The Future of Banking*, VoxEU. org eBook, Centre for Economic Policy Research, London.

Buchheit, Lee, Anna Gelpern, Mitu Gulati, Ugo Panizza, Beatrice Weder di Mauro, and Jeromin Zettelmeyer, 2013, Revisiting sovereign bankruptcy, The Brookings Institution.

Bulow, Jeremy and Kenneth Rogoff, 1989, A constant recontracting model of sovereign debt, *Journal of Political Economy* 97, 155 – 178.

Bulow Jeremy, Lawrence Summers, and Victoria Summers, 1990, Distinguishing debt from equity in the junk bond era, in John Shoven and Joel Waldfogel, eds.: *Debt, Taxes, and Corporate Restructuring*, *Washington* (The Brookings Institution, DC).

Burnside, Craig, Martin Eichenbaum, and Sergio Rebelo, 2001, Prospective deficits and the Asian currency crisis, *Journal of Political Economy* 109, 1155 – 1198.

Caballero, Ricardo and Stavros Panageas, 2007, A global equilibrium model of sudden stops and external liquidity management, Discussion Paper, MIT, Department of Economics.

Calvo, Guillermo, 1988, Servicing the public debt: the role of expectations, *American Economic Review* 78, 647 – 661.

Cespedes, Luis and Andres Velasco, 2012, Macroeconomic performance during commodity price booms and busts, *IMF Economic Review* 60, 570 – 599.

Chang, Roberto and Andres Velasco, 2000, Liquidity crises in emerging markets: Theory and policy, in Ben S. Bernanke and Julio Rotemberg eds. : *NBER Macroeconomics Annual* 1999, MIT Press, Cambridge, MA.

Cochrane, John, 2005, Money as Stock, *Journal of Monetary Economics* 52, 501 – 528.

Cole, Harold and Timothy Kehoe, 2000, Self – fulfilling debt crises, *Review of Economic Studies* 67, 91 – 116.

DeAngelo, Harry and Richard Roll, 2015, How stable are corporate capital structures? *Journal of Finance* 70, 373 – 418.

Delpla, Jacques and Jakob von Weizs acker, 2010, The blue bond proposal, Bruegel Policy Brief 420.

Dittmar, Amy and Anjan Thakor, 2007, Why do firms issue equity? *Journal of Finance* 62, 1 – 54.

Dominguez, Kathryn, Yuko Hashimoto, and Takatoshi Ito, 2012, International Reserves and the Global Financial Crisis, *Journal of International Economics* 88, 388 – 406.

Dooley, Michael, David Folkerts – Landau, and Peter Garber, 2004, The revived Bretton-Woods system, *International Journal of Finance & Economics* 9, 307 – 313.

Du, Wenxin and Jesse Schreger, 2015, Sovereign Risk, Currency Risk, and Corporate Balance Sheets, Working paper, Harvard, Department of Economics.

Durdu, Ceyhun, Enrique Mendoza, and Marco Terrones, 2009, Precautionary demand for foreign assets in emerging economies: An assessment of the new mercantilism, *Journal of Development Economics* 89, 194 – 209.

Eaton, Jonathan and Mark Gersovitz, 1981, Debt with potential repudiation: Theoretical and empirical analysis, *Review of Economic Studies* 48, 289 – 309.

Eichengreen Barry, Ricardo Hausmann and Ugo Panizza, 2003, The pain of original sin, in Eichengreen et al. eds. : *Other People's Money: Debt Denomination and Financial Instability in Emerging Market Economies* (University of Chicago Press, Chicago and London).

Friedman, Milton, 1969, The optimum quantity of money, in *The Optimum Quantity of Money and Other Essays* (Aldine Publishing Company, Chicago).

Forslund, Kristine, Lycia Lima, and Ugo Panizza, 2011, The determinants of the composition of public debt in developing and emerging market countries, *Review of Development Finance* 1, 207 – 222.

Gelpern, Anna and Mitu Gulati, 2006, Public symbol in private contract: A case study, *Washington University Law Review* 84, 1627 – 1716.

Gennaioli, Nicola, Alberto Martin, and Stefano Rossi, 2014, Sovereign default, domestic-banks, and financial institutions, *Journal of Finance* 69, 819 – 866.

Gourichas, Pierre - Olivier and Olivier Jeanne, 2012, Global safe assets, BIS Working paper No. 399.

Gulati, Mitu and Robert Scott, 2012, *The Three and a Half Minute Transaction: Boilerplate and the Limits of Contract Design* (The University of Chicago Press).

Gulati, Mitu and Robert Scott, 2016, The costs of encrusted contract terms, Discussion paper, Duke Law School.

Hagan, Sean, 2005, Designing a legal framework to restructure sovereign debt, *Georgetown Journal of International Law* 36, 299 - 402.

Hagan, Sean and Anne Krueger, 2005, Sovereign workouts: An IMF perspective, *Georgetown Journal of International Law* 36, 203 - 218.

Hahn, Frank, 1965, On some problems of proving the existence of an equilibriumin a monetary economy, in F. H. Hahn and F. P. R. Brechling eds.: *The Theory ofInterest Rates* (Macmillan, London).

He, Zhiguo, Arvind Krishnamurthy, and Konstantin Milbradt, 2015, A model of the reserve asset, Discussion paper, University of Chicago, Booth School of Business.

Hellwig, Christian and Thomas Philippon, 2011, Eurobills, not Eurobonds, VoxEU.org, December 2.

IMF Staff Paper, 2013, Sovereign debt restructuring: Recent developments and implications for the Fund's legal and policy framework.

Jeanne, Olivier, 2003, Why do emerging economies borrow in foreign Currency? IMF Working paper 03/177.

Jeanne, Olivier, 2007, International reserves in emerging market countries: Toomuch of a good thing? in W. C. Brainard and G. L. Perry, eds.: *Brookings Paper on Economic Activity* (The Brookings Institution, DC).

Jeanne, Olivier, 2009, Debt maturity and the international financial architecture, *American Economic Review* 99, 2135 - 2148.

Jeanne, Olivier and Romain Ranciere, 2011, The optimal level of international reserves for emerging market countries: A new formula and some applications, *The Economic Journal* 121, 905 - 930.

Jeanne, Olivier, and Charles Wyplosz, 2001, The international lender of last resort: How large is large enough? NBER Working paper No. 8381

Jeanne, Olivier and Jeromin Zettelmeyer, 2005, Original sin, balance - sheet crises, and the roles of international lending, in Eichengreen, B. and Hausmann, R., eds.: *Other People's Money: Debt Denomination and Financial Instability in Emerging Market Economies* (University of Chicago Press, Chicago and London).

Korinek, Anton, 2010, Excessive dollar borrowing in emerging markets: Balance sheet effects and macroeconomic externalities, Discussion paper, University of Maryland, Department of Economics.

Krueger, Anne, 2001, A new approach to sovereign debt restructuring: Preliminary considerations, IMF Report.

Krugman, Paul, 1988, Financing vs. Forgiving a Debt Overhang, *Journal of Development Economics* 29, 253 - 68.

Lemmon, Michael, Michael Roberts and Jamie Zender, 2007, Back to the beginning: Persistence and the cross - section of corporate capital structure, *Journal of Finance* 63, 1575 - 1608.

Myers, Stewart, 1977, The Determinants of Corporate Borrowing, *Journal of Financial Economics* 5, 147 - 175.

Myers, Stewart, 1984, The Capital Structure Puzzle, *Journal of Finance* 39, 575 - 592.

Myers, Stewart, and Nicholas Majluf, 1984, Corporate financing and investment decisions when firms have information that investors do not have, *Journal of Financial Economics* 13, 187 - 221.

Sachs, Jeffrey, 1984, Theoretical issues in international borrowing, *Princeton Studies in International Finance* 54, 1 - 41.

Scheinkman, Jose and Wei Xiong, 2003, Over confidence and speculative bubbles, *Journal of Political Economy* 111, 1183 - 1220.

Schneider, Martin and Aaron Tornell, 2004, Balance sheet effects, bailout guarantees and financial crises, *Review of Economic Studies* 71, 883 - 913.

Shleifer, Andrei and Robert Vishny, 2011, Fire Sales in Finance and Macroeconomics, *Journal of Economic Perspectives* 25, 29 - 48.

Sims, Christopher, 2001, Fiscal consequences for Mexico of adopting the dollar, *Journal of Money, Credit, and Banking* 33, 597 - 616.

Skeel, David, 2001, *Debt's Dominion: A History of Bankruptcy Law in America* (Princeton University Press, Princeton, NJ).

Stein, Jeremy, 1996, Rational capital budgeting in an irrational world, *Journal of Business* 69, 429 - 455.

Summers, Lawrence, 2007, Discussion of International reserves in emerging market countries: Too much of a good thing? by Olivier Jeanne in W. C. Brainard and G. L. Perry, eds.: *Brookings Papers on Economic Activity* (The Brookings Institution, DC).

Tirole, Jean, 2002, Financial crises, liquidity, and the international monetary system, *Paolo*

Baffi Lecture on Money and Finance (Princeton University Press, Princeton, NJ).

Tirole, Jean, 2003, Inefficient foreign borrowing: A dual - and - common - agency perspective, *American Economic Review* 93, 1678 - 1702.

Triffin, Robert, 1960, *Gold and the Dollar Crisis: The Future of Convertibility* (Yale University Press, New Haven, CT).

van der Ploeg, Frederick and Anthony Venables, 2011, Harnessing windfall revenues: Optimal policies for resource - rich developing economies, *The Economic Journal* 121, 1 - 30.

Zingales, Luigi, 2015, Does finance beneft society? *Journal of Finance* 70, 1327 - 1363.

全球货币体系第三次寻锚

黄海洲

2008 年金融危机至今已经过去七八年的时间，各国都采取了相应的政策，但回头看，政策效果并不理想，全球经济仍然面临严重、持续的低增长和低通胀。发达国家、发展中国家的增长前景都不乐观，若干新兴市场国家在 2015 年陷入了金融危机，比如巴西、俄罗斯陷入衰退。八年来，各个国家为应对危机都采取了很多政策，尽管许多国家在货币政策、财政政策等方面尽了巨大努力，有些国家甚至把货币政策用到极限，不惜使用负利率政策；有些国家大力协调财政政策和货币政策。但全球经济仍然复苏乏力，一些货币大幅度贬值，不少国家面临巨大通缩压力。过去一段时间特别是 2016 年初以来，全球经济和市场的风险反而有进一步累积和升级的势头。金融危机时隔八年之后，全球经济依然深陷乱局。

从更深层次来分析，全球货币体系之所以会出现上面提到的新一轮乱局并非偶然。除了由于经济周期的不同步导致全球资金从新兴市场向发达市场的再配置和再平衡外，从更长期的视角和更大的格局来看，由于当前全球货币体系明显失衡，缺乏能够稳定投资预期、通胀预期和资产价格的锚，具体表现为前

---

* 作者现供职于中国国际金融股份有限公司。作者感谢管涛、梁红、王庆、王信、余永定、张斌、张明、张涛、张幼文、张宇燕、钟伟、朱宁等在上海新金融研究院、CF40 年会、世界政治与经济研究所等研讨会上的讨论和建议，感谢吴素萍、刘刚和王慧的帮助。文中观点仅代表笔者个人学术观点，并不必然代表供职单位的意见。原载于《国际经济评论》2016 年第 4 期。

期美元大幅升值和新兴市场汇率大幅下跌，同时全球通胀下行、通胀预期持续低迷。自2008年危机开始，全球货币体系也不自觉地开始寻找新的锚。

基于国际货币体系的演进历史分析，全球货币体系大约每40年经历一次寻锚小周期，每80年经历一次寻锚大周期。寻锚的过程必定是很痛苦的，伴随着全球增长依然乏力、通胀预期低迷、货币政策捉襟见肘、资产价格剧烈波动等一系列问题，而寻锚之后约有二十余年的经济繁荣周期。2008年至今处于1929年以来的第三次换锚期。

1929—1933年大萧条引发全球恶性通货紧缩，导致第一次全球货币体系的大调整，并开启了第一次寻锚。从1929年大萧条开始算起，此次大调整期持续了16年，中间更是经历了惨烈的第二次世界大战，直至“二战”结束，布雷顿森林体系建立。大萧条之后，很多国家采取了以邻为壑的汇率政策，试图先把自己的经济拉出危机的泥潭，但是没有成功。国家之间的矛盾快速加剧，之后是第二次世界大战。“二战”之后，在经济层面，除了美国之外，所有存在产能过剩的国家均被夷平，包括德国、日本和英国，美国成为GDP占全球50%的超大经济体。而在金融层面，早在30年代初，英美都先后放弃了金本位，美国替代英国成了全球货币和金融体系的领导者，并成为当时全球最大的黄金储备国。在美国的主导下，1944年开始建立布雷顿森林体系——美元与黄金挂钩、各国货币与美元挂钩，美元成为全世界的支付清算货币。从1929年到1945年，除了美元升值之外，全球其他主要货币均大幅贬值，尤其是马克、日元、法郎和英镑。此后，全球经济复苏和繁荣持续了26年（1945—1971年）。此为布雷顿森林体系1.0版。如果以1929—1971年为第一个周期，前后共42年。

1971年美国放弃美元与黄金挂钩，终止了布雷顿森林体系1.0版，开启了第二次全球货币体系的大调整和第二次寻锚。1971年，由于美国国内经济增长疲软、美元面临的特里芬困境、对外战争等因素，尼克松政府不得不宣布黄金与美元脱钩，美元大幅度贬值，马克和日元面临较大的升值压力。1973年，布雷顿森林体系正式瓦解。直到1985年《广场协议》和1987年《卢浮宫协议》的签订，新的全球货币秩序才建立起来。从1971年开始算起，此次大调整也持续了16年。期间，全球经济出现了严重滞胀，资产价格也发生巨大波动。问题的解决是通过稳定汇率和治理通胀双管齐下：在汇率方面，1985年五国集团（美、英、法、德、日）经过谈判达成广场协议，美元企稳，日元、马克大幅升值；在通胀方面，美联储时任主席自 1980 年开始通过大幅提高利率，控制了通货膨胀，校准了美国的通胀预期。然而，只讲治理通胀的货币政策是不够的，如果汇率持续贬值，虽然短期可以校准通胀预期，但是对外贬值一定会转化为对内通胀。真正要稳住通胀必须内外兼修，对内需要财政政策、货币政策以及其他政策配套，对外需要汇率稳定。这正是 1985 年《广场协议》和 1987 年《卢浮宫协议》的作用。1987 年开启了以美元为主导的没有金本位的布雷顿森林体系 2.0 版。如果从 1971 年算起，至 1987 年的寻锚花了 16 年。此后，全球经济增长步入了黄金增长 21 年（1987—2008 年）。中国的改革开放也得益于这 20 余年相对稳定的外部经济和金融环境。如果以 1971—2008 年为第二个周期，前后 38 年。

从全球意义上来讲，第二次锚的效果非凡，以至于 2008 年之前，西方宏观经济学创造出一个新词“大稳健”（great moderation），认为永远地解决了增长和通胀问题，可以长期持续实现高增长、低通胀，同时增长和通胀的波幅较小。2008 年全球金融危机之后，人们就发现这个词错得离谱，全球经济从高增长、低通胀变为无增长、有通缩。美国实行了量化宽松（QE），欧央行也推行了量化宽松，还有日本的负利率，主要国家各显神通，想出基于自身利益的应对之招，将本国货币贬值，加强贸易保护主义，以邻为壑，但效果明显不彰。

从深层次分析，2008 年的全球金融危机终结了 1985—2008 年的布雷顿森林体系 2.0 版，遇上了全球货币体系每 40 年一次的寻锚挑战，并与全球货币体系每 80 年经历一次寻锚大周期相叠加。

一、大萧条、第一次寻锚和布雷顿森林体系的兴衰

1929—1933 年大萧条引发全球恶性通货紧缩。从 1929 年到 1933 年，以美国为例，9000 余家金融机构倒闭，GDP 下跌 70%，失业率上升到 25%，标普指数下跌 90%，通缩压力巨大。大萧条时期，很多国家采取了以邻为壑的汇率政策，试图先把自己从危机的泥潭中拉出，严重激化了国家间的矛盾，从而进一步加剧了全球总需求的下滑和通缩压力。第二次世界大战就是在这样的全球经济背景下引发的。

“二战”之后，除了美国之外，所有存在产能过剩的国家均被夷平，包括德国、日本和英国。美国成为当时全世界最大的经济体（1945 年美国 GDP 占

全球50%），又是最大的黄金储备国（1945年美国黄金储备占全球63%）。从1929年到1945年，除了美元升值之外，全球其他主要货币均大幅贬值，尤其是马克、日元和英镑。美国替代英国成了全球货币和金融体系的领导者。在美国的主导下，1944年开始建立布雷顿森林体系——美元与黄金挂钩、各国货币与美元挂钩，美元成为全世界的支付清算货币。此后，全球经济复苏和繁荣持续了26年（1945—1971年）。1971年美国放弃美元与黄金挂钩，终止了布雷顿森林体系1.0版。从1929—1971年为第一个周期，前后42年。寻锚调整期16年，期间经历第二次世界大战。

了解布雷顿森林体系从建立到解体到再平衡的整个过程，对我们理解当前状况、思考未来的应对和解决方案有重要的参考意义。

（一）美国主导建立以美元为中心的布雷顿森林体系

1944年，随着"二战"基本结束，全球44个同盟国聚集于美国新罕布什尔州的布雷顿森林，商议重建国际金融秩序，以恢复国际金融稳定。《布雷顿森林协议》的基本精神是要促进国际贸易，从而推动经济增长。为此，该体系的建立主要为了实现以下几个目标：

第一，保持汇率稳定，避免竞争性贬值。20世纪20—30年代大萧条期间，各国推行以邻为壑的竞争性贬值政策，试图促进本国贸易出口。结果却是全球贸易总额大幅收缩，经济萧条加剧。对此，参与布雷顿森林体系设计的各国代表，包括主要设计者凯恩斯，均有切身体会。因而，新体系的一个重要目的便是制止这种以邻为壑的汇率政策的可能性。

第二，实施资本控制。除避免竞争性贬值外，与会者还希望避免投机性资本流动，因为投机性资本流动对大萧条期间各国的经济造成不小的负面影响。因而，包括凯恩斯在内，当时的设计者希望实施资本控制，限制金融账户的可兑换性。

第三，促进经常账户可兑换。这一要求源于美国的战略需求。在20世纪20—30年代，英国与英联邦国家之间达成协议，各英联邦国家对英国有顺差时，均将资金存入伦敦，也即英联邦在与英国的贸易中面临经常账户不可兑换，资金只能留在英国。因而，英国虽然有经常账户逆差，但是有金融账户顺差。由于担心"二战"结束后需求不足导致衰退，美国强烈要求实现经常账户可兑换，以让英联邦国家积累的资金可以用于购买美国产品。

由于美国当时已经是全球最大的经济体，且拥有全球大部分黄金储备，在布雷顿森林体系的设计中起到主导作用。在其主导下，布雷顿森林体系使美元获得与黄金同等的地位，成为世界储备货币。布雷顿森林体系的基本制度设计如下：

第一，美元与黄金挂钩。确定美元与黄金之间的平价为每盎司黄金35美元，而美国保证随时以该平价购买或者出售黄金。

第二，其他国家货币与美元挂钩。其他国家按照各国货币含金量确定与美元的汇率。根据《国际货币基金协定》规定，各国货币兑美元汇率仅能在1%范围内波动，各国有义务在必要时进行干预，以保证汇率在这一范围内波动。

第三，建立国际货币基金组织和世界银行。国际货币基金组织作为全球央行的“央行”，为暂时出现国际收支危机的国家提供储备和流动性，以帮助其走出收支危机，顺利恢复经济的外部均衡；同时国际货币基金组织也监督各国实施布雷顿协议的情况。而世界银行则主要为欧洲战后复兴提供贷款。

（二）布雷顿森林体系的建立稳定了全球金融局势

全球货币脱离金本位之后在1944年找到的全球货币体系的第一个锚可以概括为一极主导、一币挂金、体系创设、固定汇率、浮动目标。一极主导即美国主导；一币挂金即美元与黄金挂钩；体系创设即创设布雷顿森林体系；固定汇率即其他国家的货币与美元实行固定汇率；目标浮动即通胀和增长等方面的政策目标均为浮动。

以1944年建立的布雷顿森林体系为中心，全球货币体系有了可以钉住的锚，并在战后相当长一段时间内促进了全球经济和贸易的复苏与繁荣。

首先，全球贸易恢复平稳增长。在布雷顿森林体系下，全球汇率风险降低，国际贸易环境因此得到了极大改善。1948年，全球出口金额为580亿美元，而到布雷顿森林体系解体时的1973年这一金额已经扩张至5800亿美元，26年间总贸易额增长了10倍，复合增长率达到15.5%。

其次，全球经济增长更加平稳。在币值稳定（汇率稳定，通胀降低）的背景下，全球经济增长也更加平稳，周期性波动幅度明显减小。在1945—1973年间，美国实际GDP年增长率平均为3.7%，波动率为3.4%；而在布雷顿森林体系前的1910—1944年间，其增长率平均值为4.1%，波动率却高达7.9%。全球其他主要经济体如英国和日本也是如此。

再次，在布雷顿森林体系运行近30年时间里，美国、日本等国家股市也以上涨为主。其中，美国标普500指数上涨了约6.2倍，年收益率为7.1%；而日本东证股价（Topix）指数则上涨约16.6倍，年收益率为12.4%。

（三）布雷顿森林体系的固有缺陷："特里芬难题"

布雷顿森林体系建立在特殊的历史时期，对全球经济和资产价格都起到了很大的推动作用，但其与生俱来的固有缺陷随着时间的推移和外部环境的变迁开始逐渐凸显，即所谓的"特里芬难题"。

"特里芬难题"是指，一方面，在布雷顿森林体系下，各国使用美元作为国际贸易结算和储备货币。为了向全球提供美元储备，美国必须长期保持贸易逆差。但另一方面，美元作为国际储备货币的核心前提便是美元必须保持币值的坚挺，而这又要求美国保持贸易顺差，否则一旦外国持有的美元超过美国的黄金储备，将引发投资者对美元自由兑换黄金的信心发生动摇。这两个要求相互矛盾，从而成为布雷顿森林体系的固有缺陷。

从实施过程来看，在布雷顿森林体系建立前期，为帮助欧洲和日本等国家获取美元，美国先后推出"马歇尔计划"（欧洲）和"道奇计划"（日本），为各国进口原材料等重建物资提供美元资助，也因而使这些国家的出口能力得以恢复，从而能够进一步获得贸易结算和储备所需要的美元。欧洲（以德国为代表）和日本的经济迅速从战争的破坏中复苏，经常账户大幅改善，逐步有能力独立获取美元储备。与此同时，在向外输出美元的同时，美国自身的经常账户却大幅恶化。

经常账户恶化导致美国黄金储备占全球比重迅速下滑。1945年，布雷顿森林体系正式建立时，美国黄金储备占全球总量的63%。但是到布雷顿森林体系崩溃的1973年，美国黄金的全球占比已经降低至23%，不足之前比例的一半。

美国黄金储备的大量流失导致美元含金量下降，因而危及了对美元的信心。重要的转折点发生在1960年。当年美国的国外货币债务首度超过其黄金储备；随后，1963年美国对外国官方机构的负债也超过其黄金储备；而即使对外国官方机构的净负债，也于1970年超过黄金储备。"特里芬难题"对美元能否兑换黄金的担忧因此成为现实。

而进一步使问题变成危机的，是当时全球资本管制有效性的下降。当时经济环境的两点变化导致资本流动实际上已经难以控制。首先，经常账户可兑换不断推进。在国际货币基金组织推动下，接受国际货币基金组织第八条款，实施经常账户可兑换的国家越来越多，全球资本流动性大大提高。其次，跨国银行发展。随着银行跨国分支机构的发展，国家之间的资金转移也变得越来越难以监管。在资本能够在全球迅速流动的环境中，试图维持固定汇率而非让各国汇率随经济基本面强弱波动，变得几乎不可能。在美元贬值压力下，资金流出美国而流入德国等国家，最终这些国家不得不重新确定对美元的汇率，从而加剧了对美元的信心动摇，演变成美元危机。

（四）徒劳的抢救和布雷顿森林体系的瓦解

自1960年美国的国外货币债务首度超过其黄金储备以来，美元危机愈演愈烈。不过美国依然采取了很多措施试图修补和挽救布雷顿森林体系，但事后证明都是徒劳。自1960年肯尼迪总统当选开始，长达十年抢救美元的努力逐步展开。

第一个努力措施是建立伦敦“黄金池”（Gold Pool）。1960年10月，由于担心肯尼迪总统会让美元贬值，私人黄金市场价格升至40美元/盎司，最终美联储与英格兰银行达成协议，使用英格兰银行的黄金储备才将这一市场波动平息。随后，面对金价的上涨压力，为保持美元黄金平价但又不冒耗尽美国自身黄金储备的风险，美国政府联合英国、德国、法国、意大利等八个主要工业国于1961年10月在伦敦建立“黄金池”。该黄金池由英格兰银行代理，在伦敦进行操作，买卖黄金以将金价维持在35美元/盎司的水平。美国承担黄金池中黄金的一半，其他国家共同承担另一半。这一安排在一定程度上有助于缓解美国的黄金流失压力。

然而事情的演变最终事与愿违。自1965年开始，黄金池中的黄金就一直在流失。美国对越南战争的升级导致财政支出增加，约翰逊总统“伟大社会”计划引发的美国国内通胀上升则进一步增加了黄金的流失压力，以至于法国总统戴高乐在1967年6月甚至声称要将法国存放在美国的黄金运回巴黎。

1967年的英镑贬值事件最终导致黄金池关闭。1967年，阿以战争导致国际贸易混乱以及油价上涨。同时，由于英国支持以色列，中东地区主要石油出口国转移资金，抛售英镑，英镑被迫贬值14.3%，市场对美元贬值的预期也因此加剧。最终，黄金价格飙升，并导致黄金池于1968年3月15日关闭。布雷顿体系进入“双层金价”时期。私人不能按照35美元/盎司的平价购买黄金，仅仅各国央行能以这一价格进行交易，这等于放开了黄金的私人市场价格。

除黄金池外，美国也做了一系列其他努力，主要围绕改善其经常账户、鼓励外国资金流入和限制本国资金流出等方面展开。例如，1963年美国开始对面向海外的贷款征收1%的利息平准税，并于1967年再将税率提升至2%。然而，这些努力均是治标不治本，并没有从根本上解决特里芬难题。

而1971年8月尼克松政府允许美元脱钩黄金，则基本上宣告了布雷顿森林体系的瓦解。1971年，面对资金的大幅流入，由于担心发生通货膨胀，德国终止外汇干预，允许马克升值；随后日元、法郎等货币也进行汇率调整，对美元出现不同程度升值，引发对美元的抛售。尼克松政府于8月15日关闭黄金窗口，停止向各国央行和政府以35美元/盎司平价兑换黄金，双层金价安排也终于无法支撑。1971年12月，各国签订《史密斯协定》，美元一次性贬值8%（黄金价格由每盎司35美元上升至38美元），其他各国货币则进行不同程度的升值。然而美元依然被认为处于高估状态。

二、大滞胀、第二次寻锚和大稳健的兴亡

1971年8月美元与黄金脱钩，基本上宣告了布雷顿森林体系的瓦解。1972年，由于英国首相希斯推行扩张性货币政策，英镑在外汇市场被抛售，英国政府在当年6月宣布实施浮动汇率。为了阻止美元资金大量流入瑞士，1973年1月瑞士国家银行也宣布实行全面浮动汇率。2月，日本宣布日元实施浮动汇率。3月，欧洲共同市场在巴黎达成协议，各国货币对美元实行浮动汇率或者进行联合浮动，正式宣告了布雷顿森林体系的终结。

（一）全球滞胀：经济下滑、通胀高企、资产价格下跌

1973年开始，国际金融体系正式进入浮动汇率时代。从1971年到1980年沃尔克（Paul Volker）紧缩货币政策为止，之前高估的美元由开始的渐进贬值以寻找均衡，逐步发展为趋势性大幅贬值，美元指数由120降至85左右，贬值幅度达29%，部分是反映对之前美元高估的纠正。然而，随着美联储紧缩货币政策对抗高通胀，在1980年底至1985年间，美元指数又几乎大幅上涨一倍。再随后，1985年的《广场协议》达成后，美元再度转为大幅贬值，1987

年《卢浮宫协议》签订后，美元指数在1988年再度回到85附近。美元这种大幅度的波动和震荡，被认为是典型的汇率超调特征。

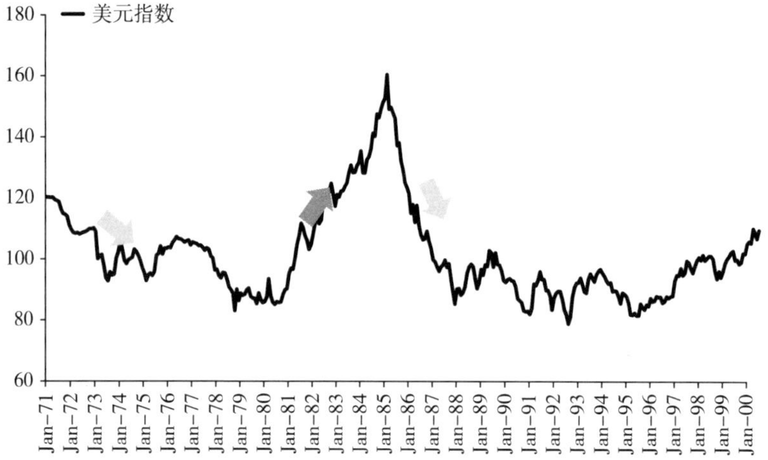

图1 美元指数

资料来源：万得，彭博，Haver

美元的大幅波动，使全球货币体系陷入了“无锚”的动荡时期，这对于当时全球经济和资产价格都产生了严重的冲击。具体来看，美元贬值直接导致了大宗商品价格的迅速攀升，再叠加石油危机的冲击，进而推动各国通胀水平大幅上扬，全球通胀预期的锚也开始动摇。到了1974年，日本CPI（消费者价格指数）高达23%，美国CPI也升至11%，OECD国家平均的通胀水平为14.1%。不仅如此，全球主要经济体增长也普遍下台阶，均陷入了高通胀和低增长的滞胀局面。

在动荡的经济环境中，全球资本市场也表现疲软。美国、日本、德国等主要工业国家股市陷入长时间波动和低迷状态，这与2015年下半年以来全球金融市场剧烈波动且回报率下行的趋势有诸多类似之处。以美国为例，1973—1983年近10年间，标普500指数一直徘徊在100点左右，但波动率明显上升。

与此同时，汇率波动以及通胀高企导致居民资产配置从股票转向房地产，从而推动了房地产市场的繁荣，最终造成了不小的麻烦。以美国为例，由于银行过度冒险、监管不力等原因，发生了银行危机（尤其是储贷协会危机较为严重，在危机中储贷协会大规模倒闭，最后美国政府投入大量公共资金，用于处理储贷协会留下的坏账等问题）。当1991年美国房地产市场全面放缓时，美

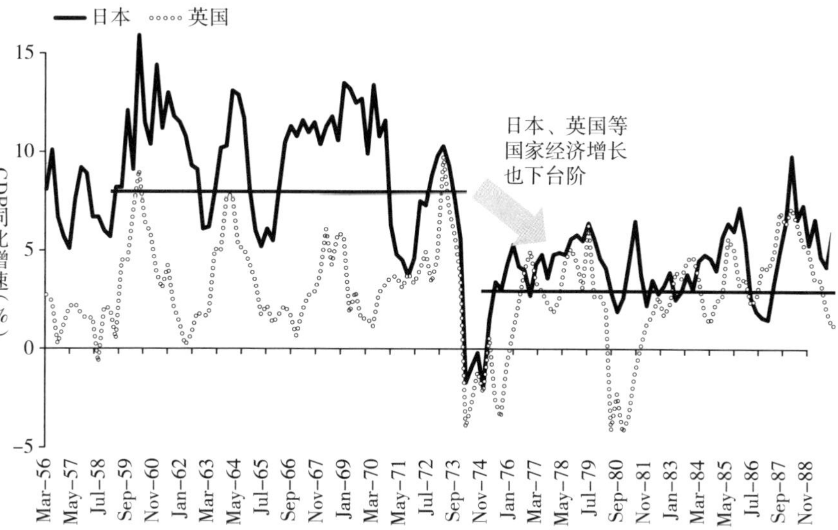

图 2　日本、英国 GDP 同比增速

资料来源：万得，彭博，Haver

国银行业由于受到冲击，面临资本充足率压力，选择紧缩信贷，最终导致美国陷入经济衰退。而日本企业则通过地产抵押大幅加杠杆，为泡沫最终破裂后的困境埋下隐患。

在布雷顿森林体系解体后，全球足足花了 16 年的时间（1971—1987 年），通过在汇率和通胀两方面再平衡，最终才实现了向布雷顿森林体系 2.0 版的过渡。汇率方面，通过《广场协议》和《卢浮宫协议》，以日元、马克升值为代价，逐渐让美元与其他主要国家货币的汇率稳定下来。而在通胀方面，美联储主席沃尔克通过强力的货币紧缩政策抑制高通胀，以最终实现通胀预期的稳定。

（二）汇率再平衡：《广场协议》和《卢浮宫协议》

1985—1987 年之后的全球货币体系事实上是布雷顿森林体系 2.0 版，全球大多数货币与美元挂钩，亚洲所有国家都是美元区，拉丁美洲、东欧也是美元区，只有西欧例外。即全世界重新确立了美元独大的地位，尽管美元不再与黄金挂钩。而在这一时期美国利率的长期下行为全世界的投资、经济繁荣奠定了基础。美国的 10 年期国债收益率在 80 年代达到了历史最高点的 16%，但目前只有 1.7%，美元指数也在 1985 年达到最高。之后的波动，相比那个时候而言，都是微小的。

1985年，针对美元过于强势造成的美国贸易逆差大幅增长，五国集团财政部长和央行行长在纽约广场饭店举行会议，达成五国政府联合干预外汇市场，诱导美元兑主要货币汇率有序贬值，以解决美国巨额贸易赤字的问题。因协议在广场饭店签署，又被称为《广场协议》。

《广场协议》力图改善美国、日本等大国间巨大的外部失衡状况。其具体要求包括：一是各国尽力实现无通货膨胀基础上的均衡增长。二是削减公共开支，降低政府需求占比，将经济增长方式转化为以内需和民间投资为主，而非过分依赖外需。三是促进金融自由化、汇率弹性化，主张各国汇率应当充分反映各国经济基本面。最后，也是最为重要的一条，是关于汇率调整。协议认为，日本、德国，尤其是日本，应当密切关注本国货币政策，实现日元汇率自由化，使得日元汇率能够反映其强劲的经济增长基本面力量。而美国则应当力争降低财政赤字。

广场协议后，日本、德国货币开始大幅升值，而美元则持续贬值。但是随着日元明显升值幅度越来越大，两方面效果使得各国政府开始对美元是否需要继续贬值产生怀疑。一是美国经常账户并未明显改善。由于J曲线效应，美元贬值初期美国经常账户不仅没有改善，反而进一步大幅恶化，经常账户赤字占GDP的比例由1984年的2.3%进一步扩大至1987年的3.2%。与此同时，日本出口却大幅减速，由1984年的15%迅速转为1986年的-15%。二是美元贬值也对美国的海外资产形成一定压力，使得美国由净债权国转为净债务国。1985年底，美国国际投资净头寸为617亿美元，而1987年转为-709亿美元。

正是在这种背景下，1987年2月，七大主要工业国（G7）财长和央行行长再度在巴黎卢浮宫达成协议，一致同意G7国家在国内政策和外汇市场干预两方面加强协调合作，抑制美元跌势，保持美元在当时的水平上基本稳定，史称《卢浮宫协议》。具体来看，在国内政策方面，协议要求日本和联邦德国等国继续刺激国内需求，减少对外部需求的依赖，而美国进一步减少财政赤字，从而实现基本面上的外部平衡。在汇率方面，协议要求G7国家加强外汇市场"干预协调"，秘密保持美元兑日元和德国马克汇率非正式浮动区间，如果汇率波动超出预期目标5%，则各国要联合干预。

《广场协议》和《卢浮宫协议》最终使美元币值稳定，而且在随后的整个

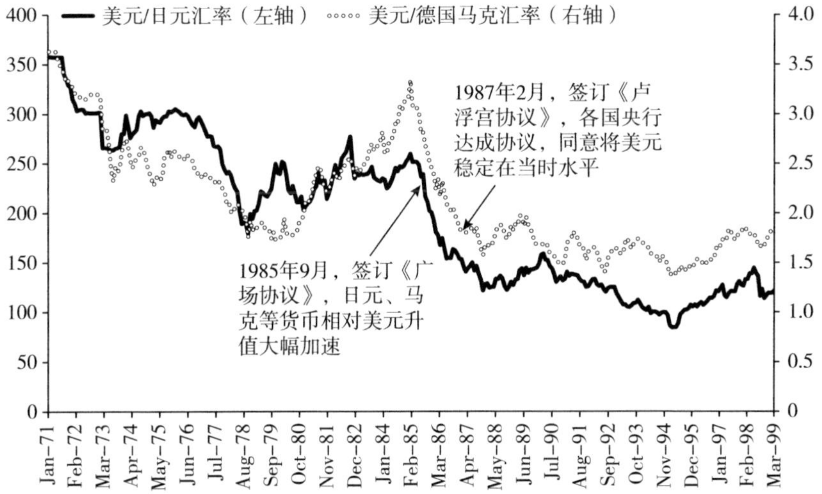

图3　美元/日元汇率、美元/德国马克汇率

资料来源：万得，彭博，Haver

90年代均保持了基本稳定，波动明显下降，再度实现了全球汇率和国际货币体系的平衡。

（三）通胀预期再平衡：沃尔克强力抑制高通胀

解决了硬币的一面汇率问题，接下来还有另一面通胀预期问题。对外贬值就是对内通胀。美国通胀水平在1980年3月一度攀升至14.8%的高位，经济陷入滞胀危机。为了对抗严重的高通胀，当时新上任的美联储主席沃尔克从1980年下半年开始，在短短5个月内紧缩货币供给，连续加息使联邦基金利率从9.5%大幅飙升至20%。利率的大幅飙升对经济和就业市场造成巨大冲击，美国失业率在1982年12月达到10.8%的高点，为“二战”后的最高水平。但最终，紧缩性货币政策取得了卓著的效果，1983年7月，美国的通胀水平已经大幅回落至2.5%的低点，而其他主要工业化国家的通胀也被基本稳定。

另外，在汲取了高通胀的惨痛教训后，自90年代开始，全球主要国家和地区也陆续开始采用通胀目标制（inflation targeting）这一货币政策框架，以央行对币值稳定的严格承诺，来稳定通胀预期。正是由于通胀目标制框架在全球的广泛采用，90年代以来全球通胀基本没有大的波动，从而实现了全球通胀预期的再平衡。

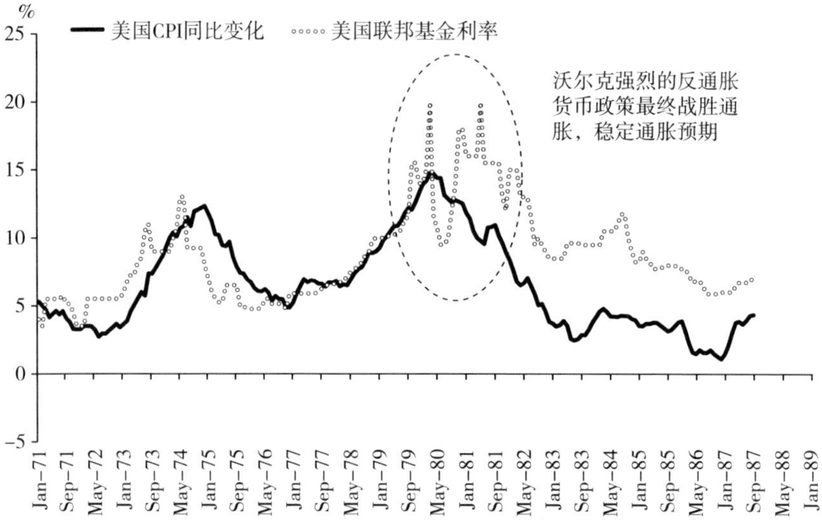

图 4 美国 CPI 同比变化、美国联邦基金利率

资料来源：万得，彭博，Haver

（四）全球货币体系新秩序：全球经济进入“大稳健”时期

1987 年找到的全球货币体系的第二个锚可以概括为一极主导、多币无金、体系演化、浮动汇率、通胀目标。一极主导即美国主导；多币无金即以与黄金脱钩的美元为主，其他五个发达经济国家的货币参与；体系演化即布雷顿森林体系退化为布雷顿森林体系 2.0 版；浮动汇率即其他国家的货币与美元实行浮动汇率；通胀目标即实行货币通胀目标制，但其他政策，包括增长和金融稳定等方面无目标。

第二次锚找到之后，带来汇率和通胀预期的锚定与再平衡，使得美国经济进入“大稳健”时期。在这一时期，全球经济维持了较低的通胀水平、较高的经济增长速度，经济波动却大幅降低。

而随着通胀大幅下行，美国等主要工业化国家的长端利率也进入长达 30 年的下行周期。1981 年高点时期，美国 10 年期国债收益率曾经高达 16%，而近期一度触及 1.7% 左右的低位。

无风险利率下行推动了债券市场和股市的繁荣。自 1983 年通胀见底以来，美国的标普 500 指数、日本 Topix 指数以及德国 DAX 指数的等主要工业国家股指大幅上涨。其中，标普 500 指数从 1983 年初的约 140 点，一路上涨至 2000

图5　美国实际 GDP 同比增速、美国 CPI 同比

资料来源：万得，彭博，Haver

图6　美国、德国10年期国债收益率

资料来源：万得，彭博，Haver

年中的约1500点，涨幅超过10倍；而德国DAX指数则从约550点上涨至2000年中的7200点左右，涨幅超过12倍。

另一方面，随着居民风险偏好的重新提升，居民资产配置也重新转向股市。美国居民资产中股票和共同基金占比从1982年6%的低点持续回升，至2000年初已经高达25%，超过了布雷顿森林体系后期1968年21%的历史高点。

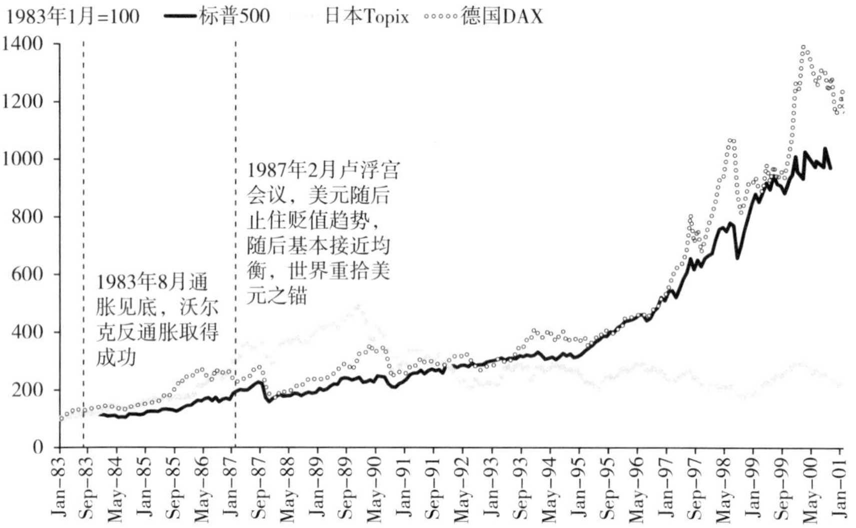

图7 标普500、日本Topix及德国DAX走势

资料来源：万得，彭博，Haver

在全球汇率和通胀预期再平衡的过程中，日本在日元大幅升值后，陷入了资产泡沫。由于担心日元升值对本国经济的负面冲击，日本央行在《广场协议》后选择迅速、大幅地降低贴现利率，导致市场流动性泛滥，过剩的资金急需寻找投放场所。而另一方面，经过战后的发展，日本城市化率在80年代已经达到77%左右，城市化基本完成，经济增长面临模式转换，实体经济一时难以吸收过剩的流动性，最终这些资金涌入房地产和股票等资产，导致资产价格泡沫。

在1989年，面对疯狂上涨的日本股市和房地产价格，日本央行持续加息试图抑制泡沫，结果却以泡沫的突然破裂收场。由于日本独特的银行和企业关系体系，以及泡沫前期企业以大量房地产作为抵押，泡沫破裂后，大量日本企业陷入困境，并将银行拖垮，最终日本经济陷入长期衰退。

相比而言，当时同样是货币大幅升值的德国则保持了相对稳健的货币政策，从而顺利度过再平衡的调整过程。

三、大危机、第三次寻锚和大调整

2008 年爆发了百年一遇的全球金融危机。全球经济面临严重、持续的低增长和低通胀，部分国家面临通缩压力。发达国家、发展中国家的增长前景都不乐观。美国经济低增长；日本持续零增长、零通胀，从失去的 10 年、失去的 20 年迈向失去的 30 年；欧元区结构调整乏力，看来正在变成下一个日本。若干新兴市场国家在 2015 年陷入了金融危机，比如巴西、俄罗斯陷入衰退。

八年来，各个国家为了应对危机都采取了很多政策，尽管许多国家在货币政策、财政政策等方面尽了巨大努力，有些国家甚至把货币政策用到极限，不惜使用负利率政策，但全球经济仍然复苏乏力，一些货币大幅度贬值，不少国家面临巨大通缩压力。过去一段时间特别是 2016 年初以来，全球经济和市场的风险反而有进一步累积和升级的势头。

这与 2008 年之前对于全球的经济增长预期完全不同，根本原因就是全球货币体系锚的缺失。如果全球货币锚没有找好的话，全球经济没有 20 年难以恢复，所蕴含的巨大风险和带来的政治、社会、经济甚至生命代价无法估量。

（一）全球增长乏力、通胀低迷、政策效用递减

金融危机以来，虽然主要发达和新兴市场国家都推出了包括大规模资产购买（例如 QE）和维持极低利率水平的宽松货币政策，以及积极的财政和产业政策（如日本“安倍经济学”和中国“4 万亿”刺激计划等），但全球范围来看，经济增长依然缺乏明显起色和亮点。

发达市场中，虽然美国经济处于相对稳健的复苏通道，且增长确定性高于全球其他主要经济体，但目前相比其潜在产出水平依然有明显缺口，有进一步提升的空间；而且在全球总需求普遍疲弱、贸易增速放缓的大背景下，美国也难以独善其身。欧元区在逐渐摆脱“欧债危机”影响后，近期在欧洲央行量化宽松的推动下，经济呈现出一些底部企稳的迹象，但复苏趋势尚不稳固，而且潜在产出的缺口依然处于历史低位附近。而日本经济受上调消费税等因素的拖累，短期增长重陷衰退困境和通缩边缘，产出缺口依然为负，“安倍经济学”改革任重道远，能否成功激发经济长期增长潜力还有待验证。

相比之下，新兴市场目前面临的挑战更为严峻。经历了 21 世纪初的高速

增长，金融危机后的新兴市场与发达经济体之间的增长差不断缩窄，进而导致资金在过去几年持续流出；美联储开启加息周期则进一步加剧了这一外流趋势，同时给新兴市场本币汇率带来很大的贬值压力。除此之外，新兴市场普遍存在的高杠杆问题叠加经济增长放缓可能会进一步突出偿付压力，而由此带来的债务清偿或使经济有进一步的下行压力，并加剧通缩风险。

受全球范围经济增长依然乏力以及前期国际油价大幅下跌的影响，全球主要经济体的通胀水平过去几年呈普遍下行趋势。同时，大规模的货币宽松也并没有起到显著推升通胀预期的效果，即使在增长更为稳健的美国，通胀预期在过去两年间也持续低迷。

2016 年初以来，虽然主要国家如美国和中国的 CPI 出现一定回升，但主要是由于 2015 年同期低基数效应以及 2 月中旬以来国际油价的大幅反弹。本质上看，如果剔除油价影响造成的波动，全球经济增长依然乏力，主要国家产出缺口依然为负才是决定全球通胀预期持续低迷的根本原因，而这一点对于欧元区和日本而言体现得更为明显。欧元区 2016 年 2 月份 CPI 同比再度跌入通缩区间，而日本也依然在通缩的边缘徘徊。

不仅如此，除美国已经基本完成去杠杆外，全球主要经济体如欧元区和新兴市场依然面临去杠杆压力。债务清偿压力，再加上汇率方面以邻为壑的竞争性贬值势头，也都有可能在一定程度上继续加剧全球范围内的通缩压力。

全球范围来看，2008 年金融危机的根源——高杠杆问题还没有得到完全解决，去杠杆进程尚未完成。

分国家来看，美国的去杠杆进行得最为彻底，目前已经基本完成。当前美国居民部门杠杆率（居民债务/GDP）约为 78.4%，已经回到 2003 年的水平。根据美联储最新发布的《高级信贷经理调查》，未来居民信贷有望稳步上升，意味着居民部门可能开启新一轮信贷扩张周期。不仅如此，美国金融和非金融企业部门的杠杆水平相比 2008 年危机前高点也已经大幅回落。

与美国形成鲜明对比的是，欧元区的去杠杆进程尚未完成。虽然金融和居民部门的杠杆水平较 2011—2012 年“欧债危机”时的高点已经有所回落，但仍处于相对高位；企业部门的杠杆水平甚至出现小幅提升。因此整体来看，欧元区各部门的去杠杆进程仍有很长的路要走。

当经济处于放缓阶段、企业盈利下滑、现金流减少、投资回报率甚至低于

图 8　美国、欧元区、日本 10 年盈亏平衡通胀预期

资料来源：万得，彭博，Haver

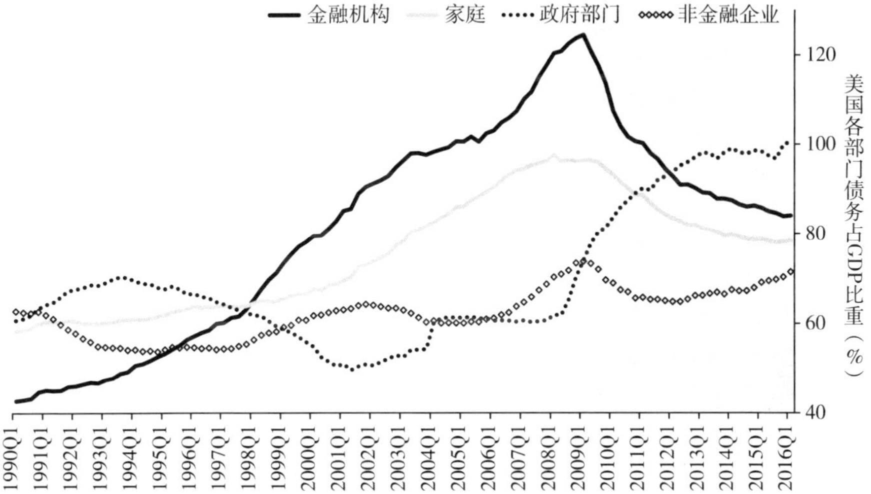

图 9　美国各部门债务占 GDP 比重

资料来源：万得，彭博，Haver

借贷成本时，过高的杠杆会加大企业财务负担和资金压力，侵蚀盈利，而由此引发的债务清偿则会进一步加剧经济下行和通缩压力。

金融危机后，全球主要央行纷纷开启了大规模的货币宽松政策作为应对，但八年过去了，整体上收效甚微。随着全球货币宽松的持续推进，我们发现这一政策对经济和市场的边际效用都在递减。包括欧洲央行和日本央行在内的一些货币当局甚至推出了负利率的极端政策，但市场对于其可能带来的负面效果一直心存疑虑，特别是对银行板块的潜在冲击甚至导致了2016年2月份全球市场的一轮大幅抛售。全球金融市场对于负利率出乎意料的剧烈反应使得欧洲央行和日本央行在随后的货币政策中都开始再度从降息的价格型工具转向数量型工具（QE）。

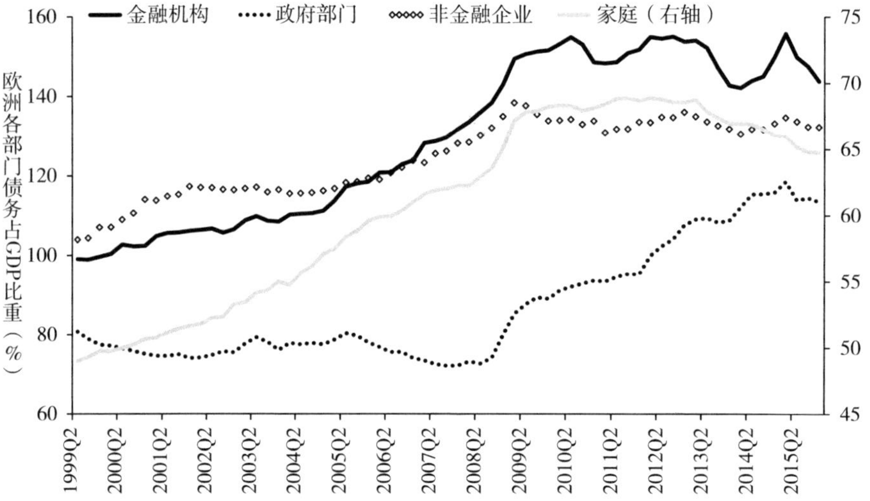

图10　欧洲各部门债务占GDP比重

资料来源：万得，彭博，Haver

与此同时，随着美国开启加息周期，而欧洲、日本和以中国为代表的多数新兴市场仍继续维持货币宽松，全球主要央行货币政策的分化态势将进一步加剧。这一方面会加剧新兴市场在货币政策工具和窗口选择上的复杂性，即汇率和利率政策上面临两难境地；另一方面，美联储加息进程的推进可能导致全球流动性拐点的出现。

在全球流动性边际上可能迎来拐点的背景下，新兴市场可能面临日益加大的流动性压力，前期持续的资金流出和本币汇率贬值都是例证，一些国家如阿根廷、阿塞拜疆以及埃及在资金流出压力下已经放弃了固定汇率制度，导致本币大幅贬值。在整体新兴市场中，财政和经常账户赤字、高度依赖外部资金（外债比例较高）、风险抵御能力差（外汇储备不足）以及依赖能源出口的国家可能会受到更大的冲击。

（二）全球货币体系必须开始第三次寻锚

除了由于经济周期的不同步导致全球资金从新兴市场向发达市场的再配置和再平衡外，从更长期的视角和更大的格局来看，是由于当前全球货币体系和通胀预期都明显失衡，缺乏稳定的投资者预期和资产价格的锚，具体表现为前期美元大幅升值和新兴市场汇率大幅下跌，同时全球通胀下行，通胀预期也持续低迷。

上一次全球货币体系寻锚要追溯到20世纪70年代布雷顿森林体系瓦解之后。从1971年美元与黄金脱钩，美元大幅贬值、日元与马克大幅度升值、全球通胀水平大幅度推升，但这与当前美元大幅升值、日元与欧元大幅度贬值以及全球通胀水平大幅度回落（不少国家面临通缩压力）的情形恰恰相反，尽管经济增长速度大幅度回落是相同的。

对比当前和20世纪70年代布雷顿森林体系解体后的情形，虽然汇率和通胀的方向呈现出明显的"镜像关系"，但从本质上而言，不管美元是涨还是跌、通胀是高还是低，都是汇率和通胀预期出现显著失衡，进而引发资产价格和投资者预期无锚，因此全球金融和货币体系呈现乱局也就不足为奇了。

1. 汇率失衡

作为全球资产价格最主要的锚，国际货币体系在"二战"之后经历了两次大的变化。

第一次是大萧条之后寻锚到布雷顿森林体系的建立。第二次是从1971年美元与黄金脱钩之后寻锚到《广场协议》和《卢浮宫协议》的签署，建立布雷顿森林体系2.0版。《广场协议》和《卢浮宫协议》使全球货币体系达到新的平衡之后，在20世纪80年代后期到90年代，美元走势都相对平稳，美国经济也处于所谓的"大稳健"时代，而美国长端利率进入长期下行通道则推动全球股票和债券市场迎来一波繁荣。2001年中国加入世界贸易组织（WTO）之后，以中国为代表的亚洲新兴市场向美国出口商品获得大量美元流入，随后再将资金配置到美国国债等金融资产上。这个体系的核心就是亚洲国家将贸易顺差以及干预汇市得到的美元用于购买美元资产，促使美国资本账户盈余，从而平衡美国的贸易赤字。但随着美国贸易赤字不断扩大，全球失衡也显著加剧，美元从2001年到2008年经历了长达八年的大幅贬值。

而2008年全球金融危机之后，建立在1985年《广场协议》基础上的布雷顿森林体系2.0版也基本上走到了尽头。全球性的金融危机、主要经济体增长的不同步，特别是新兴市场增长持续放缓以及全球货币政策的分化都在冲击着美元独大的国际货币体系。特别是从2014年下半年开始，随着美联储加息预期的不断升温，美元开始重新大幅走强，短短半年时间内累积升值幅度超过25%。美元的大幅升值对全球金融和货币体系产生了一系列的影响和连锁效应，例如导致新兴市场货币普遍大幅贬值，进一步加剧资金流出压力，同时也使得全球主要资产价格大幅波动。不仅如此，受美元走强影响，人民币的贬值压力在2015年下半年和2016年初两度引发了全球范围内资产价格的大幅动荡。在这一背景下，甚至出现了签订全球新《广场协议》以稳定汇率和国际货币体系的声音。

当前，全球的汇率和货币体系依然处于比较脆弱的状态，距离达成新的平衡还有很长的路要走。美元和人民币汇率的潜在波动，对于全球市场都有牵一发而动全身的效果。除此之外，全球货币体系也正迎来深刻变化，未来人民币加入SDR（特别提款权），或可以起到更大的作用。

2. 通胀预期失衡

除了汇率的失衡外，全球通胀下行、通胀预期低迷是导致当前全球货币和金融体系乱局的另一个主要因素。这与20世纪70年代布雷顿森林体系解体之后，全球范围通胀大幅飙升的情形呈完全相反的“镜像关系”。

在1973年布雷顿森林体系瓦解之后，美元大幅贬值导致国际大宗商品价格上涨，同时叠加石油危机的冲击，进而使得主要发达国家的通胀水平大幅攀升，英国和日本的CPI同比一度逼近25%，美国也超过10%并在1980年逼近15%的高点。通胀的失衡给当时的全球经济和金融市场都带来了严重的冲击，主要经济体如美国、英国和日本的经济增速普遍下台阶，甚至一度陷入衰退。不仅如此，高通胀也冲击了全球金融市场，全球股市陷入了长时间的低迷。居民部门对股票和共同基金的配置大幅减少，推升房地产市场迎来一波繁荣。

与布雷顿森林体系解体后的高通胀恰恰相反的是，目前的失衡主要体现在全球范围通胀普遍下行，且通胀预期依然低迷。

金融危机后，虽然全球主要央行都推出了包括大规模资产购买（如QE）和维持极低利率水平的宽松货币政策，但在推动经济增长和通胀上却收效不大。尽管2014年下半年开始的国际油价大幅下跌是过去一年内全球通胀普遍下行的直接原因，但从更深层次上看，通胀预期的持续低迷反映了全球主要国家面临的长期结构性问题。单纯依靠货币政策无法解决结构性问题，例如欧元区财政与货币政策不匹配，内部不同国家经济和金融状况的明显分化，以及日本面临的人口老龄化问题等，而这些才是全球经济增长乏力、通胀预期持续低迷的根本原因。

从各国相对潜在产出的缺口来看，除了上文提到的美国和日本外，欧元区的产出缺口也依然处于历史较低水平，而中国的产出缺口则仍在继续扩大。因此，在长期结构性问题得到解决以及产出缺口依然存在之前，全球通胀和通胀预期或仍将继续面临压力。

不仅如此，除美国已经基本完成去杠杆外，全球主要经济体去杠杆进程尚未完成。企业部门的债务清偿压力，加上近期汇率方面以邻为壑的竞争性贬值势头，也都会在一定程度上继续加剧全球范围内的通缩压力。

全球持续低迷的通胀预期，甚至一些国家陷入通缩后有以下一些主要影响：

一是加重政府、居民和企业各部门的债务负担。价格的持续下行，从实际价值的角度，相当于加重了债务在未来的偿付成本。而在经济放缓、收入下降导致偿债能力下降的背景下，会进一步放大偿债压力，甚至引发银行坏账的大幅度累积。

二是根据费雪的“债务—通缩”理论，一方面，过度负债会引发通货紧缩；另一方面，通缩引发的实际利率上升又会反过来作用于债务，加重实际的债务负担，导致更多债务清偿，进而加剧经济放缓甚至导致衰退。

三是从对需求端的影响来看，通胀下行甚至陷入通缩将对居民消费带来负面影响。通缩等于推升实际利率，进而导致家庭借贷成本上升，因此家庭消费能力受到限制；另外，在通缩环境下，由于消费者预期未来产品价格下降，因此会导致当期消费意愿降低。

四是对企业而言，通缩环境也会拖累企业投资。产品价格走低，以及由此带来的需求下降，将会影响企业的投资意愿，反过来进一步拖累经济活动。

（三）寻锚的关键行动

当前全球金融与货币体系的乱局与1973年布雷顿森林体系瓦解后的情形从方向上看存在镜像关系，与大萧条之后更为相似。大萧条后是全球通缩和美元升值、日元和马克贬值，20世纪70年代是高通胀和美元贬值、日元和马克升值，而当前则是全球面临通缩压力和美元升值、日元和欧元贬值。全球货币体系大约每40年经历一次寻锚小周期，每80年经历一次寻锚大周期。三次大调整在本质上都是货币和通胀预期的严重失衡，因此需要全球共同协作，对外重新稳定汇率和全球货币秩序、对内重新校准通胀预期。

从大萧条到建立布雷顿森林体系花了16年（1929—1945）；从布雷顿森林体系到布雷顿森林体系2.0版的过渡花了16年（1971—1987）。历史以惊人相似的方式演进！

当前，全球再次面临货币体系的失衡（处于国际货币体系中心的美元币值稳定，但是欧元、日元和一些新兴市场国家的货币大幅度贬值；人民币加入SDR以及汇率波动也可能带来深刻变化），以及通胀预期的动摇（通胀和通胀预期持续下行，与上次面临石油危机通胀持续上行相反）两大基本问题。

解决之道的关键在于两点。首先，达成新《广场协议》，以稳定全球汇率体系。其次，财政政策与货币政策并举，稳定通胀预期。

金融危机以来全球主要央行持续而大规模的货币宽松政策在刺激经济和提升通胀预期上成效不大（例如欧元区）、边际效应递减，甚至还带来一些负面效果（如负利率对银行板块的潜在影响）。因此稳定通胀预期需要货币政策和财政政策并举，而考虑到欧元区货币（欧央行）和财政政策（各个国家）的不协调以及日本已经偏高的杠杆水平，全球财政扩张的主要潜力和空间仍在中美两国（G2）。

未来几年需要解决两件大事：

1. 对外稳定全球主要汇率：达成新的《广场协议》

第一件大事，全世界主要国家的汇率必须稳定下来。正如20世纪80年代《广场协议》成功稳定了美元汇率，本次依然需要达成类似的协议，通过各国央行协作以实现全球汇率的稳定与再平衡，而其中的关键将是中美两国（G2）。当时的《广场协议》和《卢浮宫协议》，是发达国家五国集团（美国、日本、德国、法国、英国）谈判的结果，中国和其他新兴市场国家都没有真正参与其中。今年恰逢G20峰会在中国举行，上海成功举行了一年一度的G20财长和央行行长会议。新的协议应该在G20的框架下开启谈判，可以从上海作为起始点，或许将来可以达成《上海协议》。

中国是全球第二大经济体，也是新兴市场国家的龙头。中国是全球最大的出口国，也是美国最大的贸易逆差来源国，开始显现左右全球货币体系的巨大能力。从贸易结算来看，虽然目前人民币在贸易结算中仍是小币种，但是上升势头很快。人民币汇率已经不仅是中国的题目，而且是全球的题目。人民币汇率的策略必须在全球构架下探讨，与美元、欧元、日元以及其他相关发达国家和新兴市场国家汇率通盘考虑，积极利用与全世界相关国家的汇率谈判这一重要工具。2016 年中国是 G20 轮值主席国，中国理应有所作为。

2. 对内稳定通胀预期

第二件大事，全世界都面临巨大的通缩压力，这个问题必须解决。日本经过了 30 年尚未真正走出通缩，面临的经济风险也越来越大。

如何解决通缩问题？80 年代美国和全球主要发达国家面临的是滞胀问题，高通胀、低增长，美联储的强力紧缩货币政策有效，需要沃尔克那样的强人来执行。现在美国和其他发达国家、广大新兴市场国家面临的共同问题是通缩压力，需求不足，不少国家杠杆率居高不下，经济复苏乏力，不可能靠美联储更大力度的继续宽松来解决问题。要真正解决全球通缩问题，需要全球主要央行联手行动，同时需要积极的财政政策和结构性改革、供给侧改革与央行行动配合。在通货紧缩的背景下，有必要进一步提高财政赤字，增加需求，提升投资，影响通胀预期向良性方向发展。全球需要实现央行与财政的有效配合，但央行和财政都还有不错政策空间的国家和地区不多，中美两个大国是其中的佼佼者。

中国的优势是储蓄率依然处于高位，且政府债务水平不高，足以支撑进一步的财政扩张。财政政策要积极到位，才能拉动总需求。即使有财政政策的空间，如果缺乏财政政策和货币政策的协调，也无法实现；即使财政政策和货币政策可以协调，如果没有对外的汇率稳定，要做成难度也相当之大。

完成了上述两件大事，才有希望找到新的全球货币锚。但是，如果这两件大事都不能完成，或只能完成其中一件，那么我们或许将不得不继续在黑暗中行走，且可能走不出全球货币和金融体系的黑森林。

2008 年从美国开始的全球金融危机比 1971 年的危机更为严重，被不少人称为百年一遇的危机。而上一次百年一遇的危机是大萧条，最后以“二战”的方式解决，全球真正完成经济复苏是 1960 年。如果这个问题解决不了，或许战争都难以避免。所以，全世界主要国家的汇率必须稳定下来，并通过联手行动解决通缩问题，一起走出黑森林。如果以 2008 年作为元年，到 2016 年已经八年，或许我们还需要七八年才能调整到位，找到全球货币体系新的锚。但从现在开始就必须开始研究、谋划和准备。

四、把握寻锚的大机遇

全球货币脱离金本位之后，1944 年找到的全球货币体系的第一个锚为一极主导、一币挂金、体系创设、固定汇率、浮动目标；1987 年找到的全球货币体系的第二个锚为一极主导、多币无金、体系演化、浮动汇率、通胀目标。

全球货币体系的第三个锚可以概括为多极联手、多币无金、体系改进、浮动汇率、增加目标。多极联手即美、中、欧多极联手；多币无金即以美元、少数发达经济国家货币、人民币为主，其他新兴市场国家货币参与；体系改进即改进布雷顿森林体系 2.0 版，改革全球货币和金融体系的协调和治理结构，提升新兴市场国家的参与领导；浮动汇率即各国之间实行浮动汇率；增加目标即在货币通胀目标制外，增加经济增长目标和金融稳定目标。

锚不是简单的金本位概念，并不是说有金本位就有锚，全球货币体系也不可能再回到金本位。锚有更广义的概念，要满足对内稳定通胀预期，对外稳定大国之间的汇率。在这样的前提下，全球经济方能繁荣，世界各经济体才能比较齐心协力地推进全球化。如果没有锚，各国只想着解决自己的问题，全球经济就会从贸易全球化、金融全球化的轨道上倒退。一些国家的政客就会短视，为了解决本国的就业和通缩问题，不惜把责任推给其他国家。第一步在经济政策上推行以邻为壑的汇率政策；接下来，经济问题变成政治问题，政治问题变成地区冲突问题，地区冲突问题变成世界大战性质的问题。这类风险在 1929—1944 年期间爆发。

新的锚不大可能只是依靠稳健时期的通胀目标制，因为回到单一货币政策目标无法完成重振全球经济的任务。除了稳定通胀预期这一原有的通胀目标制的功能外，新的锚也必须基本稳定大国之间的汇率，虽然不需回到固定汇率制。同时，新的锚还必须支持经济增长，维护金融系统稳定。从这个意义上讲，锚不可能回到黄金，也不可能基于一国货币，或者搞固定汇率制/货币局，又或者回到单一货币政策目标。

新的锚替代老的锚，需要基于信用货币和国际合作的制度创新，离原来的金本位越来越远，离一国货币主导越来越远。全球货币体系的第一个锚是基于与黄金挂钩的美元，美国独家领导，对通胀预期管理无制度设计。全球货币体系的第二个锚是以与黄金脱钩的美元为中心，发达国家五国集团的其他成员货币参与领导，但没有任何新兴市场国家的货币参与领导。全球储备货币中美元之外的其他发达国家货币占到近40%，同时主要国家采用货币通胀目标制，以稳定和管理通胀预期。

全球货币体系的第三个锚必须要有新兴市场国家的货币参与领导，同时应该共同改进全球货币体系的治理。在全球储备货币中，除美元和发达国家货币外，也要纳入主要新兴市场国家的货币。此外，要从单一的货币通胀目标制，过渡到包括稳定增长和维护金融系统稳定性的多目标管理体系。因此，全球重要货币的一揽子货币SDR纳入人民币具有非常重要的意义，为开启全球货币第三次寻锚奠定了重要的基础。

当前存在的问题是1971—1987年寻锚过程中所存在问题的镜像，或是反问题。当时，出现了保罗·沃尔克这样强势的美联储主席，不惜一切代价提高利率，应对国内通胀预期问题，但仍然不能从根本上完全解决，因为美元对外贬值必然意味着对内通胀。现在，美国和欧央行做了这么多量化宽松，仍然拉不起通胀预期。核心原因在于全球总需求疲软，增长乏力，单靠货币政策不能从根本上解决问题。

工夫在诗外，解决问题还要靠积极的财政政策，但是有难度，必须满足三个主要条件：一是参与国的经济体量足够大；二是国内的财政政策和货币政策均有空间；三是能够协调本国的财政政策和货币政策。放眼全球，大国之中满足以上三个条件的只有两个国家：一个是美国，一个是中国，其他国家都没有这个能力。比如日本，财政政策没有多大空间，国债的GDP占比达到260%。德国现在是欧元区里面的一分子，没有独立的货币政策，财政政策即使要走赤字，其溢出效应也难以帮助到西班牙、意大利和希腊。在欧元区，一个国家的财政政策与欧央行货币政策难以协调。英国有一定的协调能力，但是英国的经济体量不大。广场协议时的五国集团，现在只有美国具备协调能力。发展中国家中，最具备协调能力的是中国。1929—1971年作为第一个周期是42年，而寻锚是从1929—1945年，时间跨度是16年，中间经历了世界大战。1971—2008年作为第二个周期是37年，而寻锚是从1971—1987年，时间跨度也是16年。第三次寻锚从2008年开始，在黑暗中已经摸索了七八年，之前对此问题的认识不足，各国基本上各自为政。而今往后，全世界要组团走出泥潭，关键是必须联手找到锚。

寻锚的意义非常重大。第一次寻锚是通过世界大战解决的，第二次寻锚是通过五国集团的谈判解决的。2008 年全球金融危机开启第三次大调整，找到问题的解很难，五国集团之间的谈判完全不足以解决问题。寻锚期要做两件事：对内校准利率的通胀预期，对外稳定汇率。而货币政策在很多国家已经无能为力，有能力做财政政策的国家未必能够协调货币政策。如果从谈判或者承担国际义务的角度，中美两国需要起到重要作用。

第三次寻锚的时间会有多长呢？如果上两次的寻锚经历有参考价值的话，那就还需要再找七八年。等寻锚成功，也许会开启一个新的全球经济繁荣周期，这个周期可以持续 20 余年。

2008 年全球金融危机开启全球货币第三次寻锚，SDR 一篮子货币 2016 年 10 月将正式纳入人民币，为开启全球货币第三次寻锚奠定了重要的基础。但在全球货币体系的第三个锚中，新兴市场国家的货币如何参与领导？各国应该如何共同改进全球货币体系的治理？全球如何从单一的货币通胀目标制过渡到包括稳定增长和维护金融系统稳定性的多目标管理体系？这些都是极富挑战的议题。中美两国作为大国和发达国家、新兴市场国家的代表，理应起到引领作用。

1945 年，中国参与雅尔塔会议并签署相关协议，确保了“二战”战胜国地位。这是中国进入大国行列的标志性事件，否则不会有中国今天的地位。换言之不能作为主签人参与全世界最重要的谈判，那就无法掌握话语权。

1985 年，五国集团签署《广场协议》。虽然日元、马克升值，但是日本和德国受益巨大。日本、德国参与了《广场协议》的会谈并签署协议，这标志着他们从“二战”的战败国晋升为战后经济金融强国，加入了全世界的强国俱乐部。

中国必须参与并引领第三次大调整的相关谈判，为此，必须进一步深化对内改革和有序地扩大对外开放，只有这样，才会成为被全世界认可的又一个标志性经济金融强国。

前沿

Guide

怎么还有那么多工作？工厂自动化的历史与未来

戴维·奥托

过去两个世纪里总会定期听到这样的警告：自动化科技将消灭大量中产阶级的工作。早期最有名的例子是 19 世纪初的卢德运动（Luddite movement），即一群英国纺织业工人为了抗议生产自动化，四处找机会捣毁纺织机。另外一个没这么出名但是离我们比较近的例子是对“自动化型失业”的担忧，1961 年 2 月 24 日《时代周刊》中的一篇文章就以此为题：

> 因为机器效率更高而减少的工作数量只是问题的一部分。让众多就业专家更忧心的是自动化可能会阻止经济创造出足够多的新工作机会……整个产业的趋势是小规模工厂完成大规模产量……服务业和办公室工作的岗

---

* David H. Autor，麻省理工学院经济学教授，原文发表在 *Journal of Economic Perspectives*, Volume 29, Number 3（Summer 2015），第 3—30 页。欲获取本文的数据附录和公开声明，请登录 http://dx.doi.org/10.1257/jep.29.3.3。

本文来源于作者提交给堪萨斯联邦储备银行于 2014 年 8 月 21—23 日在怀俄明州 Jackson Hole 召开的“再评估劳动力市场活力”经济政策研讨会的文章（Autor，2015）以及即将发表的“充裕悖论：对自动化的焦虑卷土重来”（The Paradox of Abundance：Automation Anxiety Returns）。非常感谢 Erik Brynjolfsson、Chris Foote、Frank Levy、Lisa Lynch、Andrew McAfee、Brendan Price、SethTeller、Dave Wessel 等参与 MITCSAIL/经济学家午餐研讨会的朋友以及本刊编辑，他们的见解帮助我就这个问题形成自己的观点。此外，感谢 Sookyo Jeong 和 Brendan Price 出色地协助我完成研究工作。——作者注

> 位增加抵消了工厂减少的工作岗位。但自动化也开始不断逼近办公室工作并淘汰他们……过去，新产业雇用的员工远远超过他们造成的失业，但现在的很多新产业并非如此……目前，新产业为非熟练工人或半熟练工人提供的就业机会相对较少，而自动化吞噬的正是这两类人的工作。

在20世纪50年代和60年代初，人们对自动化和由此造成的失业极为担忧，因此1964年，林顿·约翰逊总统成立了“全国科技、自动化和经济进步蓝带委员会”（Blue-Ribbon National Commission on Technology, Automation, and Economic Progress），以应对当时的生产率问题——具体来说，就是生产率上升过快，可能超过了对劳动力的需求。委员会最终得出的结论是，自动化并没有威胁就业：“因此，技术变革（及其他形式的经济变革）是决定哪些具体地区、哪些产业和哪类人员受到失业冲击的重要因素。不过迄今为止，在受影响人群的规模、失业时间长短以及新进入劳动力市场的人找工作的难度等问题上，产品和服务的总体需求水平是最重要的决定因素。现在的基本事实是，技术消灭的是工作岗位，而不是工作”（Browen, 1966，第9页）。不过，委员会认为技术颠覆的现实情况相当严重，因此提出以下建议——正如有报纸（《先驱邮报》，1966年）对此的报道：“确保各家各户获得最低收入，政府成为雇佣长期失业人员的最后‘接盘人’，社区大学或职业学校提供两年免费教育；充分落实联邦就业服务，各联邦储备银行独立于联储总部来支持经济发展。”

最近，这种担忧卷土重来。麻省理工学院的两位学者埃里克·布林约尔松（Erik Brynjolfsson）和安德鲁·麦卡菲（Andrew McAfee）在他们广为讨论的著作《第二次机器革命》（*The Second Machine Age*, 2014，第11页）里就自动化可能对就业产生的影响描述了一副令人不安的画面：

> 鉴于计算机越来越强大，公司对某类工人的需求减少，所以迅猛且不断加速的数字化很可能会颠覆经济，而不仅仅是破坏环境。技术进步全速前进，把一些人——甚至可能是很多人——甩在了后面。我们将在后文展示，拥有特殊技能或接受了适宜教育的劳动者进入了前所未有的好时代，因为他们可以利用科技来创造和体现价值。然而，对于那些技能和能力只是“平平”的劳动者而言，没有哪个时代比现在更糟糕，因为计算机、机器人和其他数字科技正在以令人瞠目的速度获取同样的技能和能力。

毫无疑问，在过去两百年里，自动化和技术进步并没有使人类劳动者彻底出局：20 世纪女性迈出家门加入劳动力大军后，就业在人口中的占比不降反升，而且尽管失业率存在周期性波动，但并没有表现出显著的长期增长。不过，对自动化和就业忧心忡忡的人马上指出，过去自动化和就业之间的相互作用无法平息人们关于这些因素在未来如何相互作用的争论：特别是计算能力、人工智能和机器人学的显著改善，使劳动力以前所未有的速度被取代的可能性增大。没有任何基本经济定律确保成年人有健全的头脑和良好的性格就能谋生。无论未来怎样，显然当下人们对自动化的焦虑情绪死灰复燃（Akst, 2013）。

本文首先阐述过去数十年和数个世纪里，自动化未能将大部分工作赶尽杀绝的原因。自动化确实能够取代劳动力，这往往是它的目标。不过，它也是劳动力的补充，提高了产出从而增加了对劳动力的需求，并且与劳动力供给的调整相互作用。事实上，本文的主要观察结果是，记者——甚至还有专业评论员——往往夸大了机器取代人类劳动力的程度，并且忽略了自动化和劳动力在提高生产率、收入和劳动力需求方面的强大互补性。

技术变革确实改变了现有的工作类型及其薪酬水平。过去几十年里一个显而易见的变化就是劳动力市场“极化”，收入和技能分布顶端及底部的薪酬增长情况不成比例，中间部分的情况则与之相反。我将就这个现象提出一些证据。不过我也认为，在可预期的未来，这种极化现象不可能持续太久。

本文最后一节认真思考了人工智能和机器人学最近和未来的发展会如何影响我们对未来职业变迁和就业增长轨迹的见解。我认为，机器和人类的比较优势相互影响，使计算机得以在常规任务和可编码任务中取代工人，从而放大了工人在问题解决能力、适应性和创造力方面的比较优势。自动化在迅速向前推进，不过机器要在那些需要灵活性、判断力和常识的工作上取代工人仍面临着巨大挑战。在很多情况下，机器和人类劳动力的关系是既取而代之，又相辅相成。只关注它造成的损失会忽视自动化影响劳动力需求的核心经济机制，即只有工人才能完成的任务会更有价值。

自动化与就业之间如何互动

1900 年，41% 的美国人受雇于农业。到了 2000 年，该比重下降到 2%（Autor, 2014），这主要是因为农业采用了包括自动化机械在内的多种技术。

批量生产的汽车大幅降低了对众多与马有关的职业的需求，如铁匠和养马者。随后兴起的运土设备和电动工具取代了建筑业中的人工劳动。近年来，计算机处理一个公司的工资单、按字母顺序排列名单或对每个人口普查计数区域的年龄分布制表时，它正在取代上一个时代由人力来完成的任务。总的来说，工作采用的许多技术——或许是绝大多数技术——其设计初衷就是为了节约劳动力。无论这些技术是拖拉机、流水线还是电子数据表格，它的首要目标都是用机械的力量来取代人类的肌肉，用机械的一致性来取代人类的手工制造，用数字化计算取代缓慢且易于出错的“大脑神经系统”。

显然这些技术成功地实现了节约劳动力的目标，而且我们在不断发明出更多节约劳动力的技术，那么技术变革尚未使绝大多数劳动者失业不应该让我们感到意外吗？虽然事实证明自动化已经降低了每单位产出所需的劳动力，那么为什么自动化不一定会降低就业总量呢？

这些问题强调了一个被忽略的基本经济事实：在那些无法被自动化取代的工作上，自动化往往发挥了补充作用。绝大多数工作流程都依赖于多方面的投入，如：劳动力和资本、大脑和肌肉、创造力和机械重复、技术水平和直觉判断、努力和灵感、遵守规则和灵活变通。通常，每种投入的作用都不可或缺，即某种投入的改善并不会降低其他因素的必要性。如果是这样的话，那么一组任务中的生产率得到提升，其他任务的价值必然也会上升。

克雷默（Kremer，1993）研究的“O 型环生产函数”对这个观点给出了说明①。在 O 型环模型中，生产链中任何一个环节的失误都会导致整个生产流程功亏一篑。相应的，任何一个既定环节的可靠性得到改善，都会提升其他所有环节的价值。从直觉来判断，如果生产链中 $n-1$ 个环节可能出错，就大体可以推断出“第 n 个环节多少有些不可靠”。如果另外一个 $n-1$ 环节变得可靠，那么提高第 n 个环节的可靠性就会变得更有价值。同样，自动化或计算机化使工作流程中的某些步骤更加可靠、成本更低或速度更快时，生产链中人工完成的环节就会变得更有价值。

信息技术和银行业就业之间意外的互补性可以视为当代的一个范例，特别是贝森（Bessen，2015）叙述的自动柜员机（以下简称 ATM）和银行柜员的

① “O 型环生产函数”的名字来源于 1986 年的“挑战者”号航天飞机事故。“挑战者”号升空两分钟后就爆炸坠毁，机上 7 名宇航员全部罹难。对此次事故最接近的解释是，发射前夜佛罗里达的寒冷天气使助推器内成本低廉且看起来无关紧要的 O 型橡胶密封圈硬化开裂。

经历。20 世纪 70 年代美国引进了 ATM。在 1995—2010 年间，美国经济采用的 ATM 数量翻了两番，从 10 万台增长到 40 万台。可能有人想当然地假设在此期间，这些机器会把所有银行柜员扫地出门。然而，在 1980 年至 2010 年这 30 年间，美国银行的柜员岗位从 50 万小幅上涨至 55 万（尽管从同期劳动力规模的增长情况来看，这些数据表明银行柜员在美国总体就业中的比重有所下降）。ATM 的数量不断增长，那么这些银行柜员在做什么呢？贝森观察到有两股力量在产生作用，且其方向背道而驰。首先，ATM 降低了银行分支行的运营成本，从而间接提高了对柜员的需求：在 1988—2004 年间，每个分支行的柜员人数降低了 1/3 以上，但城市的分行数量增加了 40% 以上（对银行放宽管制的浪潮也刺激了银行开设更多分支行）。其次，随着银行处理现金的常规任务不断减少，信息技术使更广泛的银行工作人员得以参与“关系型银行业务”。银行日益认识到柜员在信息技术的协助下作为销售人员的价值，而不是首先作为柜员的价值。银行柜员将与客户建立关系，并为他们介绍信用卡、贷款和投资产品等额外的银行服务。

这个例子不应该被视为典范；技术变革并不一定会提高就业或促成帕累托改进。以下三个主要因素会削弱或增强其影响。首先，如果工人完成的任务与自动化相辅相成，而不是被大量（或完全）取代，那么他们直接受益于自动化的可能性更大。如果建筑工人是使用铁铲的好手，但不会开挖掘机，那么随着自动化技术不断发展，他的薪酬往往会下降。同样，会算账但不会从事“关系型银行业务”的银行柜员不太可能在现代银行中如鱼得水。

其次，劳动力供给的弹性可以削弱薪酬涨幅。如果其他经济领域可以提供大量建筑工人或者关系型银行柜员完成的互补性任务，就会涌现出一大波新劳动力，抑制自动化和人类劳动力互补性所产生的薪酬上涨。尽管这些供给效应可能不会完全抵消生产率驱动的薪酬上涨，但人们可以看到一些极端案例：谢长泰和莫雷蒂（Hsieh and Moretti，2003）论述了房价上涨促使不少人进入房地产经纪业，结果这个行业原本可以提高的平均薪酬被彻底抵消。

第三，需求的产出弹性和收入弹性结合在一起时，既可能抑制自动化带来的益处，也可能提高它。从农产品的长远发展来看，伴随生产率大幅提升的是家庭的食物支出在收入中的占比下降。而在其他情况下，如医疗保健领域，技术改进使健康支出在收入中的占比达到了前所未有的高度。即使特定领域最终需求的弹性低于 1——意味着这个领域随着生产率的上升而萎缩，这也不表示需求总量会随着技术进步而下降；显然多出来的收入可以用到别处。当20世纪20年代客车取代乘马出行的方式以及与之相关的众多支持性职业时，路边的汽车旅馆和快餐业迅速崛起以服务“车轮上的公众”（Jackson，1993）。收入上涨还会刺激人们对那些与技术前沿无关的活动的需求。现有技术既不会有效补充餐厅供餐、清洁服务、理发和健身等工作，也不会取代它们。用鲍莫尔（Baumol，1967）的话来说，这些行业“技术很落后”。不过对这些产品的需求具有显著的收入弹性，因此技术领先领域的生产率提高仍然会大幅提升这些“技术落后”领域的就业。这个结果最终需要技术领先领域和技术落后领域的替代弹性低于或等于1（Autor and Dorn，2013）。

从相当长的时间跨度来看，生产率提升尚未导致对产品和服务的需求减少。与此相反，家庭消费在很大程度上与家庭收入并驾齐驱。我们知道这一点，是因为尽管物质生活的水平显著上升，但参与有偿工作的人口比重（至少）在过去一个世纪里普遍上升。2015年，普通美国工人每年工作17周就可以大致达到1915年普通工人的年均收入水平①。绝大多数民众不会考虑工作时长和理想收入之间的取舍关系，然而，这表明消费需求随着生产率的提升而水涨船高。当然，高收入国家的人民每年工作时长较少，比起一个世纪前假期更多，退休更早（相对于去世时间而言），这意味着他们选择将部分新增收入用于更多闲暇。在很多方面，这显然是个好消息，但这是否也意味着消费需求在接近饱和？我并不这么认为。在高收入国家，消费和闲暇看起来相辅相成；民众将绝大多数闲暇时间用于消费，如购物、旅游、用餐和不那么令人愉快的医疗保健。②

马克思主义者担心自动化会消除对劳动力的需求，从而使工人们陷入悲惨的境地。这种担忧会如何？在简单的经济模型中，这种结果并不会变成现实，因为拥有资本的经济主体也可能是工人；不过另外一种可能性是，收益将集中

---

① Douglas（1930；美国人口普查局1949年也提出这个观点）称1915年各行业的年均收入为633美元。如果利用美国劳动统计局消费者物价指数的历史数据把通胀考虑在内，将其折算为2015年美元价格，那么它相当于14711美元。2015年4月，劳工统计局的就业报告表明私营非农收入的周薪为858美元。因此，普通美国人17周的周薪即可达到1915年普通劳动者全年全职工作的收入。

② 这个结果是William Stanley Jevons在1865年《煤炭问题》（*The Coal Question*）中提出的“煤炭悖论”的现代版。Jevons称由于我们在煤炭开采方面提高了效率，因此煤炭使用量会随之加大，而不是减少。现代环境经济学家将这个观点称为“反弹效应”。在这个问题的讨论中广泛出现的情况是，所有产品和服务的生产效率提高意味着它们的消费量增长，而不是不变或减少。

到经济主体中一个相当小的子集中。萨克斯等人（Sachs and Kotlikoff，2012；Sachs、Benzell and La Garda，2015）探讨了多代经济环境。在这样的环境里，机器人生产率的爆发式增长会以牺牲子孙后代为代价，使拥有资本的当代人暴富。由于生产率飙升的果实被老一辈人占有了，后辈面对着劳动力需求减少的情况，而且在某些情况下，他们还会遭遇信贷约束，人力资本投资受到抑制，所以子孙后代会蒙受损失。在这些模型中，根本性威胁并不是技术本身，而是治理失当。正如这些文章强调的，适宜的资本税将使技术进步广泛提升福利。因此，迅速自动化可能会提出分配方面的挑战，并引发广泛的政策反应。我会在后文谈到这个问题。

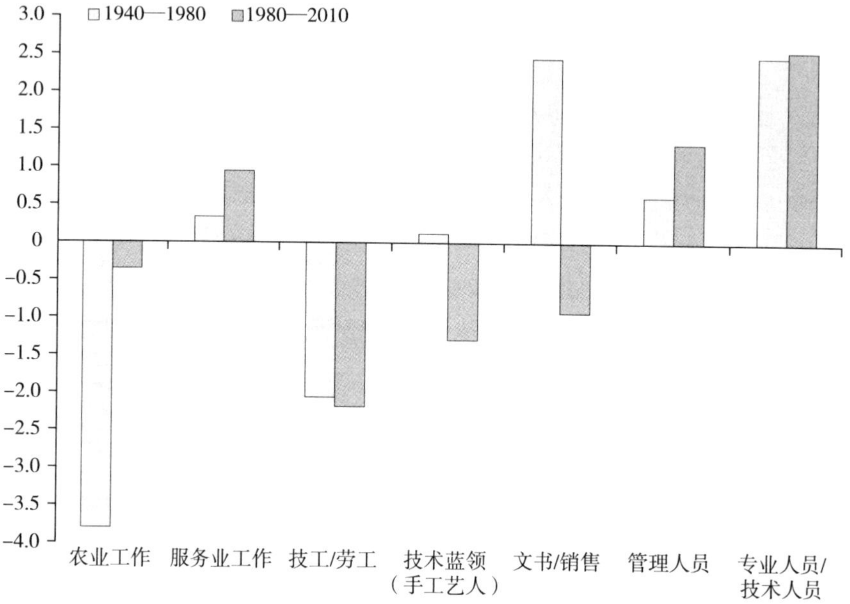

图1 1940—1980年及1980—2010年美国各职业的就业比重每十年的变动情况

注：美国各职业的就业比重在1940—1980年间及1980—2010年间的长期变化按十年进行划分，以反映出每十年的平均变化。各职业按照1950年的职业代码划分为不同的职业组别。IPUMS中的1950年职业代码（OCC1950变量）是用各年份沿用的统一职业编码方法编制而成。欲了解其他细节，请参见Katz and Margo（2014，第46页）。

资料来源：本图基于Katz and Margo（2014）中Panel A的table 1.6，其数据来源为1920年至2000年的IPUMS人口普查数据及2010年美国社区调查

美国劳动力市场的两极分化

即使自动化没有导致工作岗位数量下降，它也可能对可得工作岗位的质量

造成深刻影响。在“二战”结束后至70年代末的30年间，美国经历了迅猛的自动化和技术变革，譬如，《时代周刊》受此启发于1961年撰写了专题文章，林顿·约翰逊总统也因此成立了前面提到的全国委员会。尽管很难准确地描绘出长期职业变迁的全景图，但卡茨和马戈（Katz and Margo，2014）的图1描绘了1940—1980年及1980—2010年间，七大职业类别每十年的就业平均变化，从而对职业变迁提供了一个高水平的概览。这些职业类别按照收入从低至高依次排列。在“二战”结束后的头40年里，职业变迁的路径明显从体力劳动、危险、卑微的工作向技术蓝领和白领工作转移。农业的就业情况每十年减少近4个百分点。技术要求最高的职业类别，即专业领域、技术和管理方面的就业每十年增长3个百分点（专业工作和技术工作的就业增加了2.5个百分点，管理方面的就业增加了0.5个百分点）。在农业工作（处于技术底层）和专业性、技术性及管理工作（处于技术顶层的三个职业类别）之间庞大的就业人群中，服务和技术蓝领的就业很稳定，文书/销售的就业人数上升，技工/劳工的就业人数直线下降。

因此，在农业生产率大幅攀升的冲击下，需要体力劳动、具有重复性和危险性、认知方面非常单调的工作数量在减少。消费者的生活日渐富足，强烈刺激了人们对制成品和休闲的需求。技术密集型企业和医疗保健服务的发展以及教育水平的提高创造出对专业工作及支持性文书、行政和销售工作的需求。尽管自动化明显降低了对大量工作的需求，但很容易理解为什么在这一时期，总体就业前景看起来相当喜人。

不过20世纪70年代末以后，就业市场上的顺风逐渐偃旗息鼓，并且在某些情况下出现了逆转。尽管专业性工作、技术工作和管理工作等处于技能阶梯顶层的工作，在1980—2010年间的发展比1940—1980年间更为迅猛，但在这些职业类别以外，积极的职业转变基本已经停止。技术蓝领工作迅速萎缩。文书和销售这类信息时代脆弱的“生产性工作”发展形势急速逆转。尽管需要体力的操作性工作和劳力类工作继续萎缩，但薪酬微薄的个人服务业开始吸收越来越多未接受大学教育的劳动力。此时，大量工作从农业转向其他领域的进程已经结束。

诸多力量将1940—1980年以及1980—2010年这两个时代的劳动力市场区分开来。其中部分力量包括：持大学学历的劳动力和非大学学历的劳动力相对供给发生变化；贸易渗透加深，离岸和全球化生产链兴起，工会的渗透减弱，最低工资发生变化，税收政策出现一定调整。当然，这些因素中有不少相互结合、相互影响，所以要将劳动力市场的变化归结为单一原因绝不是明智之举。然而，我在本文中关注的重点是技术变革，特别是信息技术，对就业和职业（随后还有薪酬）的影响。为了说明信息技术已经（及可能）发挥的作用，有必要从首要原则入手探讨这个问题：计算机做了什么？广泛采用计算机如何改变了劳动者的工作？

从本质上来说，计算机严格执行了程序设计员编写的流程。计算机完成任务的典型模式是：程序员必须先充分了解完成这个任务所需要的步骤，然后必须写出一个使机器精准模仿每个步骤的程序。（下文探讨的机器学习描述了一个很有意思的例外情况。）计算机处理一家公司的工资单，对名单按字母排序，或对每个人口普查计数区域的年龄分布制表时，它是在“模仿”上一个时代人类从事这些任务时所使用的流程。两者的工作流程几乎完全相同。自计算机时代降临以来，计算机模仿完成工作任务的根本原则没有发生过改变，但其成本变化显著。威廉·诺德豪斯（William Nordhaus）于 2007 年撰写了一篇相当有独创性的文章，他在文中估算了一整套标准化计算的成本。估算结果表明自手工计算时代开始，计算成本已经下降了至少 1.7 万亿倍，其中成本降幅最大的时期集中于 1980 年以后。因此，公司受到强大的经济激励，用越来越便宜的计算能力来代替相对昂贵的人力。由此产生了什么效应呢？

当然，由此产生的首要效应是替代。随着计算能力的价格下滑，计算机及其表亲机器人在越来越多地取代人类劳动力，从事明确且可编码的任务。我和合著者（Autor、Levy and Murnane，2003）将此类活动称为“常规任务”，并不是因为它们平凡单调，而是因为完全可以对它们编码并进而实现自动化（了解更多范例，请参见 Levy and Murnane，2004）。常规任务体现了很多需要中等认知能力和手工技能的活动：譬如，简单的记账工作所需的数学计算能力；检索、分类和储存结构化信息的典型文书工作；像重复性生产任务那样，在一成不变的环境里精确地进行重复性操作。由于这些职业的核心工作往往严格遵循精确且易于理解的流程，所以越来越多此类工作经计算机软件编码后用机器来操作。这股力量已经导致文书和行政支持类工作大幅减少，生产和操作性工作也出现一定减少。

不过机器取代人力的范围受到一定限制，因为有许多任务是人们心领神会且不费吹灰之力就能完成，但无论计算机编程员还是其他任何人都无法清楚地阐明其“规则”或流程。我想借用“波拉尼悖论”（Polanyi's paradox）来描述这种约束，“波拉尼悖论”是以波拉尼这位经济学家、哲学家和化学家命名的。他于 1966 年观察到：“我们所知道的远多于我们所能言传的”（Polanyi，1966；Autor，2015）。我们在沙拉碗的碗边磕破鸡蛋，匆匆一瞥就能辨别出鸟的种类，写出一段有信服力的文字，或用一个假设来解释难以理解的现象时，我们执行这些任务的过程只能意会而不能言传。波拉尼的观察结果表明，事实证明最难实现自动化的任务是那些需要灵活性、判断力和常识的工作，这些技能恰恰是我们只能意会而不能言传的。①

波拉尼悖论还表明了为什么高级推理能实现计算机化，而某些感觉运动技能则不然。高级推理使用一系列专门开发的形式逻辑工具来解决形式问题，如计数、数学、逻辑推理和编码定量关系。与此相反，感觉运动技能、肢体灵活性、常识、判断力、直觉、创造力和口头语言是人类不断进化而来的技能，而不是培养出来的。要将这些技能形式化，就需要反向设计一整套我们通常只用意会就可以完成的活动。霍夫曼等人（Hoffman and Furcht，2014）更宽泛地探讨了波拉尼悖论对科技创新提出的挑战。

如果计算机基本上只能取代常规任务，那么我们如何描绘那些计算机无法取代人力的非常规任务的特点？我们（Autor、Levy and Murnane，2003）划分出两大类被证实极难计算机化的任务。一类涉及需要问题解决能力、直觉、创造力和说服力的任务。我们通常将这些任务称为“抽象”任务，它们体现了专业性工作、技术工作和管理工作的特点。从事这些工作的人具备较高的学历和分析能力，而且这些工作鼓励归纳推理、沟通能力和专业能力。第二大类涉及需要情景适应能力、视觉和语言识别及人际关系的工作，我们将它们称为“手工”任务。手工任务体现了备餐、服务性工作、清洁工作、地面清洗和维护、家庭护理员提供的现场医疗援助，以及众多保安和保护性工作的特点。从事这些工作的人往往擅长某种体力技能，并且在某种情况下，能够进行流畅的语言沟通。尽管从美国劳动力市场的标准来看，这些活动的技能水平并不是很高，但它们仍然给自动化提出了非常严峻的挑战。同样值得注意的是，这类由手工任务组成的工作（如理发、备餐和清扫房间）的很多产出必须在现场提

① 计算机科学家经常将这种现象称为“莫拉维克悖论”（Moravec's paradox）。这个词以 Moravec（1988）命名。他写道：“要让计算机在智商测试或收银方面达到成年人的水平相对不难，而要让他们达到一岁小儿的洞察力和机动性则很难，或者说根本不可能。”

供和完成或由本人完成（至少现在是这样），因此这些任务无法外包。可以从事这些任务的劳动力潜在供应量相当大。

由于抽象任务或手工任务比较密集的工作往往处于职业技能分布的两端：一端是专业性工作、管理工作和技术工作；另一端是服务性工作和劳工性工作。这个推理意味着对“常规”任务计算机化可能会导致需要较高学历的高薪工作以及对学历要求不高的低薪工作同时增长，结果牺牲了需要中等教育水平且收入中等的工作岗位，有学者（Goos and Manning，2003）将这种现象称为“工作极化”（job polarization）。美国和其他国家有大量证据确认在产业、区域和国家劳动力市场层面已经出现就业极化（Autor、Katz and Kearney，2006，2008；Goos and Manning，2007；Autor and Dorn，2013；Michaels、Natraj and Van Reenen，2014；Goos、Manning and Salomons，2014；Graetz and Michaels，2015；Autor、Dorn and Hanson，2015）。①

图2描绘了1979—2012年间涵盖美国所有非农就业的十大主要职业类别每十年就业情况的百分比变化，以阐述美国的工作极化模式。（更准确地说，这张图描绘了就业对数变化乘以100的情况，其结果接近于小幅变化的百分点。在这个时期，农业类职业在就业中的比重不超过2.2%，因此省略农业类职业对结果的影响可以忽略不计。）这十类职业可划分为三组。本图的右侧是管理、专业和技术工作，它们都需要较高教育水平，而且薪酬很高。这三类职业左侧的四列展示了需要中等技术水平的职业的就业增长情况，包括销售，办公室和行政支持，生产、手工艺和维修，以及操作人员、制造者和劳工。图2最左侧的三列描绘了服务性职业的就业趋势。人口普查局将“服务性职业”定义为帮助、护理或协助他人的工作。这个行业的绝大多数工人没有接受过中学以后的教育。在绝大多数情况下，服务业的平均时薪低于其他七个职业

① Mishel、Shierholz and Schmitt（2013）就技术变革、就业和薪酬不平等的文献撰写了一篇外延宽泛且很多内容极其谨慎的评论文章。他们认为薪水微薄的服务业工作是从2000年以后才开始在美国出现的，这个发现与我所了解的所有采用当代职业代码的文献研究得出的结果都不一样［我所指的职业代码包括Alpert and Auyer（2003）在表1中提供的同期美国劳动统计局自己的“职业就业统计”（Occupational Employment Statistics）数据表］。从方法论上来说，这个领域的工作经常需要在比较各普查年份的职业数据时进行调整和判断，但Mishel等人调整数据后产生的职业模式看起来有些反常。实际上，我认为主要问题并不在于就业极化是否已经发生，这方面的证据确凿无误，相反问题在于这些职业的就业变化在多大程度上有助于更广泛地理解薪酬极化或薪酬不平等。

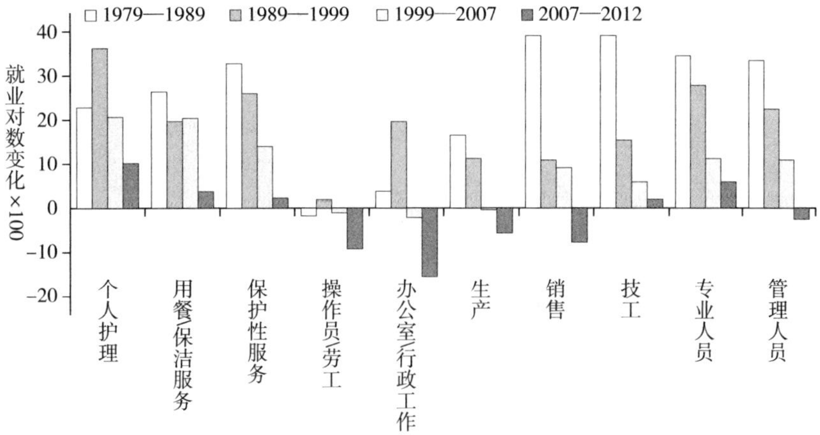

图 2　1979—2012 年主要职业类别的就业变化情况

注：图 2 描绘了 1979—2012 年涵盖美国所有非农就业的十大主要职业类别每十年就业情况的百分比变化（更准确地说，这张图描绘了就业对数变化乘以 100 的情况，其结果接近于小幅变化的百分点）。在这个时期，农业类职业在就业中的比重不超过 2.2%，因此忽略农业类职业对结果的影响微不足道。

资料来源：作者使用 1980 年、1990 年和 2000 年 IPUMS 人口普查文件、美国社区调查（American Community Survey）2006—2008 年合并文件和 2012 年美国社区调查中的数据。其样本包括达到劳动年龄（16—64 岁）的一般公民（civilian non-institutionalized）。就业情况以全职职工来衡量

类别。

正如图 2 展示的那样，需要高学历和不需要太高学历的职业就业迅速增长，大幅压低了“中等技术”工作在就业中的比重。1979 年，需要中等技术水平的四类职业（销售、办公室和行政人员、生产类工人、操作人员）在就业中的比重占到 60%。2007 年，这个比重减少至 49%，2012 年进一步下降到 46%。1959—1979 年，服务性职业在就业中的比重基本没有变化，因此它们在 1980 年后的快速增长标示着就业趋势在急剧逆转（Autor and Dorn，2013）。

各职业的就业情况出现两极分化并不是美国特有的现象。图 3 描绘了 1993—2010 年间，低薪、中等收入和高薪这三大类职业的就业比重变化情况，覆盖了 16 个欧盟经济体的所有非农就业。在这 17 年间，所有国家的中等收入职业在就业中的比重都出现下降，而高收入和低收入职业在就业中的比重上升了。尽管美国和欧盟的数据不具备完全可比性，但从就业极化的程度来看，美国大致落在这一组国家的中间位置。众多发达国家的职业变化具有可比性，使我们有可能找到使其劳动力市场发展相通的共同力量。与此同时，各国之间的显著差异也充分表明，没有单一因素或共通的原因能解释美国及欧盟在职业变

化经历上的多样性。

就业极化会导致薪酬极化吗?

图 2 和图 3 描绘的职业就业增长呈杠铃型，人们或许会据此推断职业极化也会催化薪酬极化，换句话说，需要高学历和抽象任务密集型工作，以及不需要太高教育水平和手工密集型工作相对薪酬都在上涨。然而，这个推理并没有考虑前面讨论的三种抑制薪酬上涨的力量所发挥的作用，即互补性、需求弹性和劳动力供给。

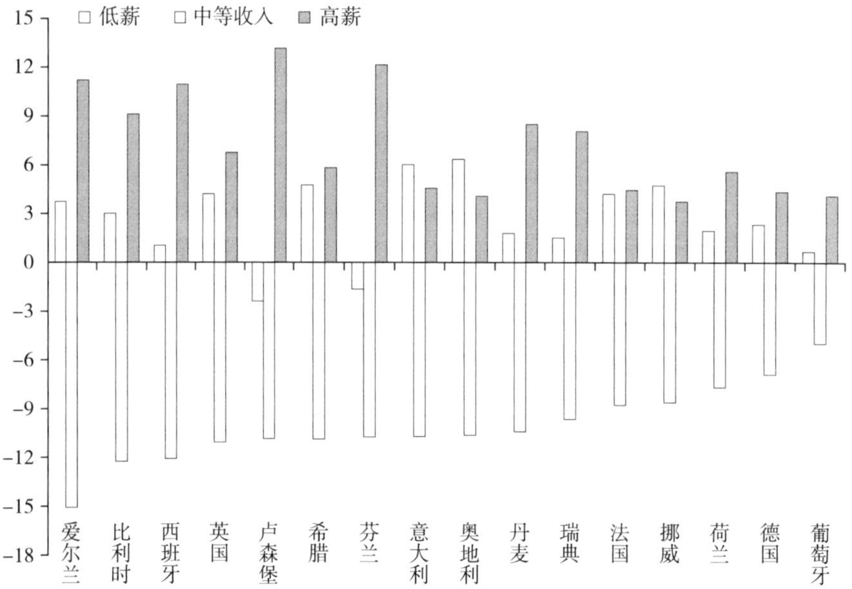

图 3　1993—2010 年，低薪、中等收入和高薪职业的就业比重变化情况

注：从事高薪职业的人有企业管理者；物理、数学和工程专业人士；生命科学和医疗专家；其他专业人士；小企业管理者；物理、数学和工程准专业人士；生命科学和医疗准专业人士。从事中等收入职业的人包括工厂工人和相关操作人员；金属、机械和相关技术工作；司机和可移动设备的操作者；办公室职员；精密制品、手工艺、印刷工艺和相关技术工作；开采和建筑业工人；客服人员；机器操作员和装配工；其他手工艺及相关技术工人。从事低薪工作的人包括采矿、建筑、制造和交通业的劳工；从事个人服务和保护性服务的工人；模特、销售人员和展示员；销售和服务方面的非技术工人。

资料来源：Goos、Manning and Salomons（2014，表 2）

让我们首先考虑计算机化对抽象任务密集型职业薪酬的影响，如管理性、专业性和技术性工作。这些职业都有赖于不断发展的海量专业知识，如医学知识、法律判例、销售数据、金融分析、编程语言和经济统计资料。信息技术和计算机应该为从事抽象任务密集型工作的劳动者发挥强大的辅助作用。计算机化大量降低了成本，扩大了从业人员获得信息和进行分析的范围，从而使从业人员从事抽象任务时，在自己具有比较优势的领域里进一步强化专长，减少获取信息所需要的时间，将更多时间用于解读和使用这些信息。同样，信息技术取代了对这些专业提供支持的职业，如医药秘书、律师帮办和研究助理。与此相似的是，计算机化和信息技术使管理结构“扁平化”（Caroli and Van Reenen，2001）。可见，常规信息处理任务被扁平化后，许多中间管理者被取代了。

如果对抽象任务密集型活动的产出需求缺乏弹性，那么其生产率提高时可能会降低生产这些产出的费用，从而降低薪酬增幅。然而，所有公开证据都表明，由于技术使专业工作的产出大幅增加，与此相关的服务需求会以更大幅度增加。医疗保健就是一个显而易见的例子，不过人们也可以用金融、法律、工程、研究和设计的例子作为佐证。

劳动力供给方面有何反应？如果劳动者可以迅速转入高学历的专业，那么这种转变会减少收入增长。但许多专业工作既需要大学生，也需要研究生，因此新员工的培养时间至少需要5—10年。至少在过去30年里，美国的年轻人，特别是成年男性，对不断上涨的教育溢价的反应迟缓得令人咋舌（Autor，2014）。譬如，1975年，在工作经验不足10年的男性劳动力完成的工作时长里，约40%是由持大学学历的劳动者完成的（工作经验不足10年的男性劳动力近年来已经选择接受大学教育）。在40年后的2005年，这个比重几乎没有任何变化。对工作经验不足10年的女性劳动力而言，1982年持大学学历的劳动者完成的工作时长占到总量的42%，但这个比重于2005年攀升至53%。在过去10年里，工作经验不足10年且持有大学学历的男性和女性劳动力完成的工作小时数在总工作时长中的占比均有所攀升：2012年这个群体中男性劳动力完成的工作时长比重为52%，女性劳动力完成的工作时长比重为62%。因此，尽管具有大学学历和研究生学历的劳动力储备明显上升，但供给反应不足以满足同期对劳动力需求的变化。

因此，从事抽象任务密集型工作的劳动者，通过常规任务和抽象任务之间的强大互补性、对抽象任务密集型工作所提供服务的弹性需求和缺乏弹性的中短期劳动力供给之间的良性组合而受益于信息技术。这些力量结合起来，意味着信息技术应该提高抽象任务密集型工作的收入，以及完成大量抽象任务的劳动者的收入。

这种协同作用并不适用于手工任务密集型工作，如保洁人员、司机、保安、空乘、餐饮服务员和家庭护理员。绝大多数手工任务密集型工作在核心任务上对信息或数据处理的依赖性少之又少，在直接互补或替代性方面的机遇很有限。①

各种证据汇集起来表明，对手工任务密集型工作（特别是服务业）的最终需求相对缺乏价格弹性（Baumol，1967；Autor and Dorn，2013）。如果的确如此，那么手工任务密集型工作的生产率提高往往会降低此类服务的单价，而不一定提高生产这些产出所需的费用。在另一方面，对手工任务密集型工作的需求看起来收入弹性相对较高（Clark，1951；Mazzorali and Ragusa，2013），所以不断上升的总收入往往会提高对这些活动的需求。因此，新技术和其他领域生产率的增长通过提高社会收入的方式间接提高了对手工任务密集型工作的需求。

由于从事手工任务密集型工作的劳动力在教育水平和培训上的要求不高，所以此类劳动力的供给在本质上具有弹性。这个观点并不排除手工任务从业者的工资可能会上涨，至少在某种程度上是如此。鲍莫尔（1967）观察到，即使技术落后类职业的生产率没有增长，其薪酬也必须随着时间推移和社会收入一起增长，以弥补这些劳动力没有进入其他部门的损失（这里再次假设对这些活动的需求相对缺乏弹性）。不过这的确表明，这些工作的薪酬增长在一定程度上受制于劳动力的供给反应，包括其他经济部门的工人被替代而造成的供给反应。

总体来说，计算机化至多对手工任务密集型活动产生些许辅助作用。手工任务密集型活动不会受益于有弹性的最终需求，而且它们面对着弹性劳动力供给，这种劳动力供给抑制了需求诱发的薪酬上涨。因此，尽管用就业数量来衡量，信息技术对就业极化产生了强大的推动作用，但我们通常不会预期这些就业变化使相应的薪酬极化达到顶点，除非在某些时期或在某些劳动力市场上会

① 这种概括有部分例外情况：全球定位系统卫星和日程安排软件使卡车司机和送货服务可以将浪费的里程降到最低；日历、合同和计费软件帮助家庭护理员更高效地管理数据；计算机化的订货系统使餐饮服务员得以更迅速地记录顾客情况。几年后许多零售商可能会利用 RFID（电子标签）“芯片”技术迅速扫描购货记录，完全不用人工收银。

出现这种情况。事实上，我们（Autor and Dorn，2013）给出的证据表明，手工任务类职业的薪酬在劳动力市场相当紧张的20世纪90年代持续上涨，而在2000年后，手工任务密集型服务职业不断加速扩张，其薪酬反而下降。

请参见图4了解薪酬模式的演进路径。该图的横轴数据基于全部318个具体职业的排序，它们按照初始技术的水平从低至高依次排列，并且采用了1979年的平均时薪进行衡量。这些职业类别用初始规模来设定权重，随后分为100个规模相同的组别。纵轴数据表示了各个技能分布的薪酬在四个时期中的百分比变化情况，图中的平滑线是为了使其变化看起来更清晰。（为了更精确地说明问题，图中数据记录了就业对数变化乘以100的结果，接近于小幅变化的百分点。）

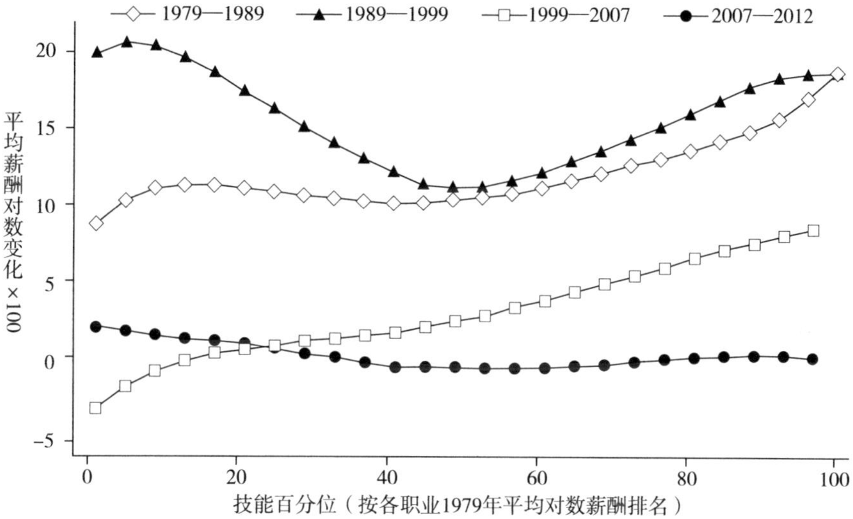

图4　1979—2012年按职业技能百分位划分的全职全年工作（FTFY）劳动者的平均薪酬变化情况

注：本图描绘了各个时期的平均对数薪酬变化情况。它采用局部加权平滑回归（带宽为0.8，100个观察值），按1979年的职业技能百分位进行排序。其中，技能百分位用1980年IPUMS人口普查（提取5%的数据）中职业平均对数薪酬的就业加权百分位排序来衡量。样本包括达到劳动年龄（16—64岁），且每年工作超过48周，每周工作超过35个小时的一般公民。周薪用年度收入除以工作周数计算得出。

资料来源：作者利用1980年、1990年和2000年IPUMS人口普查文件，美国社区调查（American Community Survey）2006—2008年合并文件和2012年美国社区调查中的数据计算得出的结果

图4右侧的2/3反映出就业极化。1979—2007年，需要技术水平较高的职业薪酬持续上升，这部分职业包括专业性、技术性和管理性工作等抽象任务密

集型职业。与此相反，需要中等技术水平的职业（此类职业通常是常规任务密集型职业）薪酬增长速度较慢，且随着时间推移，增长速度进一步放缓。对集中于图4左侧那些不需要太高学历的手工任务密集型职业，20世纪80年代，其薪酬增长速度略高于需要中等技术水平的职业，到了90年代，它的增长速度愈发加快，但进入21世纪后，情况发生了变化。尽管图2表明1999—2007年间，这类职业的就业增长超过了其他所有职业类别，但是图4显示在技术水平不高的职业类别里，薪酬增长普遍为负值，低于其他所有职业类别（Mishel、Shierholz and Schmitt，2013）。我的直觉强烈地告诉我，在此期间出现这种现象的原因是需要中等技术水平的常规任务密集型工作岗位减少，导致具备中等技能的劳动者转而进入手工任务密集型职业，这类劳动者包括新入行的工人、常规任务密集型职业中被取代的人以及经济衰退期间的失业人员（Smith，2013；Cortes、Jaimovich、Nekarda and Siu，2014；Foote and Ryan，2014）。

图4展示的最后一组事实是，整个21世纪的总体薪酬增长乏力。即使在大衰退前亦是如此。在1999—2007年间，约15%的职业实际薪酬增长为负值，70%的职业实际薪酬增长不足5%. 事实上，在20世纪80年代和90年代，所有百分位的薪酬增长都高于21世纪经济衰退前的增长。① 在2007—2012年，所有百分位的实际薪酬增长为零。

为什么顶层1%的收入迅速上升现象（如Atkinson、Piketty and Saez，2011讨论的那样）在图4中并不明显？一个原因是事实如此。另一个原因则是数据人为造成的。实际上，这张图描绘的是职业百分位，而不是薪酬百分位的收入变化情况。按职业百分位划分的薪酬增长不如按薪酬百分位划分的薪酬增长那么集中，因为收入最高的人分布于多个职业。除此以外，公开使用的人口普查和美国社区调查数据文件中排除了收入最高的百分位，从而进一步掩盖了极端百分位中的收入增长情况。

高技能职业的增长在近期放缓

自动化和信息技术已经在美国的劳动力大军中造成职业极化和薪酬极化

① 由于2000—2007年这个时间段比1979—1989年少两年，所以人们应该把前者的变化乘以1.25，从而使它们具有相同的时间基础。不过即使做了这种调整以后，2000—2007年间各百分位的薪酬增长仍然显著低于1979—1989年。

（后者的程度较轻），这种假设可以解释美国及跨国数据的部分关键特点。不过毫无疑问，事实已经证明现实情况相当复杂，无法用单一理论进行预测。

我所写的技术变革与职业变迁相关联的文章提出一个担忧，2000年后抽象任务密集型职业的就业增长无来由地放慢了速度（Beaudry、Green and Sand，2014，即将出版；Mishel、Shierholz and Schmitt，2013）。图5沿用了图4的形式，但它没有在纵轴上展示薪酬的（大致）百分比变化，而是展示了各工种就业比重的百分比变化，且这些工种用1979年的职业技术水平进行排序。由于在任何时期，这些职业的就业比重之和都必须为1，且它们在各个十年间的变化总和必须为零，因此各技能百分位的高度衡量了各个职业的就业相对于整体就业的增长情况。

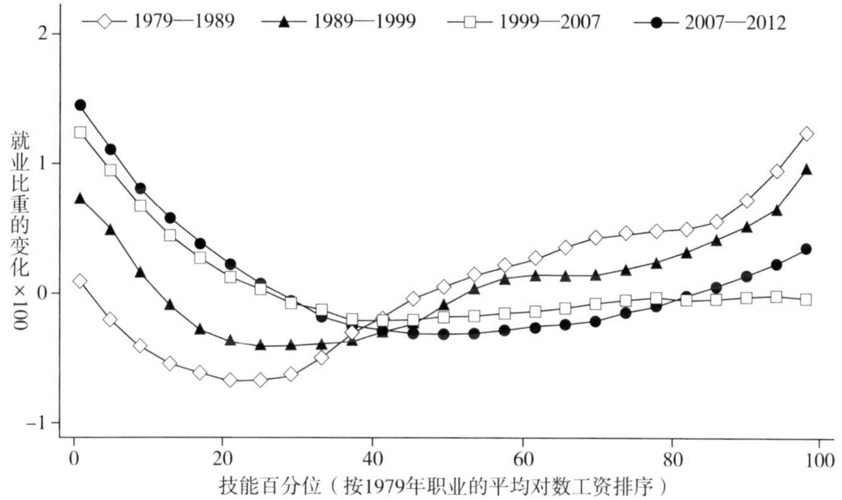

图5　1979—2012年职业技能百分位的平滑就业变化情况

注：本图利用局部加权平滑回归（带宽为0.8，100个观察值），根据1980年职业技能百分位排名描绘了就业比重的变化情况。其中，技能百分位用1980年IPUMS人口普查中（提取5%的数据）职业平均对数薪酬的就业加权百分位排序进行衡量。各职业的就业是用每年劳动力供给的劳动者工作时长乘以人口普查的样本权重。1980年、1990年、2000年和2008年等普查年中持续使用的职业代码情况来源于Autor and Dorn（2013）。

资料来源：作者使用1980年、1990年和2000年IPUMS人口普查文件，美国社区调查2006—2008年合并文件和2012年美国社区调查中的数据计算得出的结果

图5与前面描述的职业极化情景有三个细微差异。首先，如图左侧所示，手工任务密集型低薪职业的就业增长速度在各个时期持续上升。第二，就业比

重不断下降的职业似乎越来越多来自于职业分布中排名较高的部分。譬如，在上世纪 80 年代，就业比重下降最大的职业大约排在技能分布的第 45 百分位。在最后两个次周期，这个排名进一步上升到第 75 百分位，表明被取代的就业人群从需要中等技能水平的职业向需要较高技能的职业转移。第三，进入 21 世纪后，需要较高技能的高薪职业（即与抽象工作有关的职业）增长显著放缓，职业技能分布中前 20% 的职业在 1999—2007 年间没有增长，2007—2012 年只是微弱复苏。坦白来说，各技能水平的职业就业增长在这一时期前半段呈“U”型，技能水平较低和技能水平较高的职业都在增长。在 2000 年前，各技能水平的职业就业模式开始表现为向下的缓坡。我（Autor，2015）更加详细地对这些模式进行了分解，特别指出抽象任务密集型工作的增长速度不及高学历工人的潜在供给速度。

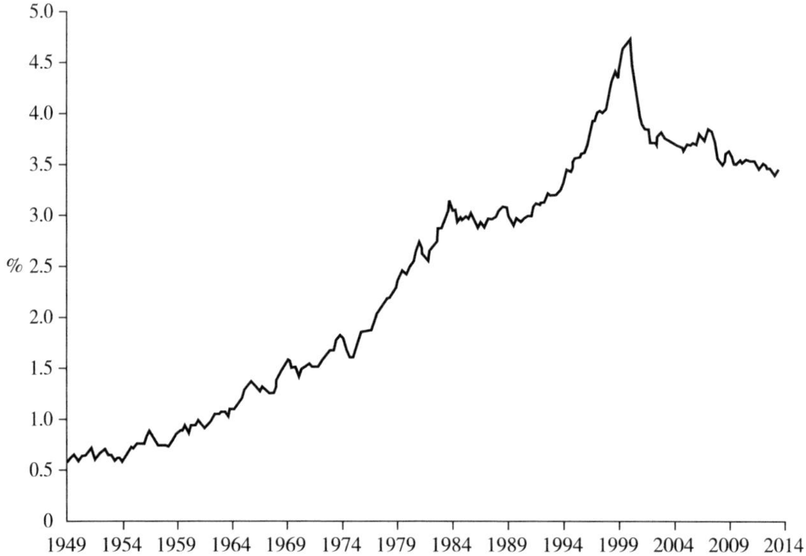

图 6　1949—2014 年信息处理设备和软件方面的私人投资在 GDP 中的比重

资料来源：圣路易斯储备银行 FRED（联储经济数据），http：//research. stlouisfed. org/fred2/graph/？g = GXc（访问日期：2014 年 8 月 3 日）

什么原因可以解释抽象任务密集型就业增长放缓的现象？一种解读是自动化、信息技术和总体技术进步正在向上侵蚀，而且开始强势取代专业类、技术类和管理类职业所能完成的工作。尽管人们不应该立即排除这种可能性，但它确实不符合计算机和软件的投资模式。如果信息技术在日益取代技术水平较高的工人，那么可以预见，计算机软硬件方面的投资将激增。但恰恰相反，图6表明在2014年初，信息处理设备和软件方面的投资只占到GDP的3.5%，这种投资水平最后一次出现是在1995年“互联网时代”初露端倪时。对我而言，图6中的证据表明在90年代后期暂时出现了对信息技术资本的需求错位，2000年后这种错位得到明显修正。我怀疑信息投资显著下降更广泛地抑制了创新活动和对高技能工人的需求。

正如前面提到的那样，技术变革远远不是过去15年里影响美国劳动力市场的唯一因素。譬如，2000年后以及2007年后，美国劳动力市场职业模式中的薪酬增长和变化速度放缓，这种现象在某种程度上与两类宏观经济事件息息相关。首先，存在着经济周期效应，即2000年互联网经济泡沫破裂；2007—2008年房地产市场崩盘及随之而来的金融危机，这两个事件都抑制了投资和创新活动。第二，迅猛的全球化进程导致美国劳动力市场出现就业错位，特别是2001年中国加入世贸后，其进口渗透率急剧上升（Autor、Dorn and Hanson，2013；Pierce and Schott，2012；Acemoglu、Autor、Dorn、Hanson and Price，即将出版）。中国迅速崛起成为全球第一制造出口国，对美国工人产生了深远的影响，导致美国与进口直接竞争的制造业就业减少，抑制了制造业以及上游供应商所处的非制造业的劳动力需求。

当然，这些力量以各种方式与自动化和技术的扩散相关联。技术和通信技术的发展直接改变了美国的工作需求，同时提高了公司将复杂的生产流程外包至全球各地并对其进行监控和协调的可行性及成本和收益，改变了美国制造商和工人的竞争条件，从而间接改变了美国的工作需求。各个诱因之间的这种多维互补性使得无论在概念还是实证层面都很难分离出任何一种因素产生的“纯粹”效果。

能否克服波拉尼悖论?

在近几十年里，信息技术的能量呈指数型增长，对自动化形成了有效补充。自动化驱动生产率发生变化，颠覆了劳动力市场。本文强调了工作是由多个任务构成的，而且尽管自动化和计算机化可以取代部分任务，但要想理解技术和就业之间的互动关系，就要超越简单的取代关系。它需要考虑工作中所涉及任务的范围，以及人类劳动力如何对新技术形成补充作用，还需要考虑各类产出的价格弹性、收入弹性以及劳动力供给反应。

事实证明，最难自动化的任务是那些需要灵活性、判断力和常识的工作，这些技能只能意会而不能言传。我将这种制约称为“波拉尼悖论”。在过去十年里，计算机化和机器人学的进展已经使它们进入几年前人们还认为不可能进入的人类活动领域，如开车、解析法律文件，甚至从事农业田间劳动。既然绝大多数任务很快就可以实现自动化，那么从这层意义上来说，是否很快就能在很大程度上克服波拉尼悖论呢?①

我对这些证据的解读恰好相反。事实上，波拉尼悖论有助于解释尚未实现哪些目标，并进一步阐明通过哪些路径最终会实现更多目标。具体来说，我认为工程科学和计算机科学可以通过两条截然不同的路径，使那些我们“不了解其规则”的任务实现自动化：环境控制和机器学习。第一条路径通过规范环境绕开了波拉尼悖论，这样相对死板的机器可以实现半自动化。第二条路径使波拉尼悖论发生逆转：与其教机器学习那些我们不理解的规则，不如由工程师研发出从背景、充足的数据和应用统计中努力推断出只可意会规则的机器。

环境控制

绝大多数自动化系统都缺少灵活性，它们很脆弱。譬如，现代汽车工厂使用工业机器人在流水线上为新汽车安装挡风玻璃。不过在售后市场的挡风玻璃更换公司里，负责更换挡风玻璃的是技术工人，而不是机器人。显然，比起所有当代机器人可以经济有效地完成的任务，清除破损的挡风玻璃，整理挡风玻璃的框架以进行更换，并且将更换后的挡风玻璃装进框架需要更多实时适应性。

流水线生产和现场维修之间的差别凸显了环境控制对实现自动化的作用。在某些情况下，工程师可以彻底简化机器的工作环境，使其实现自主操作，就像人们所熟悉的工厂流水线一样。规范环境这种方法的很多实例已经

① 有观点认为现在任何事都可以计算机化，欲了解其大致内容，请参见经济学家 Carl Frey and Michael Osborne 被广泛引用（尽管没有出版）的文章。他们写道：“近年来，基于大数据的 ML［机器学习］和 MR［移动机器人］可以完成模式识别，因此计算机资本得以在广泛的非常规任务中迅速取代人类劳动力。然而，抑制计算机化的一些工程瓶颈仍未被突破。不过，除了这些瓶颈以外，我们认为只要能够收集到足够多的模式识别数据，那么在技术层面上所有任务几乎都可以实现自动化。”（2013，第 24 页）

深深扎根于日常技术中，所以往往被忽视。譬如，为了让当代汽车得以应用，人类对自然环境进行了压平和重整，并把陆地中相当大的一部分铺上了柏油。①

另一个范例是仓库的持续自动化。亚马逊、Zappos 网站和 Staples 等大型在线零售商的仓库系统传统上使用大量身手敏捷、体格健壮的“捡货员”。他们在通常不配备空调的仓库货架间跑动攀爬，查找、收集、运送货品，给它们贴上标签。目前还没有具备合算的机器人能够模仿人工捡货员。这项工作对灵活性、物品识别、身体灵巧性和精细运动协调性的要求相当高。

不过仓储的大部分内容可以实现自动化——亚马逊2012 年收购的机器人仓储创业公司 Kiva Systems 就证实了这一点。Kiva 系统的核心是一个调度程序，它监督所有进出仓库的物流，并协调搬运货架的机器人与人类工人的工作。货物运到仓储地后，调度软件指示机器人把空货架运到装卸区并把它们排列整齐，人力装货员把货物放在货架上，随后机器人把装满货物的货架运回存储仓库，调度软件再指示它们根据预期的产品需求把货架放在最优地点。新订单到了以后，调度软件派机器人再次把货架运到包装区，并把它们排列整齐。随后人力捡货员在调度软件控制的激光指示器的指引下，把货物从集中在一起的货架上拿下来装进包装箱，贴好出货标签，然后把箱子放进传送带。货物被拿走后，机器人把货架收起来，下次需要包装货品或补进存货时再拿出来。因此，在采用 Kiva 系统的仓库里，机器人只处理在平面上搬运货架的常规任务；工人处理货物；调度软件协调相关活动。

Kiva Systems 为利用环境控制扩大自动化的范围提供了极为清晰的样本，更加复杂的货物包装背后往往也潜藏着同样的原则。或许最难被认可——而且最像神话——的是谷歌自动驾驶汽车。有时计算机科学家评论说谷歌汽车并不是在路上行驶，而是在地图上行驶。它主要通过将实时视听传感器的数据与辛辛苦苦手动管理的地图进行比较，从而实现在公路网上的行驶。手动管理的地图详细说明了所有道路、信号灯、引导标志和障碍物的具体地点。谷歌汽车通

① 维基百科称，美国本土 48 个州的所谓不透水层（绝大多数为道路和停车场）覆盖了 43000 平方英里，几乎相当于俄亥俄州的陆地面积（http://en.wikipedia.org/wiki/Impervious_surface，访问日期为 2014 年 8 月 4 日）。

过刹车、转弯和停车对汽车、行人和道路风险等障碍做出实时反应。不过如果汽车软件确定行驶环境不同于人类工程师预先处理好的环境——如遇到意料之外的绕行道或交通协管员，而不是红绿灯——那么汽车需要人工操作员来接手驾驶。因此，尽管从表面上看，谷歌汽车具有适应性和灵活性，但它多多少少类似于在无形轨道上前进的火车。

这些范例既凸显了当前技术完成非常规任务时所面对的局限，也凸显了人类创新性地重新设计任务环境以克服障碍的能力。

机器学习

“我们所知道的远多于我们所能言传的”，波拉尼悖论为计算机化提出了挑战，因为如果人们对于如何从事任务只能意会而不能言传，无法“告诉”计算机怎样从事这些任务，那么看起来编程员无法使这些任务自动化。不过机器学习的发展正在迅速转变这种理解。当形式程序的规则不为我们所知时，机器学习使用统计学和归纳推理来提供最佳猜测答案。工程师无法利用编程让机器遵循预先制定好的流程来“模仿”非常规任务时，他们仍然有能力通过编程让机器研究其他成功范例，并实现自主操作。机器学习的运算法则可以通过接触、训练和强化这个流程，潜在地推断出如何完成已经被证实难以对明确流程编码的任务。

以识别椅子为例（我即将出版的作品中讨论了这一问题）。工程师采用基于规则的常规编程范式时，他可能会努力细化一个物品具备哪些特征时可以被称为椅子，譬如，它有椅子腿、椅座和椅背。但是人们很快就会发现，许多椅子并不具备所有这些特征（譬如，有些椅子没有椅背或没有扶手）。如果工程师相应放松之前设定的必要特征（如将椅背作为备选特征），那么据此筛选出的物品范围将扩大，把很多不是椅子的物品也包括在内，譬如小桌子。通过预先细化必要特征来识别物体这种经典方法（以及它的复杂变体）的分类错误率可能会非常高。然而，任何小学生都可以极其准确地完成这项任务。孩子懂得了什么是基于规则的流程所不知道的？不幸的是，我们无法准确地说明白孩子懂得什么，而这正是波拉尼悖论。

机器学习潜在地绕过了这个问题。机器学习的运算法则依赖于大量基于数据的所谓“参考标准”，即大量组织在一起的被标签物体。它试图推断出一个物体的哪些特征可能会使其被称为“椅子”。这个流程被称作“训练”。训练过程结束后，机器可以利用统计模型来努力认出有别于原始数据库中的椅子。如果这个统计模型相当完备，那么它可能会识别出多多少少不同于原始训练数据中的椅子，譬如各种形状、材质或维度的椅子。机器学习不需要明确“椅子的特性”这种实体模型。其核心是与理论无关的暴力技术，即大量的训练数据库、充足的处理能力，当然还有先进的软件，心理学家将这些称为“尘暴经验主义”（dustbowl empiricism）。[1]

机器学习的实际运用情况怎么样呢？如果我们使用搜索引擎或“谷歌翻译”，用语音命令来操作智能手机，或遵循 Netflix 的观影建议，那么你可以自己评估这些技术的成功程度。譬如，如果最近搜索了“degrees bacon”这个词的用户大多点击了 Kevin Bacon 的链接，而不是培根最佳烹饪温度的链接，那么这个搜索引擎会倾向于把 Kevin Bacon 的链接放在搜索结果的前列[2]。我的总体观察结果是这些工具并不具备一致性：有时会难以置信得准确，通常很一般，偶尔深不可测。此外，机器学习运算法则充满讽刺意味的一点是，它们也不能“告诉”程序员为什么它们能够做到自己所做的事。众所周知 IBM 的 Watson 计算机在“危险边缘”（Jeopardy）有奖知识竞猜比赛中战胜了人类。然而，即使在胜出的比赛中，Watson 的许多答案也错得相当离谱。“美国城市”类的一个问题是“该城市最大的机场以‘二战’英雄命名；它的第二大机场以‘二战’战斗命名”。Watson 的回答是多伦多，一个加拿大城市。即使在这个领域里取得的骄人成就看起来也没有给人们留下太深的印象。2012 年《纽约时报》上有篇文章（Markoff，2012）介绍了谷歌 X 实验室的近期项目（Le et al，2012），即用 16000 个处理器组成的神经网来识别 YouTube 上的猫的图片。这算文章的标题沮丧地提出了问题：“用多少台计算机来识别一只猫？16000 台。”

由于软件、硬件和训练数据等基础技术都在迅速完善（Andreopouos and Tsotsos，2013），所以人们应该把这些范例看作原型，而不是成熟的产品。有些研究人员预期，随着计算能力不断进阶，训练数据库日益丰富，暴力机器学

---

① Varian（2014）为经济学家介绍了机器学习的技术。

② Kevin Bacon 六度理论（Six Degrees of Kevin Bacon）是“六度分隔”的一个变化形式，这一理论认为世界上任何人都可以通过至多六个人与任何人获得联系，这随后演变成为一个小游戏，通过考验电影发烧友如何将任何一个演员与好莱坞影星 Kevin Bacon 进行连接，以体现他们的发烧友程度。——译者注

习的方法将接近或超越人类的能力。其他人则怀疑机器学习平均只能达到"回答正确"的水准，而错过许多最重要或信息量最大的例外。最终，一个物体之所以是椅子，是因为它是为了让人们坐在上面而制造出来的。即使有相当庞大的形象训练数据库，机器学习的运算法则仍然可能在"目的性"方面的推理和意向用户上存在根本问题（Grabner、Gall and Van Gool，2011）。人们会想起卡尔·萨根（Carl Sagan，1980，第218页）的评论："如果你想从头开始做一个苹果派，那么必须先发明整个宇宙。"

结 语

主要新闻报纸的报道描绘了近年来技术越来越多地取代人类劳动力的日常范例，尽管它们还存在着一定的局限性。不过，人们愈发难以鉴别出互补性的抵消作用以及其他领域日渐兴起的需求。我本人的预测是就业极化不会无限制持续下去［正如我在2013年的文章中讨论的那样］。尽管当前在很多需要中等技能水平的工作中，它们涉及的部分任务易于实现自动化，但许多中等技能工作仍然需要包含多种技能水平的任务。譬如，放射技师、采血员、护理技师等医疗支持性职业是一个重要且迅速崛起的职业类别，薪酬相当诱人且需要中等技能水平。绝大多数此类职业需要掌握"中等技能"的数学、生命科学和分析推理能力。这通常需要至少两年的中专职业培训，有时还需要四年大学学历或更高学历。这种宽泛的描述也适用于众多技能类行业和维修工作，如水管工、建筑工人、电工、加热/通风和空调设备安装人员、汽车修理工。它还适用于市场上许多具备协调和决策功能的现代文书工作，而不仅仅是打字或文件归档。还有些情况是，技术使人们无需掌握太多深奥的技巧就可以完成额外任务，譬如，护理人员越来越多地代替医师承担起诊断和开处方的工作。

我预计在未来几十年里，将具体职业技能与中等水平的文字、数字、适应性、问题解决和常识等基本能力结合起来的大量工作不会消失。我推测很多现在被绑定在这类工作中的任务还无法在不严重影响工作质量的情况下被剥离出来，也就是说，由机器从事需要中等技术水平的任务，而人类劳动力只从事技能水平要求不高的其余任务。这种观点表明，未来不会消失的中等技术工作将把常规技术任务与工人拥有比较优势的非常规任务结合起来，如人际互动、灵活性、适应性和问题解决。总体来说，对人际互动的类似需求也表明面对面的交流比远程交流更具优势，这意味着同样需要中等技术水平的工作被外包的可能性相对较低。把技术任务和人际任务完备地结合起来的工人被劳伦斯·卡茨（Lawrence Katz）称为“新型艺术家”（Friedman，2010），霍尔泽（Holzer，2015）也指出，虽然传统的生产和文书类职业规模在缩小，但事实上“需要中等技能的新型工作”在迅速扩张。①

这个预测里有一个明显的漏洞，即美国（公立和私立）教育和就业培训体系是否有能力培养未来在中等技能工作中大放异彩的工人。在很多层面上，问题并不是中产阶级工人终将被自动化和技术毁灭，而是人力资本投资必须成为所有长期技能培养战略的核心，使技术进步对这些技能形成有效补充，而不是取代后者。1900 年，美国土生土长的普通年轻人共同接受的学校教育只相当于六至八年级。到了 19 世纪末，许多美国人认识到这种教育水平远远不够：农场就业在减少，工厂如雨后春笋般兴起，他们的子女需要掌握新的技能方能谋生。在 20 世纪的头 40 年，美国对这种挑战做出了反应，成为全球第一个普及高中教育的国家（Goldin and Katz，2008）。显然，这场高中运动是由从事农业生产的州发起的。对早期技术进步浪潮的社会调整缓慢、被动，成本也不低，但它们取得的回报相当喜人。

最后一点，也是往往被近期“机器取代人类”这种阴郁预言所忽略的一点是，如果自动化使人类劳动变得多余，那么我们的主要经济问题将是分配，而不是稀缺。市场经济的主要收入分配体系深深地植根于劳动力稀缺性；由于拥有（或习得）许多宝贵“人力资本”的人具有稀缺性，所以他们的职业路径产生了收入流。如果机器使人类不再需要劳动，那么我们将拥有庞大的财富，但面对着谁拥有这些财富和如何分享这些财富的挑战。可能会有人推测既然手里有这么多财富，那么分配问题解决起来相对容易。但历史表明，这种预测从来不会成真。我们总会看到稀缺和分配方面无休无止的冲突。我认为随着自动化不断发展，这个问题的严重程度不会得到缓解。我们是否真的要马上摆脱稀缺性的制约，使我们的首要经济挑战变成分配问题？在这里，我想起上世纪 60 年代，人们对自动化的焦虑情绪甚嚣尘上时，经济学家、计算机科学家

---

① Lin（2011）有一篇颇有创意的文章记录了 20 世纪 80 年代至 90 年代期间，教育水平和技术水平较高的城市的人口普查职业代码中美国新增工种的就业增长差异，研究了“新工种”的增长。新工种往往集中于两类职业：网络开发或数据库管理等采用新技术的职业；个人厨师和造型师等创新型个人服务。

兼诺贝尔经济学奖得主赫伯特·西蒙（Herbert Simon，1966）写道："迄今为止，它们完全是经济问题。这一代人和下一代人面临的全球性问题是稀缺性，而不是极大丰富。被自动化这种怪物所消耗的焦虑应该留给真正的问题……"半个世纪之后，我相信现有证据佐证了西蒙的观点。

（刁琳琳　译）

参考文献

Acemoglu, Daron, David H. Autor, David Dorn, Gordon Hanson, and Brendan Price. Forthcoming. "Import Competition and the Great U. S. EmploymentSag of the 2000s." *Journal of Labor Economics.*

Akst, Daniel. 2013. "What Can We Learn from Past Anxiety over Automation?" *The Wilson Quarterly*, Summer.

Alpert, Andrew, and Jill Auyer. 2003. "Evaluating the BLS 1988 – 2000 Employment Projections." *Monthly Labor Review*, October, pp. 13 – 37.

Andreopoulos, Alexander, and John K. Tsotsos. 2013. "50 Years of Object Recognition: Directions Forward." *Computer Vision and Image Understanding*117 (8): 827 – 91.

Atkinson, Anthony B., Thomas Piketty, and Emmanuel Saez. 2011. "Top Incomes in the Long Run of History." *Journal of Economic Literature* 49 (1): 3 – 71.

Autor, David H. 2013. "The 'Task Approach' to Labor Markets: An Overview." *Journal for Labour Market Research* 46 (3): 185 – 99.

Autor, David H. 2014. "Skills, Education, and the Rise of Earnings Inequality among the 'Other 99 Percent.'" *Science* 344 (6186): 843 – 51.

Autor, David H. 2015. "Polanyi's Paradox and the Shape of Employment Growth." In *Re – Evaluating Labor Market Dynamics*, pp. 129 – 79. Federal Reserve Bank of Kansas City.

Autor, David H. Forthcoming. "The Paradox of Abundance: Automation Anxiety Returns." In *Performance and Progress: Essays on Capitalism, Businessand Society*, edited by Subramanian Rangan. London: Oxford University Press.

Autor, David H., and David Dorn. 2013. "The Growth of Low – Skill Service Jobs and the Polarization of the US Labor Market." *American Economic Review* 103 (5): 1553 – 97.

Autor, David H., David Dorn, and Gordon H. Hanson. 2013. "The China Syndrome: Local Labor Market Effects of Import Competition in the United States." *American Economic Review* 103 (6): 2121 – 68.

Autor, David H., David Dorn, and Gordon H. Hanson. 2015. "Untangling Trade and Technology: Evidence from Local Labor Markets." *Economic Journal* 125 (584): 621 -46.

Autor, David H., Lawrence F. Katz, and Melissa S. Kearney. 2006. "The Polarization of the U. S. Labor Market." *American Economic Review* 96 (2): 189 -94.

Autor, David H., Lawrence F. Katz, and Melissa S. Kearney. 2008. "Trends in U. S. Wage Inequality: Revising the Revisionists." *Review of Economics and Statistics* 90 (2): 300 -323.

Autor, David H., Frank Levy, and Richard J. Murnane. 2003. "The Skill Content of Recent Technological Change: An Empirical Exploration." *Quarterly Journal of Economics* 118 (4): 1279 -1333.

Baumol, William J. 1967. "Macroeconomics of Unbalanced Growth: The Anatomy of Urban Crisis." *American Economic Review* 57 (3): 415 -26.

Beaudry, Paul, David A. Green, and Benjamin M. Sand. 2014. "The Declining Fortunes of the Young since 2000." *American Economic Review* 104 (5): 381 -86.

Beaudry, Paul, David A. Green, and Benjamin M. Sand. Forthcoming. "The Great Reversal in the Demand for Skill and Cognitive Tasks." *Journal of Labor Economics.*

Bessen, James. 2015. "Toil and Technology." *Finance and Development* 52 (1).

Bowen, Harold R. (Chairman). 1966. "Report of the National Commission on Technology, Automation, and Economic Progress: Volume I." Washington: U. S. Government Printing Office.

Brynjolfsson, Erik, and Andrew McAfee. 2014. *The Second Machine Age: Work, Progress, and Prosperityin a Time of Brilliant Technologies.* New Yorkand London: W. W. Norton & Company.

Caroli, Eve, and John Van Reenen. 2001. "Skill - Biased Organizational Change? Evidence from a Panel of British and French Establishments." *Quarterly Journal of Economics* 116 (4): 1449 -92.

Clark, Colin. 1951. *The Conditions of Economic Progress*, 2nd edition. London: Macmillan.

Cortes, Guido Matias, Nir Jaimovich, Christopher J. Nekarda, and Henry E. Siu. 2014. "The Micro and Macro of Disappearing Routine Jobs: A Flows Approach." NBER Working Paper 20307, July.

Douglas, Paul H. 1930. *Real Wages in the United States*, 1890 -1926. New York: Houghton Mifflin Company.

Foote, Christopher L., and Richard W. Ryan. 2014. "Labor - Market Polarization over the Business Cycle." Public Policy Discussion Paper 12 -8, Federal Reserve Bank of Boston, April.

Frey, Carl Benedikt, and Michael A. Osborne. 2013. "The Future of Employment: How Susceptibleare Jobs to Computerization?" Oxford Martin School, September.

Friedman, Thomas L. 2010. "The Election That Wasn't." *New York Times*, October 23.

Goldin, Claudia, and Lawrence F. Katz. 2008. *The Race between Education and Technology.*

Cambridge: Harvard University Press.

Goos, Maarten, and Alan Manning. 2003. "Lousyand Lovely Jobs: The Rising Polarization of Workin Britain." Center for Economic Performance Discussion Papers DP0604, December.

Goos, Maarten, and Alan Manning. 2007. "Lousy and Lovely Jobs: The Rising Polarization of Work in Britain." *Review of Economics and Statistics* 89 (1): 118 – 33.

Goos, Maarten, Alan Manning, and Anna Salomons. 2014. "Explaining Job Polarization: Routine – Biased Technological Change and Offshoring." *American Economic Review* 104 (8): 2509 – 26.

Grabner, Helmut, Juergen Gall, and Luc Van Gool. 2011. "What Makes a Chair a Chair?" In Computer Vision and Pattern Recognition 2011, IEEE Conference, June 20 – 25, pp. 1529 – 36.

Graetz, Georg, and Guy Michaels. 2015. "Robotsat Work." IZA Discussion Papers 8938, Institute forthe Study of Labor (IZA).

Herald Press, The. 1966. "Skirting the Automation Question." February 7, p. 2. (The Herald Pressof St. Joseph, Michigan.)

Hoffman, William, and Leo Furcht. 2014. *The Biologist's Imagination: Innovation in the Biosciences.* New York, NY: Oxford University Press.

Holzer, Harry J. 2015. "Job Market Polarizationand U. S. Worker Skills: A Tale of Two Middles." *Brookings Institution Economic Studies Working Paper*, April 6.

Hsieh, Chang – Tai, and Enrico Moretti. 2003. "Can Free Entry Be Inefficient? Fixed Commissionsand Social Waste in the Real Estate Industry." *Journal of Political Economy* 111 (5): 1076 – 1122.

Jackson, Kristin. 1993. "The World's First Motel Rests upon Its Memories." *Seattle Times*, April 25.

Jevons, William Stanley. 1865. *The Coal Question; An Inquiry Concerning the Progress of the Nation, and the Probable Exhaustion of Our Coal Mines.* London: Macmillan and Co.

Katz, Lawrence F., and Robert A. Margo. 2014. "Technical Change and the Relative Demand for Skilled Labor: The United States in Historical Perspective." In *Human Capital in History*, edited by Leah Platt Bouston, Carola Frydman, and Robert A. Margo, 15 – 57. University of Chicago Press.

Kremer, Michael. 1993. "The O – Ring Theory of Economic Development." *Quarterly Journal of Economics* 108 (3): 551 – 75.

Le, Quoc V., Marc' Aurelio Ranzato, Rajat Monga, Matthieu Devin, Kai Chen, Greg S. Corrdo, Jeff Dean, and Andrew Y. Ng. 2012. "Building High – Level Features Using Large Scale-

Unsupervised Learning." In Proceedings of the 29th International Conference on Machine Learning, June 26 – July 1, Edinburgh, Scotland, UK.

Levy, Frank and Richard J. Murnane. 2004. *The New Division of Labor: How Computers Are Creating the Next Job Market.* Princeton University Press.

Lin, Jeffrey. 2011. "Technological Adaptation, Cities, and New Work." *Review of Economics and Statistics* 93 (2): 554 – 74.

Markoff, John. 2012. "How Many Computers to Identify a Cat? 16, 000." *New York Times*, June 25.

Mazzolari, Francesca, and Giuseppe Ragusa. 2013. "Spillovers from High – Skill Consumption to Low – Skill Labor Markets." *Review of Economics and Statistics* 95 (1): 74 – 86.

Michaels, Guy, Ashwini Natraj, and John VanReenen. 2014. "Has ICT Polarized Skill Demand? Evidence from Eleven Countries over Twenty – FiveYears." *Review of Economics and Statistics* 96 (1): 60 – 77.

Mishel, Lawrence, Heidi Shierholz, and John Schmitt. 2013. "Don't Blame the Robots: Assessing the Job Polarization Explanation of Growing Wage Inequality." EPI – CEPR Working Paper, November 19.

Moravec, Hans. 1988. *Mind Children: The Future of Robot and Human Intelligence.* Harvard University Press.

Nordhaus, William D. 2007. "Two Centuries of Productivity Growth in Computing." *Journal of Economic History* 67 (1): 17 – 22.

Pierce, Justin R., and Peter K. Schott. 2012. "The Surprisingly Swift Decline of U.S. Manufacturing Employment." NBER Working Paper 18655.

Polanyi, Michael. 1966. *The Tacit Dimension.* New York: Doubleday.

Ruggles, Steven, Trent J. Alexander, Katie Genadek, Ronald Goeken, Matthew B. Schroeder, and Matthew Sobek. 2010. Integrated Public Use Microdata Series: Version 5.0 [Machine-readable database]. University of Minnesota.

Sachs, Jeffrey D., Seth G. Benzell, Guillermo La Garda. 2015. "Robots: Curse or Blessing? A Basic Framework." NBER Working Paper 21091, April.

Sachs, Jeffrey D., and Laurence J. Kotlikoff. 2012. "Smart Machines and Long – Term Misery." NBER Working Paper 18629, December.

Sagan, Carl. 1980. *Cosmos.* New York: Random House.

Simon, Herbert. A. 1966. "Automation" (a letterin response to "Where Do We Go From Here?" March 17, 1966 issue) *New York Review of Books*, May 26.

Smith, Christopher L. 2013. "The Dynamics of Labor Market Polarization." Federal Reserve

Board, Finance and Economics Discussion Series No. 2013 – 57, August.

TIME. 1961. "The Automation Jobless." February 24.

US Bureau of the Census. 1949. *Historical Statisticsof the United States, 1789 – 1945*. U. S. Government Printing Office, Series D 134 – 144.

Varian, Hal R. 2014. "Big Data: New Tricks for Econometrics." *Journal of Economic Perspectives* 28 (2): 3 – 28.

更正启示

《比较》2016 年第 3 辑（总第 84 辑）第 91 页倒数第六行的“自主”应为“主体思想”，特此更正，并向作者和读者致歉。

《比较》编辑室

2016 年 8 月 5 日

特稿

Special Feature

群体身份认同、生产率和福利政策对促进发展的启示

考希克·巴苏

社会融入和经济发展

标准经济学在谈到人的生产率时，通常认为人的社会或群体身份认同并不重要。甚至当我们在探索一些诸如人类能力和机能等非常规研究领域时，仍然从个体视角来看待。总体来说，现有文献忽略了人的组织或社会归属感对提高人的能力或促进经济发展所起的作用。对贫困人口给予补助和提供一系列直接帮助的扶贫政策固然重要，但从长远来看，是否能让民众拥有归属感并使其享有某些基本公民权利才是脱贫的关键。本文的观点是，穷人和社会边缘人士缺乏“参与公平”感，即感受到归属于社会并享有他人所拥有的权利。如果能够在他们当中建立这种“参与公平”感，那么经济体便不必依赖外界长期扶

* Kaushik Basu，世界银行首席经济学家及高级副行长，兼任美国康奈尔大学 C. Marks 讲座教授，本文原载于 *Journal of Human Development and Capabilities*，2013 年。可参见网址 http：//dx. doi. org/10. 1080/19452829. 2013. 764854。本文基于 2012 年 9 月 6 日在人类发展与能力学会（HDCA）雅加达国际会议上的主旨演讲。在此次演讲之前的一段时间里作者就已经开始撰写本文，演讲后又进行了改写，为此欠了许多为该文做出评论的学者一大笔人情。在这里，作者要衷心地感谢 Talia Bar、David Croeker、Supriyo De、Rohini Kohli、Hyejin Ku、Ortrud Lessman、Priya Mukherjec、Siddiq、Qsmani、Nupur Ray、Ranjan Ray，尤其是 Sudarno Sumarto，作为作者演讲的评论人，他给出了全面的评论。

持就能实现更为有效的发展。“参与公平”与经济发展间的关系是一个相对较新的经济学议题。在逐渐增多的政治、社会学研究及近期较少的经济学著作的基础之上，本文进一步推进该视角的研究。本文旨在汲取多领域文献，为扩大经济学家用于制定政策的模型做出贡献。

例如，值得注意的是，有些社会的发展似乎并未惠及所有民众。在南非，黑人失业率接近50%，远远高于仅为约10%的白人失业率，而其他有色人种失业率则处于两者之间。① 在当代印度，歧视贱民阶级被宣布违法已有50年，但仍有大量的“低级种姓”比社会其余阶层贫困得多。美国内城区黑人的寿命和罹病率与美国社会主流数据相比非常糟糕，以至于他们看上去像是生活在另一个国家。

标准的新古典经济学模型不足以阐释这些现象。南非的黑人失业率为何如此之高且居高不下？当然，雇用黑人的公司在工资成本方面比雇用白人的公司要低，利润更高，进而将其他公司挤出市场。这种做法长期下来应该会使黑人失业率减少，而白人和其他有色人种失业率增加。经济学中有相关模型可以用来解释这种差异的长期存在，但我要强调的是隐藏在这些模型背后的更为深层的原因。一旦人们被持续视为边缘人士超过一定时间，他们的能力和生产率便会遭到侵蚀，他们的边缘地位又会因此被强化。这群人开始不参与社会，而其他人也开始排挤他们，这种状态便逐渐成为“社会均衡”的一部分。

这种情况一旦发生便会提出一系列有意义的政策问题。我们如何打破这种均衡，使经济能朝着赋予更多人参与公平的方向发展？当然，我们能够运用税收和补助手段，但是，一旦我们能正确了解为何一些群体被排挤，为何群体认同缺乏会导致贫困等问题，我们便可应用其他新型政策工具。对于印度贱民、美国黑人和南非祖鲁族人来说，即使他们的教育、智力和体力与本国更优越的群体相同，他们脱贫的概率仍然比这些群体小得多。我们通常认为，不考虑个人的群体或团体身份认同，从政治和道义上讲是正确的。这种做法在其他许多活动中理应如此，比如考官审阅不同人的答卷时就不应该考虑身份。然而，如果作为研究者的我们忽视了影响个人身份认同的因素，我们就有可能会忽略一个可以解释个人为何困顿的重要原因，而这样的风险不利于我们制定出良好的政策。

下文还将提到，关于这一话题的讨论还部分涉及国际决策。在全球化的今天，世界地域的细分以及整体国别和宗教可能在全球繁荣中受到冷落。因此，参

① 这一数据来自南非统计局的 Labour Force Survey（2003）。

与公平的概念具有重要的全球意义，不应被忽视。这一点还有其政策含义。世界上有些部分倘若放任自由市场力量自流便会被排挤到边缘，我们或许不得不刻意做出努力，通过有计划的干预把这些部分拉进全球市场中来。这在短期内或许会牺牲一定的效率，但从长远角度来看，对维护我们的福祉和政治稳定都是必要的。全球政治机构的发展远不及经济全球化快速，由此导致的问题和紧张局面我在其他文章中已有描述（Basu，2006a），而上述这种做法与这些问题和紧张局面密切相关。由于全球干预超出了单个国家的范畴，因此世界银行、国际劳工组织（ILO）以及联合国等国际组织便肩负起了特殊责任，全球治理的难题也随之而来。

身份认同的重要意义虽然早已被社会学家和社会心理学家们所了解（例如参见 Goffman，1959；Tajfel，1974），但身份认同的作用在经济学领域仍是个相对较新的话题（Akerlof and Kranton，2000，2003；Loury，2002；Fryer and Jackson，2003；Sen，2006），在此值得专门一提。当我们谈起经济学或更广义的社会科学中的身份认同，我们通常会认为它代表着冲突和竞争、行为和相互支持（以及一方对另一方的侵略）的群体聚类（communal clustering），以及某种文化行为的持续（Varshney，2002；Basu，2005）。譬如，身份认同对研究叛乱和战争具有重要意义。现有文献对集体叛乱的主要动力究竟来自群体怨愤和被剥夺感，还是源自可能获得更大益处的想法而争执不下。基于 1960 年至 1999 年各国的战争数据，科利尔和霍夫勒（Collier and Hoeffler，2004）认为后者是主要诱因。无论我们用何种方法去解开这一困惑，都会遇到另一个问题，即一个群体在发动战争或叛乱时如何解决内在的“公共品”问题。

本文吸收这些新视角的目标在于了解为什么一些人依旧穷困潦倒，而另一些人却风生水起，个人的群体身份认同对这些结果的影响。太多关于贫困和能力的研究忽略了集体身份认同的作用。由于大部分经济学深受方法论个人主义的影响，我们很难适应社会身份认同这一概念，即便在类似机能和能力方向的非常规研究中亦是如此（Basu，2006；Basu and Lopez-Calva，2010）。① 因此，

① 虽然本文旨在批判方法论个人主义，但仍可考虑广义的方法论个人主义，把群体身份认同在描述一个人能做什么、可以获得什么福祉时发挥重要作用。例如，在阿玛蒂亚·森（Amartya Sen）关于饥饿的研究中，所谓的权利映射（entitlement mapping）把我们的目光从个人禀赋转向了个人拥有的权利（参见 Osmani，1995），我认为这种权利映射必须考虑群体身份认同对个人权利的决定性作用。如果有人对方法论个人主义的定义已考虑到此类群体影响，那么我与他之间的差异仅仅是语义上的。

一种方便的假设就是认为身份认同无关紧要，即使有关联也只是更深层因素的表征而已，如果能够了解这些因素，就不必提及身份认同。本文的论点是，这种想法是不可行的，至少在当今社会不切实际。身份认同从根本上来说至关重要。或许在未来，个人的团体或其他群体身份认同将不再重要，但当下的情况并非如此。

群体身份认同、贫困和市场力量：新方法

观察周围，我们确实能够发现个人的表现与其群体身份认同——即此人所属群体——有关。在影响群体身份认同的因素中，既有与此人“基本面”似无关联的教育，也有智商等先天条件。男性收入高于女性；印第安人在经济条件上不如后来移居美国者；低级印度种姓的报酬低于高级种姓。①

传统经济学试图用基本面差异来解释人与人之间的所得及其他表现上的差异。因此，在主流的新古典经济学中我们会碰到如下表述：“i 比 j 挣得多，是因为 i 的先天生产率比 j 高，或因为 j 比 i 更贪图安逸。”传统经济学难以接受这样的理论：“i 比 j 挣得多因为 i 是白人，而 j 是黑人。”因为这样一来，一个自由市场便不再是一个公平的机制，不是任何人只要更加努力，或先天生产率更高，抑或更勇于冒险便能获得更多的回报。

当然，我们或许会觉得奖励更高先天生产率（而不是更需帮助者）的机制不那么吸引人。但我们又安于这种事实，认为也许没有其他选择。我们需要这种奖励机制使经济实现发展，但本文的观点是，市场机制对拥有更高先天生产率的人或许连最基本的奖励都没有。其奖励体系或许更为虚假，更具惩罚性。一个自由市场会单纯因为一个人是 X 种族或信奉 Y 宗教就对他给予奖励。简言之，与先天条件毫无关联的身份认同可能至关重要。

有人认为，市场一旦适当地免于政府干预，种族主义行为和基于种姓的奖励便会因竞争压力而消退并最终消弭殆尽。这种看法是错误的。以种姓行为为例，我们知道这些行为在印度疏于管理的那段时间里尤为突出，可以推断出在管理缺位的情况下这些种姓行为会变得猖獗。事实上，一旦我们挣脱方法论个人主义的束缚再试着去了解市场，我们便不难发现这一点。

---

① 哪个种姓比较优越因地区而异。另外，虽然种姓等级制较为稳定，但也并非一成不变。诸如梵化（sanskritization）和政治力量聚集等的社会发展会导致种姓群体在未来得势或失势。

为证明这一点，我将在文中进一步发展一个代数模型，这个模型在我此前的研究（Basu，2011）中只是一笔带过。这里需要澄清的是，现有文献并非完全没有此类模型。阿克洛夫（Akerlof）、阿罗（Arrow）、斯宾塞（Spence）、斯蒂格利茨（Stiglitz）和其他学者都曾提出过类似观点，只是在他们的模型中，生产率会随个人而变化（即使他们同属一个种族群体），这一点与我的模型不同。经济学有一小部分实证文献强调了一些我们在直觉层面都知道的事实，即在不同市场中，来自某些群体的人能够左右逢源，占据大部分市场。有学者（Fafchamps，2000）描述了东非的欧洲人和印度人如何得到贷款和信用以启动或扩大商业，而非洲本地人却没有资金来源。最近，班纳吉和芒什（Banerjee and Munshi，2004）通过对泰米尔纳德邦蒂鲁巴（Tirupur）的服装产业研究发现，贡德人（Gounders）——一个精英耕种者种姓，长期在商业和金融领域有突出成就——控制了一大部分资本。贡德人是个紧密的群体，他们经商时投入的资本比非贡德人要多得多，在班纳吉和芒什所研究的样本中占蒂鲁巴出口商总数的42%。

这些学者试图表明，资本在非贡德人手中与在贡德人手中所发挥的生产率是相等的，甚至更大。与贡德人的公司相比，非贡德人成立的公司在成立初期的产出相对较少，但通常在五年内会实现反超。

那么为什么贡德人的公司财力如此雄厚？班纳吉和芒什在总结中正确地指出了“群体效应”的存在。很明显，群体身份认同本身具有重要意义。然而，他们又进一步认为，这与“资本配置完全由资本边际产量的可选用途所引导”的模型相悖（2004）。但我在本文中要强调的观点是，群体身份认同效应完全符合寻求高生产率的市场规律对资本的引导。一个没有任何先天资本成本优势的群体也能获得更多资本，而这并不是单纯的同义反复。简而言之，市场无法保证自动消除不针对群体或种族的歧视，事实上还有可能滋生这种歧视。因此，让自由市场蓬勃发展虽然大有益处，但不应把自由市场当成是治疗群体歧视的良方。

基本道理很简单。除去那些完全不需要技能的工作，人类一直在经历用性命担保、许下承诺和签订合约。为筹集创业启动资金，个人会向投资者暗示，自己将有效运用这笔款项，日后以支付利息或分红的方式回报投资者。然后此人或许又会去找他人筹钱。他从某供应商处得到原材料并承诺以低价向其出售制成品。随后，他还会试着与客户签订合同。

假如你是上述签约者中的一位（比如负责向他提供营运资金）。在签约之前，你会试着了解他到底有多少生产率，效率如何（以确保你的资金安全并能得到回报）。因此，你会查看他的教育水平，考量他的努力程度，以及是否快速回电等。但他的生产率并不仅仅取决于他自身的这些特质。他的事业如何很大程度上取决于和他签约的人如何。如果客户不与他签约，他就无力偿还你的资金。如果原材料供应商拒绝与他签订原材料供货合同，他也会无力偿还你投给他的资金。

客户和原材料供应商也是如此。签约之前，他们都会考虑此人的生产率和效率问题。这两方面都既取决于他自身的特质，也取决于别人如何看待他，因为他是否能够使客户满意或是否能在预定期限内向原材料供应商还款，都取决于他能否拥有足够的营运资本。

在大多数发展中国家，正式签约的情况可能较少，但会有相应的替代形式，比如口头承诺，握手达成一致，在年长村民现场作证的情况下进行谈话等。但问题的本质是一样的。你判断一个人能有多合规，要看这个人能否成功让他人与他做生意。

那么，核心问题就来了。假设某人的群体、宗教或种族身份认同与他的生产率没有关联。无论他是基督徒、婆罗门、黑人、白人、犹太人、贡德人或是贱民，他的事业、工作本领或对劳逸的偏好都不会发生改变。但如果关于来自C群体的人生产率更高的信念已经形成，那么这一点就有可能在事后成为事实。某人的群体身份认同便会开始发挥作用，即便对先天特质并无多大影响，也可能不会导致此人的特殊行为或选择，但还是会左右他生活的成功与否。这种解释为平权法案等重要的政府干预打通了道路，因此，为这种论点正名有助于我们更近距离地理解它。

为了更通俗易懂，假设社会上有两种人——创业者和投资者。投资者向创业者提供合同。投资者可以是提供启动资金的人，或者是有营运资金可借的人，抑或是有草坪需要种植和维护的人。在现实中，创业者不仅仅包括经营企业的人，还包括任何负有类似责任的人。可以是公司中签署合同并在公司有大笔投入的经理，也可以是想要搞养殖生意的穷苦农民，或是想在自家土地上种水果并把盛产的水果卖到集市上去的农民，还可以是经营草坪维护公司的人。我认为在一个更加贴近现实的模型中，每个人或多或少都兼具两种身份——既是投资者也是创业者，而事实上也的确如此。然而，为了运算简便，我们姑且维持这种假设。

每位创业者 i 签订合同（或协议）并有产出。每人可签订 n 份合同（n 是签订合同数量的极限），他的产出 y_i 取决于他的先天生产率 e_i，他最终签订的合同数量为 m。因此，我们能得到以下公式：

$$y_i = F(e_i, m) \tag{1}$$

给定 e_i 和 m，F 能得出产出值。如果 e_i 或 m 值增加，那么 y_i 值也会增加。

为方便起见，假设某人的先天生产率仅取决于他的智商分数，且很容易检测。因此 e_i 代表智商得分，数值在 0 到 1 之间。或者我们也可以把 e_i 看作教育程度。

事实上，某人能签下多少份合约或达成多少协议决定了他的产出，但其中的过程比公式（1）更复杂。很明显，不仅合约或协议的数量很重要，其性质也很关键。在上面这个例子中，如果 E 有很多营运资金，但鲜有业主寻求服务，那么他的生产将与业主众多但缺乏营运资金时的情况有所不同。但为了方便起见，也因为在当下的情境下简化不会造成任何危害，我仍然假设 i 创业者能签订的协议或合同的数量是唯一的关键。

为进一步简化公式，我假设“生产函数”（公式（1））的特殊形式如下：

$$y_i = (1 + e_i) f(m) \tag{2}$$

其中 $f(0) = 0$，且 $m'' > m'$ 意味着 $f(m'') > f(m')$。

我把接下来的假设称作“超模假设”（supermodularity assumption）。即 m 值增加，$[f(m+1) - f(m)]$ 的值也随之增加。换句话说，这意味着一模一样的两位创业者，如果其中一位比另一位签有更多的合同，当额外又有一份合同时，这份额外合同会在合同更多的创业者手中产生更高的回报。换言之，营运资金更充足的创业者会把你的草坪维护得更好。类似的，你的营运资金在手握更多草坪维护合同的创业者那里会得到更高的回报。①

在此我假设合同成本固定不变。每份合同的成本为 c。如果有投资者给予启动资金，创业者应向投资者支付的钱款为 c。把 c 看作投资者的机会成本，

---

① 我未使用“凸性”（convexity）一词，而是用了更夸张的术语“超模假设”，是想明确表明我本可以用一个更普遍的模型进行演算，模型中每份合同都会对结果产生不同影响。这一模型可以使用一个生产函数 g，具体表达为：$y_i = g(e_i, x_1, \cdots x_n)$，其中 x_j 是指示变量，如果第 j 份合同已签署则为 1，否则为 0。根据我想要使用的普遍假设，如果对某个 j 而言，x_j 从 0 变为 1，那么在 e_i 不变的情况下，如果 $(x_1 + \cdots + {}_{j-1} + x_{j+1} + \cdots + x_n)$ 的值增加，则产出增加也会越多。

如果投资者得到的回报少于 c，则签订该合同对他无益。如果模型更详细些，我会考虑投资者回报可能大于创业者利润的情况（比如投资者有股权收入）。不过简化模型并未丢失其精髓，因此我将继续沿用它。

如果 i 签订了 m 份合同，其利润 π_i 的计算公式为：

$$\pi_i = (1 + e_i)f(m) - mc \tag{3}$$

然而，创业者实际得到的并不一定总是 π_i，因为如果 π_i 为负数，他就面临破产，利润为0。也就是说，这些合同背后存在有效的有限赔偿责任条款。经济学家有时会把有限赔偿责任条款假定为发达市场经济体的特有性质。但事实上并非如此。有足够的证据表明，当饥荒导致作物歉收，地主和放债人会放弃追讨农民的至少一部分欠款。这不仅仅是一种非正式的风俗，印度南部旧式的合租租赁合同中往往白纸黑字地写着这些有限赔偿责任条款（Atchi Reddy，1996）。

因此，订约人必须意识到这个风险。如果 π_i 为负，则所有人的收益都少于 c。当然，如果能提前知道这一情况，他们就不会签约了；换句话说，他们从一开始就不会与创业者达成一致。这是每一位订约人在判定是否向创业者 i 投资之前必须解决的问题。假设 i 有 e_i 和 z_i 这两个明显的特质，其中 e_i 代表智商，z_i 代表他的种族或种姓身份。假定 z_i 可以为 W 或 B，即白人或黑人。由于 z_i 并未出现在公式（2）中，因此它不会影响个人的生产能力。因此乍一看 z_i 似乎无关紧要。

现在我把 e^* 和 e^o 作如下定义：

$$(1 + e^*)f(1) \equiv c \tag{4}$$

$$(1 + e^o)[f(n) - f(n-1)] \equiv c \tag{5}$$

很明显 $e^* > e^o$。这符合超模假设，公式（4）表述如下：

$$(1 + e^*)[f(1) - f(0)] = c$$

这两组关键数值的意义如下：如果某人的先天生产率超过了 e^*，则每位订约人都希望与他签约，无论他有无其他订约人。如果 $e < e^o$，则无论此人收到多少合同，都不值得与他签约。要证实上述这些论点并不难。因此，$e > e^*$ 的个人会得到他们所需的所有客户和资金，而 $e < e^o$ 的个人则拿不到合同。

如果某人的 e 值呈 $e^o < e < e^*$ 的状态，情况就会变得很有趣。这样一位创业者身上会发生什么呢？这种创业者会让订约人陷入两难。创业者的企业或许有生产率，或许没有。现在假设人们以种族或种姓来判断创业者的生产能力。

假定人们普遍认为，任何 $e_i \in (e^o, e^*)$ 的创业者 i 都能盈利达 π_i，但前提是当且仅当 $x_i = W$，即 i 为白人时，才成立。有趣的是如果大家都对此深信不疑，那么这就成了事实。这是一种自我应验的猜想，不取决于该创业者所做的任何事。在这种情况下，白人创办的公司将实现盈利，而如果黑人尝试创业的话则会失败。穆莱纳森（Mullainathan，2004）曾发现比起名字听上去像“黑人”的申请者，美国更倾向于把电话面试的机会留给那些名字听上去像“白人”的申请者，但这种倾向又不是基于天生的种族主义。如果有人想要解释这一现象，则或许可以利用这个模型。种族分类的运用对个人可行，但对这些个人形成的集体却不适用。

这个模型的活动方式可以用一个简单的图来表示。图 1 中规定 $e \in (e^o, e^*)$，把 e_i固定等于 e，取公式（2）中的生产函数。鉴于超模假设，图中的线是凹形的。

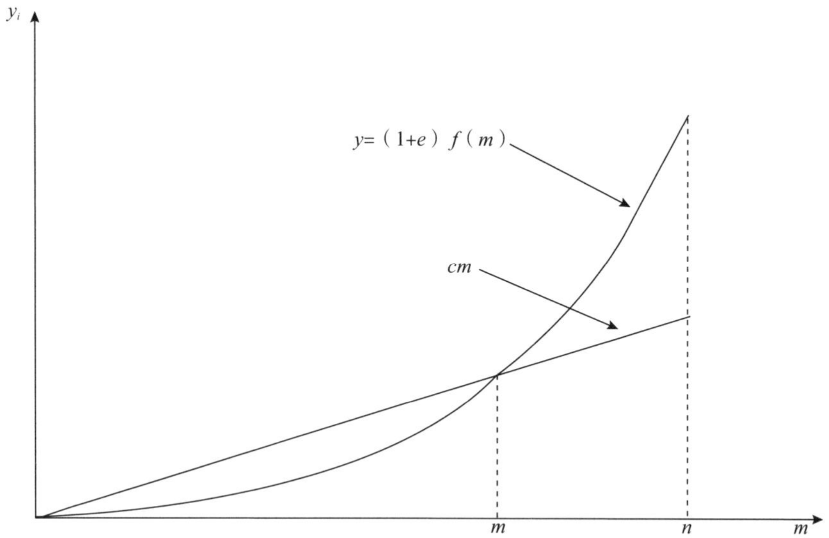

图 1

图中添加一条线 cm。根据公式（5）我们已知 $m = n$（如图所示），根据公式（4）我们知道 $(1+e)\ f(1) < c$（如图所示）。所以，（忽略离散性问题）存在 $\hat{m}$ 使得 $(1+e)\ f(\hat{m}) = c\hat{m}$，其中 $1 < \hat{m} < n$。因此，如果你预计与该类创业者签约的人数可能超过 $\hat{m}$，那么你就值得与他签约。如果与他签约的人数预计将少于 $\hat{m}$，你就不会与他签约。

其实人们无须对 m 形成猜想，他们只需要猜测某人能（少量）盈利（$\pi \geqslant 0$），还是亏损（$\pi < 0$）。对于图 1 所示的这类创业者，假如所有订约人的推测一致，那么要么所有人都愿与他签约，要么一个人也没有，这种推测也将自我应验。所以如果所有人都把种族、肤色或宗教当作焦点信息，那么种族、肤色或宗教将在事后成为事实。

该模型与斯宾塞（1974）的劳动市场信息模型以及科特和劳里（Coate and Loury，1993）的平权法案模型有一个相似之处。种族偏见，有时甚至是毫无事实基础的种族偏见，也会在均衡中得到证实。但相似点也仅限于此。在那个模型中，先天生产率因人而异，且人们用教育水平测算生产率。但在我的模型中，无论是何种族的创业者都不仅只是事前相同，他们甚至不会做出不同举动。

事实上，上述模型中的所有创业者都完全有可能拥有相同的先天能力。譬如，如果对所有的 i，其 $e_i = \hat{e}$，且 $e^o < \hat{e} < e^*$，即便如此，也有可能形成均衡，而群体身份认同会在这种均衡中扮演重要角色，使某个种族的人得到所有合约，盈利也更多。换句话说，自由放任的市场会带来种族主义。因此，放任市场不应被视为消除歧视的良方。

至此，我把每个个人 i 的 e_i 都看作是如先天智商这样的外生变量。可以轻松对上述模型进行修改，使 e_i 成为人为选定的变量，可以是教育程度，或者只是此人愿意在创业事业中投入的努力。在此我们选择后者，并假设 $e_i \in [0, 1]$。每个单位努力的成本为 k，则创业者 i 的利润如下：

$$\pi_i = (1 + e_i)f(m) - mc - ke_i \quad (6)$$

现在，个人还是必须做出决定，即投入多少精力，这一点与上述模型不同，但和斯宾塞（1974）的模型有些相近。从公式（6）可以看出，如果 $f(m) - k > 0$，那么值得把努力调整为 1，否则应把 e_i 设为 0。假设对一些 m 来说，$f(m) - k > 0$，对另一些 m 来说，$f(m) - k < 0$。那么创业者如何表现将取决于他对 m 的预计；也就是说预计他人能给他多少生意。如果人们都知道投资者倾向于把生意交给某个种族或种姓集团，那么当且仅当个人 i 是该种族或种姓集团的一员时，才会投入大量努力。换言之，个人的自身行为会进一步强化社会的固有看法。也就是说，当某人预计他人会“歧视”自己时，他自己的行事效率也会降低。

政府采取果断行动可以纠正市场不公。比如各种平权法案有助于纠正不公现象。例如，对弱势群体实行教育补助或者为此类群体提供资金补贴能减轻不公。当然，在现实中，失败可能会导致积习难改。长期歧视可导致习惯性拖沓和懈怠，要想挣脱这些习惯需要时间。因此，与模型中补助能立刻转化成均衡的情况不同，现实中的改变则需很长时间，可能还需要不懈的努力和一段时间的融资才能实现。我会在稍后继续谈到这些政策问题的某些方面。

社会背景、表现和生产率

有趣的是，该模型与最近一些关于身份认同和表现的实验性研究相关。通过对印度北方邦的一系列实验，霍夫和潘德（Hoff and Pandey，2004a，2004b）得出了惊人的结论。低级种姓儿童能和高级种姓儿童一样敏捷地解开迷宫（智商和分析能力的一个指标）。但如果这个孩子的种姓在同类测试开始之前被公开，则低级种姓儿童的表现就会比高级种姓儿童差。公开个人种姓对长期处于弱势群体的人来说有负面的心理影响。①

这些研究结果延续了斯蒂尔和阿伦森（Steele and Aronson，1995）以及安巴迪等人（Ambady et al，2001）早期心理学研究的传统，强调社会背景和表现之间的联系，并概括地指出个人的生产率不仅受一些比如受教育程度或家庭财富等显而易见的变量的影响，② 还与个人的社会地位有关。这为提高人力资本和生产率提供了一系列新的政策选择。

近来，我从一所非官方组织为加尔各答贫民区儿童开办的教育机构那里得到了一些数据，这些数据进一步支持了这个一般性观点。该教育机构名叫阿南丹（Anandan），致力于为贫民区儿童提供教学。在那里，孩子们可以学到基础算术、逻辑和英语，了解世界动态。该学校的宗旨是帮助最穷的孩子，激发他们的好奇心和智力兴趣。阿南丹收集了孩子们的基本背景信息：他们的家庭收入，家中是否有录音机、自行车、手表等，兄弟姊妹数，还有孩子本人的基本信息，如年龄、性别和母语。另外，学校还直接让孩子们回答关于家中社会背景的问题，比如家长是否互相打架，家长是否相互交谈、交谈时长，家长是

① 最近 Field and Nolen（2005）对南非儿童——黑人、白人和其他有色人种——的类似实验得出了相似的结果，男童尤甚。当然，种族是显性的，这一点与种姓不同。因此，关于种族的宣言并没有像关于种姓的宣言那样具有启示性。Field and Nolen 的研究考虑了不提及种族的情况以及发放种族问卷使气氛紧张的情况。

② 两者相比，教育明显是更为重要的因素（Glick and Sahn，2006）。

否与孩子对话等，孩子们的答案也由学校保管。

另外，学校在2012的时候让60个9—16岁的孩子回答了一些基础的智力、算数和常识类问题。① 数据收集并没有考虑统计需要，呈现的结果只是指示性的，在此须提醒各位读者不要对其进行过度解读。

影响孩子资质最重要的因素并不是收入或拥有收音机、手表或自行车，而是家长是否相互对话及孩子是否与家人一起居住。

虽然这一结论需要在未来做进一步研究，但本文给出这一结论的理由是提出孩子的社会背景会严重影响他们在学校的表现，在该案例中，这似乎比孩子家庭的经济条件还要重要。由此表明个人的公民地位至关重要，如果一个人觉得自己是“家庭中的公民”，享有与之相应的权利和优待，则会有助于他的信心，并对他的智力测试结果和人力资本造成影响。② 家长与孩子交谈可提高孩子在家中的地位，这种公民地位会给孩子的智力表现加分。③ 与家长同住的孩子资质测试平均好于分居儿童，这更证实了上述观点。事实上，与家长同住的孩子的测试得分平均高出6.76分，即相差一个标准差以上。很显然，孩子与家长同住更能保障他们在家中的地位。这些结论与霍夫和潘德以及菲尔德和诺伦（Field and Nolen）关于儿童被公开社会边缘地位后的表现的研究结果颇为相似。

贫困、身份认同和政策

上述分析属于比较宽泛的概念，即要理解个人的经济状况，需了解他更广层面的社会地位，比如所属何种群体、亲属关系如何、成长的邻里环境等。越来越多的文献意识到个人的社会“成员身份”和在某一机构中的地位对解释个人将来是否贫困所起的作用（Durlauf，2001，2006；Hoff and Sen，2006；Plotnick and Hoffman，1999）。

许多传统经济学研究把贫困视为穷人自己的错，更宽容一点来说是他们自

---

① 完整的检验问题可参见Basu（2010）第二章的附录。

② 个人地位与贫困间的关系，以及个人认知能力与智力间的关系，都越来越受到实证研究的关注。这些在Esther Duflo今年早些时候的坦纳演讲Tanner Lectures中有更为透彻的论述（Duflo，2012）。

③ 为何与监护人而非父母一同生活的孩子没有发生这种情况仍是个谜。可能当被问到父母是否相互交流时，由于并不与父母同住，他们便胡乱作答。

己的选择。以成员身份或身份认同为基础的理论避开了极端的个人主义方法论，这是它的一个优点。新的政策选择也因此成为可能。但在讨论政策之前，我想先把上述模型放到一个更宽泛的观点中去，即承认身份认同的重要性。该观点在社会学和社会心理学中已有一段时间，但对经济学来说还较为新颖。无论人们是否把承认身份认同视为挑战所谓经济学基石的方法论个人主义公理，① 它都明显改变了我们的经济学推理方式。承认身份认同的重要性会引起诸多研究问题，无疑在未来很长一段时间里都会让我们忙碌不迭。身份认同是不是某种直接包含在个人福祉感里的东西，或者（用经济学术语来讲）身份认同是否应该作为论点之一加入个人的效用函数中？又或者它的作用是间接产生的吗？在众多影响身份认同的因素中，哪几个具有重要的社会意义？身份认同是不是（或者多大程度上是）个人选择的结果和/或者由个人不可更改的特质所决定？身份认同是否能解释经济表现？它是不是导致个人贫困的原因之一？

平权法案和本文已回答了后两个问题，其他问题的部分答案也可以在文献中找到，今后势必带动进一步的研究。显然，身份认同能够直接加入个人的“效用函数”中（参见 Akerlof and Kranton，2000，2003）。然而，它也同样可能与个人只存在微乎其微的直接关联，甚至毫无直接关联，但在事后有重要意义。瓦什尼（Varshney，2002）的研究和我（2005）的模型也佐证了这一点。

这种分析为许多新的政策行动提出了可能，也为一些标准的激励方案提供了支持。平权法案是该方面最为重要的政府行动。这些模型强调了平权法案的重要意义——这里指的不是任何一种平权法案，而是特别制定的平权法案。有缺陷的平权法案会导致对弱势群体更大的偏见。

要想出台一套良好的平权法案，我们必须首先确定目标群体。假设社会贫困与低智商、种族、性别和年龄等相重合，平权法案应该选哪几个作为目标？上述模型表明这是一个相对的特质，其中有预言自我应验的成分。如果大家把拥有这种特质的人都断定为生产率不高的人，那么此人的生产率就会变得不高。如果大家认为他生产率高，他就会变得高产。很显然，智商没有这种特性，因为它会直接对生产率产生正面影响。所以，虽然一部法案帮助所有穷人的情况是可能发生的（我也相信确实存在），但对于平权法案而言，不应把智

① 进一步讨论参见 Bhargava（1993）、Arrow（1994）和 Basu（2006c）。

力欠缺的人考虑在内。

同样的，我们也应忽略年龄的作用。因为我们知道每个人通常都会经历各种年龄段，所以在这方面人的一生是公平的。然而，种族与性别同个人生产率之间几乎无固有联系，而且这些特质个人无法更改。因此，某个种族群体或某种性别在社会中处于不利地位时，或许可有一部法案能通过补助或直接的法律规定来帮助该群体提升地位。本文观点的有趣之处在于这些政策完全可以用效率理由来为其正名。① 这些干预会使经济从坏的均衡走向好的均衡。

在多重均衡并存的模型中进行的政策干预有一个有趣的特征，即这些干预无需持久。实行一段时间后，干预撤回并不会导致经济重新回到早期的坏均衡。我在其他地方把这种干预称之为“良性干预”。国家的童工法就是其中一个例子。譬如，美国的州法律和 1938 年颁布的全国性《公平劳动标准法案》已禁止雇用童工。这些法规刚出台时引起了轩然大波，但时至今日，有人认为即使这些法律被撤销，孩子们也不会去打工了，因为经济已经实现了更好的均衡。

平权法案的一个特别之处在此值得一提。现在有一种趋势，要对教育和就业机会根据相应的人口百分比实施配额制。印度就明确实施了这种做法。如果 $x\%$ 的人口属于平权法案试图帮扶的低级种姓，我们倾向于在学校或一些工作领域为这一群体预留 $x\%$ 的席位。不过，我们当然可以不这么做。通常我会把预留数定为 y，y 小于 x。毕竟预留意味着为相关的种姓群体设定百分比。如果该种姓群体中有较多较好的候选人，录取他们时也不用设限。本文的模型有决定 y 值的潜能，但要记住该政策的目的是让经济挣脱坏的均衡而走向好的均衡。

此外，本文提出了教育与政府行动的重要性，同时还强调了树立不同宗教、种姓群体和种族模范以强调他们都是不分高下的平等公民的重要意义。由于该政策并没有类似新法规或新财政计划那样的“强制性措施”，我们便总是淡化它的作用。然而，反复强调所有少数群体都应有平等权利，并展开行动特意把这些人带入生活的方方面面——政界、商界、科学界等——从而帮助弱势

① 我本人赞同采用包括工作配额在内的平权行动，只为在长期受歧视的社区中树立起榜样，哪怕可能不会立竿见影。(此举须有度，要记住这可能涉及效率权衡问题。) 这纯粹只是我的一个规范性表述，与本文中的论断毫无关系。这里陈述的观点与正文的不同之处在于指出了即使没有纠正跨期不公的规范性承诺，也有可能采取平权行动的原因。

群体融入主流，这会对人的自尊产生重大影响，这些人的智力和生产率也会随之受到影响。

全球化、身份认同和边缘化

迄今为止，我所谈论的在特定国家背景下的众多话题都可延展至国家之间的关系，这在当今全球化时代更为突出。首先，先来看模型的逻辑如何适用于单个国家。一个国家经济繁荣与否明显取决于外国直接投资（FDI）量及该国其他形式的国际合约数量。由于一种外国直接投资的生产率会受到其他种类外国直接投资的正影响，因此不同国家完全有可能出现不同均衡。有的国家或许难以吸收外国直接投资和其他国际合约，有的则能大量吸收。中国是投资的明智之选，其中一个原因就是许多国家与跨国公司都认为中国是投资胜地。就印度而言，我们几乎已能看到一种均衡向另一种均衡的转变。直到20世纪80年代，国家和企业无论在贸易、外国直接投资或证券投资方面都对印度持谨慎态度。这种情况直到20世纪90年代才开始发生变化，资金和合约开始突然涌入印度。

这给我们带来了两点重要的政策启示。第一，目前依然贫困且处境不利的国家可能需要一些特别助力。第二，助推一段时间后，许多国家将开始独立运作，不再受来自发达国家政府和国际机构的进一步干预。因为到那时，让这些国家独立运作符合其他国家和跨国公司投资该国的利益。因此，帮助一个贫穷国家脱贫所需的财政资金可能没有表面上看那么庞大，只需努力让该国家越过一定的门槛即可。

现在转到国家间政策协调的话题上来。当今世界全球化，资本十分活跃，发展水平相近的各国需要在某些政策上做好协调，防止资本外流。比如，在劳动法规方面就是如此。如若一个国家试图单方面制定其劳动标准，比如提高工资水平，出台严厉的工作场所安全法规，或给工人更大的集体谈判权，则很有可能促使公司把业务转到其他更加宽松的国家去。这就需要国家间对劳动力市场政策进行协调。

不过，除此之外还有一点需要协调却被人忽视了。当一个国家的贫困和不平等现象严重时，我们通常会把责任归咎到该国或其政府。但我们现在已经意识到（根据上文讨论），一个人贫穷，其责任不仅在个人，还可能部分在于其所属的集体。在当今全球化的时代中，单个国家或许无法独自解决不平等和贫困问题。因此，发展中国家的国内不平等愈演愈烈就不足为奇了，其中中国

（参见 Kanbur and Zhang，2005）和印度（参见 Basu，2004）尤为突出。

无论在封闭还是开放的经济体内，使资金从富人流向穷人的活动已发生了大幅变化。当今世界，让资金从富人流向穷人的做法会导致资本外逃和专业人才流失。鉴于大多数穷国无法承担这种风险，这就自然限制了单个国家解决其贫困和不平等的途径，也为国内不平等现象随全球化加剧提供了解释。

我在其他文章（2006a）中表明，这需要全球在关于扶贫和克服不平等这类政策上做出协调。然而，在这方面的机构安排仍是空白。我们有世界贸易组织协调贸易政策，有国际劳工组织负责协调劳工政策，还有多种组织致力于协调环境政策。但全球扶贫和遏制不公平现象的政策却没有相应的协调机构。这是一个亟待关注的问题。

参考文献

Akerlof, G. and Kranton, R. (2000) 'Economics and identity', *Quarterly Journal of Economics*, 115, pp. 715-753.

Akerlof, G. and Kranton, R. (2003) 'A model of poverty and oppositional culture', in K. Basu, P. B. Nayak and R. Ray (Eds), *Markets and Governments*, Oxford University Press, New Delhi.

Ambady, N., Shih, M., Kim, A. and Pittinsky, T. L (2001) 'Stereotype susceptibility in children: Effects of identity activation on quantitative performance', *Psychological Science*, 12, pp. 385-390.

Arrow, K. (1973) 'The theory of discrimination', in O. Ashenfelter and A. Rees (Eds), *Discrimination in Labor Markets*, Princeton University Press, Princeton, N.J.

Arrow, K. (1994) 'Methodological individualism and social knowledge', *American Economic Review*, 84, pp. 1-10.

Atchi Reddy, M. (1996) *Lands and Tenants in South India: A Study of Nellore District 1850-1990*, Oxford University Press, New Delhi.

Banerjee, A. V. and Munshi, K. (2004) 'How efficiently is capital allocated? Evidence from the knitted garmet industry in Tirupur', *Review of Economic Studies*, 71, pp. 19-42.

Basu, K. (2004) 'The Indian economy: Up to 1991 and since', in K. Basu (Ed.), *India's Emerging Economy: Performance and Prsopects in the 1990s and Beyond*, MIT Press, Cambridge, and Oxford University Press, New Delhi.

Basu, K. (2005) 'Racial conflict and the malignancy of identity', *Journal of Economic Inequality*, 3, pp. 221-241.

Basu, K. (2006a) 'Globalization, poverty and inequality: What is the relationship? What can be done?', *World Development*, 34(8), pp. 1361-1373.

Basu, K. (2006b) 'Gender and say: A model of household behavior with endogenously determined balance of power', *Economic Journal*, 116(511), pp. 558-580.

Basu, K. (2006c) 'Methodological individualism', in L. Blume and S. Durlauf (Eds), *The New Palgrave Dictionary of Economics*, Palgrave.

Basu, K. (2010) 'The moral basis of prosperity: Altruism, other-regarding behavior and identity', *Economics and Philosophy*, 26(2), pp. 189-216.

Basu, K. (2011) *Beyond the Invisible Hand: Groundwork for a New Economics*, Princeton University Press, Princeton, N.J., and Penguin, New Delhi.

Basu, K. and Lopez-Calva, L. F. (2010) 'Functionings and capabilities', in K. Arrow, A. Sen and K. Suzumura (Eds), *Handbook of Social Choice and Welfare*, North-Holland.

Bertrand, M. and Mullainathan, S. (2004) 'Are Emily and Greg more employable than Lakisha and Jamal?', *American Economic Review*, 94, pp. 991-1013.

Bhargava, R. (1993) *Individualism in the Social Sciences: Forms and Limits of Methodology*, Oxford University Press, Oxford.

Coate, S. and Loury, G. (1993) 'Will affirmative action policies eliminate negative stereotypes?', *American Economic Review*, 83, pp. 1220-1240.

Collier, P. and Hoeffler, A. (2004) 'Greed and grievance in civil war', *Oxford Economic Papers*, 56, pp. 563-595.

Deshpande, A. (2000) 'Does caste still define disparity? A look at inequality in Kerala, India', *American Economic Review*, 90, pp. 322-325.

Duflo, E. (2012) 'Human values and the design of the fight against poverty', Tanner Lectures presented at Harvard, to be published.

Durlauf, S. (2001) 'The membership theory of poverty: The role of group affiliations in determining socioeconomic outcomes', in S. Danziger and R. Haveman (Eds), *Understanding Poverty in America*, Harvard University Press, Cambridge, Mass.

Durlauf, S. N. (2006) 'Groups, social influences, and inequality', in S. Bowles, S. N. Durlauf and K. Hoff (Eds), *Poverty Traps*, Princeton University Press, Princeton, N.J.

Fafchamps, M. (2000) 'Ethnicity and credit in African manufacturing', *Journal of Development Economics*, 61.

Field, E. and Nolen, P. (2005) *Race and Performance in Post-Apartheid South Africa*, mimeo, Cornell University, Ithaca, N.Y.

Fryer, R. G. and Jackson, M. O. (2003) *Categorical Cognition: A Psychological Model of Categories and Identification in Decision Making*, mimeo, Harvard University and Caltech.

Glick, P. and Sahn, D. (2006) *Cognitive Skills Among Children in Senegal: Disentangling the Roles of Schooling and Family Background*, mimeo, Cornell University, Ithaca, N.Y.

Goffman, E. (1959) *The Presentation of Self in Everyday Life*, Double Day, New York.

Hoff, K. and Pandey, P. (2004a) 'Belief systems and durable inequalities: An experimental investigation of Indian caste', *World Bank Policy Research Paper # 0-2875*.

Hoff, K. and Pandey, P. (2004b) *Expected Injustice: Belief Systems as a Vehicle for Maintaining Group Inequality*, mimeo, The World Bank, Washington, D.C.

Hoff, K. and Sen, A. (2006) 'The Kin system as a poverty trap', in S. Bowles, S. N. Durlauf and K. Hoff (Eds), *Poverty Traps*, Princeton University Press, Princeton, N.J.

Kanbur, R. and Zhang, X. (2005) 'Fifty years of regional inequality in China: A journey through revolution, reform and openness', *Review of Development Economics*, 9(1), pp. 87-106.

Loury, G. (2002) *The Anatomy of Racial Inequality*, Harvard University Press, Cambridge, Mass.

Osmani, S. (1995) 'The entitlement approach to famine: An assessment', in K. Basu, P. K Pattanaik and K. Suzumura (Eds), *Choice, Welfare and Development: A Festschrift in Honour of Amartya Sen*, Oxford University Press, Oxford.

Plotnick, R. and Hoffman, S. (1999) 'The effect of neighborhood characteristics on young adults: Alternative estimates', *Social Science Quarterly*, 80, pp. 1-18.

Sen, A. (2006) *Identity and Violence*, W. W. Norton and Co., New York.

Spence, A. M. (1974) *Market Signaling: Information Transfer in Hiring and Related Screening Processes*, Harvard University Press, Cambridge, Mass.

Steele, C. and Aronson, J. (1995) 'Stereotype threat and the intellectual test performance of African Americans', *Journal of Personality and Social Psychology*, 69, pp. 797-811.

Stiglitz, J. (1974) 'Theories of discrimination and economic policy', in G. von Furstenberg *et al.* (Eds), *Patterns of Racial Discrimination*, D. C. Heath and Co.

Tajfel, H. (1974) 'Social identity and intergroup behavior', *Social Science Information*, 13, pp. 65-93.

Varshney, A. (2002) *Ethnic Conflict and Civic Life: Hindus and Muslims in India*, Yale University Press, New Haven, Conn.

法和经济学

Law and Economics

我国人身保险新型产品的投资功能属性及法律框架

田　静

近年来，我国人身保险新型产品①，包括投资连结保险、万能保险、分红保险产品等取得较大发展，成为我国居民金融资产的重要组成部分。这类新型寿险产品，兼具保险功能和投资功能，加深对其投资功能属性的认识，完善法律框架是保护保单持有人利益的基础，也是完善监管体制的基础。

一、人身保险新型产品及其投资功能属性

根据《保险法》，保险“是指投保人根据合同约定，向保险人支付保险费，保险人对于合同约定的可能发生的事故因其发生所造成的财产损失承担赔偿保险金责任，或者当被保险人死亡、伤残、疾病或者达到合同约定的年龄、期限等条件时承担给付保险金责任的商业保险行为”。投保人为了将风险转移出去，向保险公司支付保费。当风险发生时，保险公司向保险受益人支付保险

---

* 作者任职于清华五道口金融学院。

① 人身保险新型产品是相对于不同型人身保险产品而言的，中国保监会，《人身保险新型产品信息披露管理办法本办法》，2009 年 10 月 1 日起施行。第二条，本办法所称人身保险新型产品（以下简称“新型产品”），是指投资连结保险、万能保险、分红保险以及中国保险监督管理委员会（以下简称“中国保监会”）认定的其他产品。

赔偿。保险业务的实质是在不同投保人或不同时期进行风险的转移和分配，对于保险公司而言，对保单持有人负有长期或有债务的偿付义务，当保单约定的风险事故发生或者达到了合同约定的年龄、期限时，保险公司将按照保险合同的约定提供经济补偿或给付保险金。人身保险按照保险责任分为定期寿险、终身寿险、两全保险和年金保险，由于人身保险大都期限较长，寿险产品都具有保障和储蓄功能，具有一定的现金价值，因而也是一国居民储蓄的重要组成部分，是居民持有的重要金融资产。

随着20世纪70年代末，金融自由化、利率市场化对传统保险产品产生了一定冲击，新的保险产品应运而生。1979年，世界上第一款寿险 Universal Life Insuranc（简称 UL）在美国诞生了。UL 是一种兼具保险功能和投资功能的新型寿险。当时的 UL 分为两种：一种是给付率或收益固定的 UL，一种是给付率和收益变动的 VUL（Variable Universal Life Insurance，简称 VUL）。VUL 的缴费中投资的部分被划入“分离账户”（separate account），分离账户按照投资公司①运作，收益取决于分离账户的投资收益，因此，收益是变动的，也称为变额保险（variable insurance）或者是可变产品（variable products）。这一产品中的“universal”字面意思是“万能”，而实际上，美国寿险公司开发这款产品时使用“universal”的意思是投保人缴费方式灵活，不需与普通寿险产品一样按保险合同的约定定期缴纳保费②。如果 VUL 的保险部分满足了美国联邦税务署的规定，还可以享受税收递延优惠。因此，1979 年，该险种由美国加利福尼亚人寿保险公司首次推出，由于缴费灵活以及收益与投资挂钩等特点，一经推出就受到了市场青睐。至 1983 年，美国几乎每家寿险公司都推出了 UL 产品，并很快传至其他国家，成为国际三大寿险新险种之一。根据美国寿险营销与研究协会（LIMRA）③ 的统计显示：1985 年，美国市场 UL 占比为 38%，并保持在 25% 左右。在 2003 年第一季度，UL 市场占比又提升至 32%。80 年代中期开始，UL 在欧洲各国也迅速发展，在很短的时间内就在英国、荷兰等

---

① 根据美国 1940 年《投资公司法》（Investment Company Act）在美国证监会注册为投资公司，投资公司是发行证券并以证券投资为主要业务的公司。

② 因此，本文在提及 UL 或 VUL 时，均采用英文缩写，而不是采用通常翻译的“万能险”，文中的“万能险”和“万能保险”，仅指中国市场的“万能险”。

③ Life Insurance Marketing and Research Association，该协会于 1916 年成立于美国，最初以研究寿险营销问题为主，目前已发展成为金融行业提供营销调研、管理顾问和培训服务的机构，拥有会员公司 775 个，分布在近 60 个国家和地区。

国的保险市场占有相当的市场份额。在 UL 登陆亚洲以后，也迅速风靡日本、新加坡、香港等地，成为市场销售的主力险种之一。在金融危机前的 2007 年，美国 UL 中的变额年金（variable annuities）保险保费收入为 1700 亿美元，约占年金保险市场的 68.5%，占人身险市场的 20%，总资产余额约 1.5 万亿美元。在日本，至 2007 年，变额年金保险资产余额已达到 16.5 万亿日元，占个人养老保险产品的 70% 左右。在金融危机中，该产品受到了一定程度影响，但仍是国外保险市场的主流产品，如 2009 年变额年金保险在美国年金市场占比仍接近 50%。

1996 年之前，我国保险产品基本上都是提供保障确定的普通寿险产品。在高利率环境下，以高定价利率的普通寿险为主，降息过程中出现一些利差返还型产品以期抵御利率波动风险。1996 年到 2001 年上半年，由于原有高利率保单的利差损教训，1999 年监管部门规定了 2.5% 的定价利率上限，而利率上限使得普通型产品相比其他金融产品吸引力下降，投连险、万能险、分红险等人身保险新型产品相继推出。

人身保险新型产品是在普通寿险产品仅提供保险功能的基础上衍生出来的，兼具保险功能和投资功能。也就是说，投保人在保险合同约定的风险事故发生或者达到了合同约定的年龄、期限时，保险公司会按照保险合同的约定提供经济补偿或给付保险金。因此，投保人缴纳的保费中有一部分是作为向保险公司转移风险而支付的对价。除此之外，投保人交付的保费中还有一部分是投资的资金，由保险公司进行投资，投资收益将归投保人所有，因此，这类产品就属于复合型金融产品，兼具保险功能和投资功能。投保人的投资收益随资产投资收益状况变动，其收益具有不确定性。

根据险种的不同，投保人在其投资资产运用中产生的收益与保险公司的分配比例不同，收益的确定性也不相同。根据 2000 年中国保监会颁布的《投资连结保险管理暂行办法》，投资连结保险，“是指包含保险保障功能并至少在一个投资账户拥有一定资产价值的人身保险产品，通常不设定最低保证利率”。2015 年中国保监会《关于规范投资连结保险投资账户有关事项的通知》，进一步强调“投资连结保险产品投保人有权利选择投资账户。保单账户价值应当根据该保单在每一投资账户中占有的单位数量及其单位价格确定。投资账户产生的全部投资净损益归投保人所有，投资风险完全由投保人承担”。分红险是保险公司将其实际经营成果优于定价假设的盈余，按照一定比例向保单持有人进行分配的产品。根据保监会《分红保险管理暂行办法》，“投保人，是指按照合同约定，享有保险合同利益及红利请求权的人”，“保险公司每一会计年度向投保人实际分配盈余的比例不低于当年全部可分配盈余的70%”。保监会的部门规章并没有明确规定分红险有最低保证利率，红利分配具有不确定性。万能险是包含保障功能并设立有保底收益投资账户的产品，根据中国保监会《万能保险精算规定》，“万能保险应当提供最低保证利率，最低保证利率不得为负”，因此，万能险投保人可以依据保单获得约定的最低利率的收益。还有一种就是变额保险，根据中国保监会《变额年金保险管理暂行办法》，“变额年金保险是指保单利益与连结的投资账户投资单位价格相关联，同时按照合同约定具有最低保单利益保证的人身保险”。变额年金保险可以提供以下最低保单利益保证：最低身故利益保证、最低满期利益保证、最低年金给付保证、最低累积利益保证。

从以上产品的监管法规和保险合同分析，其投资功能就具有国际上统称为集合投资计划（collective investment schemes）的产品属性。根据经合组织（OECD）发布的《集合投资计划治理白皮书》①（White Paper on Governance of Collective Investment Schemes（CIS），以下简称《白皮书》），“集合投资计划是指，一种类型的机构投资者，通过这个机构投资者将个人资金汇集在一起，聘用专业投资者管理，每个个人享有该集合资产管理投资净收益的相应份额的所有权”。《白皮书》进一步指出了集合投资计划的两个属性：第一是将资金集合起来以达到一定的规模，以实现投资组合的多元化以及运作的成本效益；第二是通过专业的投资组合管理执行投资策略。2008年，经合组织又拓展了定义，在外国直接投资基准定义中，定义了“集合投资机构”（collective investment institution，CII），它指的是“以投资公司或者投资信托，或者尽管没有组成公司的活动（例如共同基金或单位信托），它通过发行股份/份额（不同于股权）从投资者筹集资金，并投资于金融资产（主要是可交易的证券或者银

---

① OECD（2005），White Paper on Governance of Collective Investment Schemes（CIS），第138页，见 http://www.oecd.org/finance/financial－markets/34572343.pdf。《白皮书》旨在为经合组织国家的政策制定者和集合投资计划的业者建立有效的集合投资计划治理、完善集合投资计划监管提供建议。市场参与者和政府部门可以按照白皮书对本国的实践和监管进行分析评估并改进集合投资计划的治理。《白皮书》指出文中的集合投资计划，可以单独地或者与其他类型的机构性储蓄例如年金和保险产品一起，使个人可以实现其金融计划的目标。

行存款）和/或非金融资产”①。这个定义包括了2005年《白皮书》定义的集合投资计划，还指集合投资载体（collective investment vehicle），集合投资活动（collective investment undertaking）。集合投资机构的组成，可以依据合同法、信托法（单位信托）、公司法（投资公司）或者其他形式，但是不包含职业年金（occupational pension fund）。经合组织对集合投资计划的定义反映了这类投资计划组织形式的不同，为了保证监管的有效性，防止出现监管空白和监管竞争，就需要做出宽泛的定义，将这种从广大投资者募集资金进行投资的活动都纳入集合投资计划的监管框架之中。对于集合投资机构为什么不包含职业年金，该文件的解释是：第一，职业年金的负债端是长期并以通过保险的技术建立未来的偿付准备，而集合投资机构则是以股权或份额的形式；第二，投资者支取的方式非常严格，只有到一定的年龄方可支取，而集合投资机构的投资者可以随时变现其投资。

从经合组织的定义和解释出发，我国的人身保险新型产品就属于集合投资机构的范畴。首先，这些产品是向一般公众销售的，保险公司将投保人缴费的投资部分归集在一起，由保险公司集中管理，保单持有人以其所持有份额的多少，享有投资收益，保单持有人的缴费灵活、变现也灵活。它与传统的金融产品，例如银行存款和普通保险不同，它的收益取决于投资的收益，是一种以“市场为基础”（market - based）的投资工具，具有收益的不确定性。

二、人身保险新型产品的法律关系和会计处理

与银行存款等产品相比，集合投资计划的法律框架更加复杂。它在一国法律、监管法规及会计准则等构成的法律框架下运作，这类产品运作管理的资产是从存在信息不对称的大量个人那里汇集起来的，汇集的资金交给具有信息优势的管理人运作，信息不对称及财产的“所有权与控制权”分离，必然存在利益冲突。因此，与对银行或保险归属的审慎性控制和金融消费者保护机制不同，对于以“市场为基础”的产品，保证集合性财产的独立性，防止运作中的利益冲突，使管理人以持有人的利益从事投资活动，是构建这类产品法律框

---

① OCED（2008），附录8，集合投资机构、外国直接投资的基准定义 Benchmark Definition of Foreign Direct Investment（2008年第四版），参见 http：//www. oecd. org/daf/inv/investmentstatisticsandanalysis/40193734. pdf。目前国际上普遍采用的定义是集合投资计划，本文如无特殊说明，也采用这一名称。

架和监管制度的核心。

在我国，人身保险新型产品的投保人要与保险公司签订保险合同。笔者查阅了这类格式合同①，对于这类产品的投资部分，合同做出了如下约定，“合同所称‘投资账户’是指本公司为履行本合同项下的保险责任，依照国家政策与相关法律法规进行资金运用而设立的一个或多个专用账户。投资账户的投资组合及运作方式由本公司决定”。根据合同以及中国保监会相关管理办法，投保人是通过保险合同将资金运用的管理权授予保险公司，投保人是委托人，保险公司是代理人。按照《民法通则》，代理人按照被代理人的委托行使代理权，“代理人在代理权限内，以被代理人的名义实施民事法律行为。被代理人对代理人的代理行为，承担民事责任”。在委托代理关系中，代理人受托管理委托人的财产，财产的所有权及其孳息的所有权不因委托代理关系发生转移，除非相关的委托代理合同另有明确约定。

但是，保险公司管理的是众多投保人集合在一起的财产，实际操作中，不可能以单个投保人的名义开展投资活动。众多投保人集合在一起的资产组合也不可能分割为不同的部分对应到不同的持有人，投保人只能以其缴纳费用享有集合财产投资收益的相应份额，也就是说，集合管理的资产或者资产池作为一个整体不再直接归属于投保人或者受益人个人。

为此，2014 年财政部的《保险公司投资连结产品等业务会计处理规定》（以下简称《会计规定》）对这类产品的会计处理做出了详细规定。根据《会计规定》，对于投连险，需要将投保人以保费形式缴纳的全部款项，计入保险公司的保费收入。除此之外的部分，保险公司应为投保人投资建立独立账户，划清独立账户和公司其他账户的界限，并单独核算和报告。保险公司作为承保人，收取的风险保费和保单管理费，计入保险公司收入。保险公司作为投连险资产管理人收取的独立账户管理费也计入保险公司收入，并根据核算金额将资金从独立账户划入公司账户。当投连险合同约定的保险事件发生并产生赔付时，按实际支付的金额，分别由保险公司和独立账户承担。投连险独立账户的资产负债、利润及相关核算，在保险公司资产负债表“资产”类“无形资产及其他资产合计”项目下增设的“独立账户资产”项目，反映投保人投资部

① 本文援引的保险合同是保险公司向中国保监会备案后已经向市场销售的投资连结保险的保险合同。

分的资产价值。在保险公司“负债合计”项目之“长期负债合计”项目下增设“独立账户负债”项目，反映公司从事投资连结产品业务产生的负债。在保险公司的利润表中，“汇兑收益”项目下，“减：利息支出”项目之上增设“独立账户收益”项目，反映包含保险风险的投资连结产品独立账户实现的收益。在其会计报表附注中，有专门的独立账户的资产负债表、投资收益表和净资产变动表，反映一定时期各类投连险产品的资产、负债和净资产及经营业绩情况。

根据《会计规定》，对于分红险，《保险公司投资连结产品等业务会计处理规定》较为笼统，只有两条：一是将现行《保险公司会计制度》中的“保户利差支出”科目改为“保户红利支出”科目等；二是在会计报表附注中披露可供分配的分红产品收益、公司留存的分红产品收益、分红比率。根据中国保监会的《分红保险精算规定》，保险公司应为分红保险业务设立一个或多个单独账户，单独账户应单独管理、独立核算；依据红利来源确定分红保险账户中权益共同属于保单持有人和股东双方的盈余；保险公司在盈余时应遵照规定的责任准备金或产品的毛保费对基础准备金定价，同一分红保险账户所采用的准备金基础应具有一致性，一经确立，不得随意变更；保险公司应在公司互联网站上的相关信息披露栏目中披露盈余计算方法；保险公司为各分红保险账户确定每一年度的可分配盈余时，应当遵循普遍接受的精算原理，并符合可支撑性、可持续性原则；保险公司应对分红保险账户提取分红保险特别储备。分红保险特别储备是分红保险账户逐年累积的，其权益共同属于保单持有人和股东双方。

对于万能险，根据《保险公司投资连结产品等业务会计处理规定》，比照投资连结产品和分红产品的会计处理原则进行会计处理，但不进行估值。根据《万能保险精算规定》，保险公司应为万能保险设立一个或多个单独账户；万能险单独账户的资产应当单独管理，应当能够提供资产价值、对应保单账户价值、结算利率和资产负债表等信息，满足保险公司对该万能险单独账户进行管理和保单利益结算的要求；保险公司应当定期检视万能险单独账户的资产价值，以确保其不低于对应保单账户价值。

在会计核算上，《会计规则》期望通过人身保险新型产品的“独立账户”及其核算制度，保证资产独立性和持有人的利益。但是，这种会计核算上的独立是否就是法律上的独立，是否可以实现与保险公司固有资产的独立和破产隔离，还需要探讨。

根据国际财务报告准则（International Financial Reporting Standards，简称IFRS）第9号，“只有一个实体当且仅当成为一个金融工具的合同条款的部分，它才可以在其财务状况表中确认相关金融资产和负债”①。《国际财务报告准则第4号——保险合同》在关于“相机分红特征”的定义中提到了“投资联结”的会计处理，“一个特殊资产组合实现和（或）未实现的投资收益由发行人持有”②。笔者的理解，国际财务报告准则中采用的表述“持有”（hold），用意在于这一资产是投连险保单持有人共同享有分配权的财产，不属于保险公司的固有财产。因此，会计处理是保证财产独立的手段，通过会计制度保证财产独立和核算独立，而不能用会计处理来确定法律意义上的财产独立。

根据2009年《中华人民共和国保险法》，保险公司的破产清算依照《中华人民共和国企业破产法》的相关规定，破产财产在优先清偿破产费用和共益债务后的清偿顺序依次是工资等、赔偿或者给付保险金、保险公司欠缴社保和税款、普通破产债权；经营有人寿保险业务的保险公司破产的，其持有的人寿保险合同及责任准备金，必须转让给其他经营有人寿保险业务的保险公司。2009年修订《保险法》时，人身保险新型产品的发展才刚刚兴起，诸如像“独立账户的财产是否属于清算财产”“独立账户中的财产所对应的债权是否可与保险公司的债务相抵销”“非因独立账户财产本身承担的债务是否可以对该独立账户的财产强制执行”等问题都没有涉及。

三、集合投资计划的法律框架及监管安排：成熟市场的经验

人身保险新型产品等集合投资类金融产品，已经成为我国居民金融资产的重要组成部分，企业年金作为养老金制度的重要组成部分也在蓬勃发展。这些产品都具有一个共同的特征，就是向一般公众募集资金，然后交由专门的管理

---

① 《国际财务报告准则第9号》，(IFRS 9) 的规定，“3. 1. 1 An entity shall recognise afinancial asset or a financial liability in its statement of financialposition when, and only when, the entity becomes party to the contractualprovisions of the instrument (see paragraphs B3. 1. 1 and B3. 1. 2) . ”

② 《国际财务报告准则第4号——保险合同》关于相机分红特征（discretionary participation feature）的规定：在如下情况下，合同权利将获得附加的利益以作为保证利益的补充：(a) 它可能是合同总体利益的一个重要部分；(b) 数量和时间是由发行人决定的；(i) 由合同的一个特殊的（资产）池的业绩或特殊的合同；(ii) 由发行人持有的一个特殊（资产池）投资的已实现或未实现的收益；(iii) 发行合同的公司、基金或者实体的盈利或损失。

人管理。国际上较成熟的市场中也是如此。这样的集合投资计划在上世纪70年代以后发展成为各国居民持有比例较高的金融产品，经合组织的研究数据表明，集合投资计划的资产是其大多数成员国国民收入和金融资产份额中增长最快的，成为居民退休后最主要的收入来源。集合投资计划为居民提供了新的金融工具，即使资金较少、专业知识缺乏的中小投资者也可以分享资本市场增长的收益，还可以通过集合投资分散投资风险，实现更加多样化的投资目标。在经合组织国家，集合投资计划的监管部门和业界在集合投资计划的发展中，也注意到建立稳固的法律基础、防范利益冲突和保护持有人利益是极其重要的，在经合组织的《白皮书》中，强调的第一个问题就是完善集合投资计划的法律框架。

在美国，集合投资计划的主要组织形式是公司，即按1940年《投资公司法》向美国证监会注册的投资公司，我们熟悉的共同基金（Mutual funds）法律上讲是开放式投资公司（open-end companies），投资公司还包括封闭式基金（closed-end funds），即法律上的封闭式投资公司（closed-end companies）以及单位投资信托（UITs，unit investment trusts）。在美国，集合投资计划的法律体系由《投资公司法》等法律法规组成，最重要的是1940年的《投资公司法》，它对从事投资、再投资证券交易，以及发行证券的各类投资公司进行规范。《投资公司法》旨在明确投资公司及其运作相关主体的权利义务；规范投资公司，包括开放式投资公司即共同基金份额销售活动；确立了持有人利益保护的制度安排。该法要求投资公司向社会发行的各类证券必须依法注册，同时定期公布公司财务状况和投资方针，并向投资者披露相关信息。例如，投资公司的管理人——投资顾问①不许私自经营和滥用信托职权；禁止投资公司与其联属公司之间的不正当交易行为；制定资产安全保管制度；除得到证券交易委员会的批准外，禁止投资公司与本公司董事、分公司或其人员进行交易活动。美国的投资公司是独立的法人，以发行份额的方式向投资者募集的资金是投资公司的法人财产，完全独立于管理人和托管人。

---

① 美国1940《投资顾问法》，美国国会在1940年通过《投资公司法》的同时也通过了《投资顾问法》（Investment Advisors Act）。投资顾问意指为获取报酬而从事以下商业活动的人：直接或间接或以出版物或著作的方式提供关于证券的价值或者证券的投资、买卖意见；或者以此为常业而出版或发行有关证券分析或报告。颁布这个法律的目的是为了对提供投资管理的机构和个人进行监管。这里的投资管理的对象包括投资公司、养老金、慈善基金和其他的个人。

在美国，投资公司向公众发行的股份或者称基金份额，属于1933年《证券法》规定的“证券”，根据该法，证券是指：“任何票据、股票、国库券、债券、无抵押债券、债务凭证、盈利分享协议下的权益证书或参与证书、担保信托证，筹建经济组织证或认购证，可转让股权，投资合同，委托投票证书，证券存托证明，油矿、气矿或其他矿藏开采权未分配部分的权益；任何证券、存款证明或者组合证券和指数证券（包括根据价格而计算出来的利益）的卖空期权、买空期权、买空卖空期权、选择权或者特权；任何在全国证券交易所交易的有关外币的卖空期权、买空期权、买空卖空期权、选择权或者特权；或者总的来说，任何被普遍认为是证券的利益或工具，或者是对上述证券的任何利益的参与证明、临时性证明、收据、担保或认购权”。投资公司作为一种集合投资计划，它发行的就是“盈利分享协议下的权益证书或参与证书”，要纳入证券进行监管。

由于美国的VUL是在1933年《证券法》和1934年《投资公司法》颁布实施多年后才产生的产品，它诞生之时，对于这种兼具保险功能和投资功能且投资收益具有不确定性的产品如何监管，保险业和证券业的监管者多次交锋，60年代后才确立了现行的对VUL的双重监管体制，即由美国证监会、州的保险监管机构监管，同时，可以享受税收优惠的VUL还受到联邦税务署（Internal Revenue Service）的监管。由于1933年《证券法》（Section 5）禁止未经证券交易委员会注册的跨州销售证券，但非公开销售的，可以豁免注册。那么，要以招募说明书（prospectus）形式向一般公众销售的VUL就必须由在金融机构监管局（FINRA）注册的证券经纪商（broker）或者自营商（dealer）向证监会注册。对VUL的投保人，其扣除费用后的保费可以按照投保人的选择，分配给一个或者多个“分离账户”①，由于这些“分离账户”具有集合投资计划的属性，每一个分离账户将按照1940年《投资公司法》注册为投资公司或投资信托②。因此，“分离账户”就要按照《投资公司法》的规定运作，例如

① 美国保险公司经营的VUL，为了向投保人提供多元化的投资产品，其分离账户涵盖了几乎所有的投资风格和类型，有的保险公司允许投资者在50个子分离账户中选择。

② 1940年《投资公司法》第3（c）7节规定，如果“任何发行人，如果其发行的证券只是由合格的购买人持有”，则不属于该法规定定义的投资公司。因此，只有向公众销售的VUL需要向证券交易委员会注册。因为证券法与投资公司法对合格投资者的定义不同，如果要豁免注册，需要其投保人同时满足两部法律的规定。保险公司选择向合格投资者销售可以避免注册的程序及费用，也不用遵守投资的限制、披露的要求等，增加了运作的灵活度。但是，不向证券交易委员会注册也就不符合美国国内税务局关于“保险”的定义，其投资就要按规定纳税。

投资限制、信息披露、估值等，其管理人也要遵守1940年《投资顾问法》的规定，这都是证监会的监管范围。VUL在各州销售，需要经州的保险监管机构注册，其经营行为受州保险监管部门的监管，美国保险监督官协会（National Association of Insurance Commissioner，NAIC）颁布的《变额人寿保险示范法》① 基本被各州采用，也是采纳的各州经营VUL的保险公司需要遵守的。

1868年英国成立的“海外及殖民地政府信托基金”被大多数人看作是最早的集合投资计划，英国则采用在信托法框架下的单位信托法律制度。根据1985年欧盟《可转让证券集合投资计划指令》（UCITS指令），具体规定在1986年《金融服务法》（Financial Service Act，简称1986年FSA）中引入了集合投资计划概念，即投资集合计划，是指与包括金钱在内的任何财产相关的安排，其目的或效果是使参与该安排的人获得因收购、持有、管理或处分该财产而产生的利润或收入，或利用该利润或收入支付的款项。集合投资计划具有以下几个特征：第一，无论其是否有权接受咨询或发出指示，参与者不对该财产的安排进行日常控制；第二，参与者的出资集合在一起；第三，这一财产由该计划的发起管理人或其代表进行整体管理。2000年，英国颁布《金融服务与市场法》（Financial Service and Market Act 2000，简称2000年FSMA），进一步详细阐述了集合投资计划的内容。英国的集合投资计划对出资财产的种类、出资人的出资形式、运营者的管理范围均未加以限制，有非常广泛的定义。它与美国相关证券法律中的投资合同的定义基本一致，不同之处在于，出资范围更加宽泛，并不限于金钱。与美国投资合同一样，与股份、公司债等传统投资商品一样适用信息披露制度等证券法制度，管理人与受托人必须分别获得相应的业务。在英国集合投资计划有两种组织形式，即单位信托计划和开放式投资公司。对于向公众发行的集合投资计划，需要获得金融服务局的授权。英国的金融监管在1997年之后就由金融服务局负责，它由1985年成立的证券投资委员会（Securities and Investments Board—SIB）改组而成，是英国金融市场统一的监管机构，也负责监管单位信托等集合投资计划，因此，不存在美国的双重监管问题，英国的保险公司经营单位化的保险基金（unitised insurance funds）或者单位连接保险基金（unit-linked insurance funds），也由金融服务局负责。在

---

① National Association of Insurance Commissioner（2001），Universal Life Insurance Model Regulation，http://www.naic.org/store/free/MDL-585.pdf.

公开销售前，需从金融服务局取得授权。担任集合投资计划管理人的金融机构，也需要事先取得集合投资计划的资格核准成为授权公司（Authorized Firm）。2008 年国际金融危机之后，英国建立了新的金融管理框架，原来的金融服务局拆分为审慎监管局（PRA）和金融行为监管局（FCA）。审慎监管局负责对银行、保险公司等机构的微观审慎监管，金融行为监督局负责对各类金融机构，如信托银行、资产管理公司、寿险公司、保险中介等的监管，监管目标是保障消费者权益。英国的这一金融监管框架被称为“双峰”模式，对于集合投资计划的监管，无论是哪一类金融机构经营，都将纳入统一的市场行为监管，有利于防范监管套利和监管空白。

在香港特别行政区，投连险被称为投资相连寿险计划（investment - linked Assurance Schemes，简称 ILAS），一般称为投资相连保险产品或储蓄计划，保单持有人既是寿险保单持有人又是基金投资者。香港对投连险采用与美国类似的双重监管模式，这类产品要同时遵守《保险公司条例》和《证券与期货条例》，并遵守由香港证监会发布的《投资相连寿险计划准则》，准则规定了发行人必须勤勉尽职，对销售和推广做出了规定。投连险需要按照《证券与期货条例》第 105（1）条的规定向证监会注册，《证券与期货条例》保单也需要注册成为《保险公司条例》（第 41 条）规定的 C 类保险业务才能发售，如果保险公司在经营投连险中承担了投资顾问和证券交易的职责，还需要在证监会取得牌照。

四、政策建议

国际实践表明，集合投资计划必须在完善的法律和监管框架下运作。如果法律框架不完善、监管不严格，投资者的利益受到侵害，有可能影响公众对整个金融体系的信任并对金融稳定产生不利影响。人身保险新型产品在我国的实践中已经暴露出一定的问题，借鉴国际经验，完善法律框架和监管制度已是当务之急。

第一，完善产品法律框架。完善法律框架有两种选择：一是完全在《保险法》的框架下。现行《保险法》对保险的定义是基于普通保险的，对于兼具保险功能和投资功能的新型产品没有定义。在未来修订保险法时需要明确保险公司经营这类产品的监管要求，这类保险产品的财产独立性、产品属性和法律框架，以信托的法律框架明确“独立账户”的财产关系。二是把这类产品的投资部分视为向一般公众销售的证券，将之纳入公开发行证券管理，但这有赖于证券法修改时拓宽证券的定义，将集合投资计划类产品的份额也纳入证券的范畴。如果这样，就可以在《证券法》和《证券投资基金法》的框架下，界定这类产品投资部分的属性以及相关当事人的权利义务。这就是“双主体监管投资”，类似于美国和香港特别行政区的做法。

在相关法律修改之前，建议将这类产品以及保险公司其他投资类产品的财产，按照信托法界定为信托财产。在信托法的框架下，这类保单持有人是独立账户中的信托财产的受益人，保险公司作为受托人管理财产。这样，保险公司作为人身保险新型产品的发起人、资产管理人和托管人，都有信托法上的受托职责，保险公司应当恪尽职守，履行诚实信用、谨慎勤勉的义务，以持有人的利益管理信托财产及代为行使相关权利。

保险公司对保单持有人应履行的保险赔偿义务是对持有人的“债”的义务，而对独立账户的投资运作则是管理资产的义务，保险公司不承担投资损失。如果投资亏损，持有人也不能向保险公司提出赔偿请求，这对保障保险公司的稳健经营是非常重要的。在此框架下，这类保单持有人的利益也得到了保护，在信托法律框架下，这类产品在独立账户上的资产，就与保险公司的固有资产以及其他保险产品的资产相互独立。即使在保险公司因依法解散、被依法撤销或者被依法宣告破产等原因进行清算，信托财产也不属于其清算财产。非因独立账户中的财产本身承担的债务，也不得对其强制执行。

在这样的框架下，保险公司作为独立账户的管理人，可以“代表持有人利益行使诉讼权利或者实施其他法律行为”，包括行使独立账户资产持有的公司股权。保险公司在行使权力时，应当出于持有人利益的考虑，而不是基于保险公司自身或者是其股东、管理层等利益相关者的利益。保险公司如果经营了多只这样的产品，也必须公平地对待所有的独立账户。

第二，完善治理结构。经合组织《白皮书》指出，由于集合投资计划的运作存在“所有权与控制权”的分离，运作中就可能存在利益冲突。因此，经合组织《白皮书》、国际证监会组织都提出了集合投资计划的治理要求，其核心是明确集合投资计划相关当事人的权利义务，建立相互间的监督和制约机制。经合组织《白皮书》建议的做法是集合财产的独立托管制度，即将财产存放在独立于管理人的金融机构，一些国家还赋予了托管人监督管理人运作的职责，有的国家即使允许同一公司承担管理人和托管人的职责，也要求由独立的子公司运作，以实现与母公司的财产独立和运作隔离。经合组织《白皮书》建议，应当指定一个“机构实体”承担受托责任，监督集合投资计划的投资、会计核算、估值等业务活动。在美国，共同基金是以投资公司的形式组织的，投资公司的董事会就被赋予了受托责任，VUL 产品也适用该规定。

目前，经营人身保险新型产品的保险公司，集承保人、资产管理人和托管人于一身。建立托管制度，发起人再将独立账户的财产由与该保险公司独立的金融机构作为托管人托管，是最有利于保护持有人的。如果同时赋予托管人对管理人的监督职责，更有利于监督管理人的行为，防范利益冲突。如果这需要对现行制度做较大调整，也可以通过完善人身保险新型产品的治理结构来实现，也就是将受托责任赋予保险公司的董事会，赋予董事会受托人职责，使之有义务保护持有人的利益、保证资产的独立性、防止利益冲突等，在行使相关权利时，应当出于持有人利益的最大化，而非保险公司的利益或者是保险公司利益相关者的利益。

第三，强化保险公司的治理结构和内控机制。对于管理集合财产的机构，世界各国的普遍做法是，对管理人进行准入和持续的监管。经营人身保险新型产品的保险公司，多种角色集于一身，就可能产生利益冲突。同时，保险公司的股东以及管理层自身的利益也可能与这类产品持有人的利益存在冲突。保险公司应当完善自身的公司治理，强化董事会对持有人的受托责任。同时，保险公司在其职能部门的设置上，还要建立完整的内控机制和部门间的防火墙以及监督制衡机制。

不平等，我们能做什么

安东尼·阿特金森　著

安东尼·阿特金森是当今收入不平等研究领域的领军人物，在各主要大学、研究机构和国际组织的不平等研究项目中，都可以看到他的身影。与以往只重点论证不平等的成因和历史趋势而对政策措施着墨甚少的著作不同，本书以英国为例，既说明了导致不平等的原因，尤其是公共政策方面的原因，更在此基础上，提出了15条应对收入不平等的政策建议，并对这些政策建议的效果进行了量化分析。虽然这些建议以英国为背景，但是正如作者一再强调的，这些建议是基于基本的经济学原理，因此具有一定的普适性，对其他国家来说，根据国情做一些调整也同样可行。

托马斯·皮凯蒂的《21世纪资本论》重在提出问题，而本书旨在提出解决方案。

新书架

New Books

一个更平等社会的现实愿景

评安东尼·阿特金森《不平等，我们能做什么》

托马斯·皮凯蒂

安东尼·阿特金森在经济学界占有独特地位。在过去半个世纪里，他无视主流趋势，将不平等问题作为自己的研究重心，并证明经济学首先是一门社会和道德科学。在其新著《不平等，我们能做什么》① 中（这本书比他以前的作品更显个性，完全专注于某个行动计划），他向我们大致描述了一种激进的新型改良主义。

在阿特金森的改良主义里，总有一些东西让人联想起英国进步社会改革家威廉·贝弗里奇，读者想必会喜欢他展示自己思想的方式。这位谨慎的传奇式英国学者揭示了更人性化的一面，他舌战群儒，并提出一系列具体、创新且有说服力的方案，旨在表明我们仍然是有选择的，当前争取社会进步与平等的战斗必须重新获得合法性。他建议通过恢复累进税制为普享型家庭福利融资，同时，这也是为了将英国的不平等和贫困从美国水平降到欧洲水平。

他还主张给失业者提供有最低工资的保障性公共部门就业，通过某种创新的国民储蓄系统使获取财产所有权的过程民主化，并确保储户的收益。所有人都将有继承权，在年满 18 岁时获得一笔赠与资本，这笔资金来自于房产税；

---

* Thomas Piketty，《21 世纪资本论》作者，本文英文版发表于 2015 年 6 月 15 日的 *The New York Review of Books*。

① 中文版参见《不平等，我们能做什么》，中信出版社，2016 年 5 月。

终结英国地方政府征收的单一人头税，切实放弃撒切尔主义。效果将会大快人心。这本书机智、优雅、深刻，值得一读：它向我们描述了政治经济学和英国进步主义的完美结合。

想吃透这本书和其中的建议，我们首先应该将它置于阿特金森职业生涯的更大背景中，因为该书向我们呈献了一位持重严谨学者所做的研究工作。1966—2015 年间，阿特金森出版了约 50 部书籍和 350 多篇学术文章。他已经在更广泛的财富分配、不平等和贫困的国际研究领域，掀起一场意义深远的变革。自 20 世纪 70 年代以来，他又著述了大量理论论文，尤其致力于钻研最优税收理论，单凭这些贡献就能拿好几回诺贝尔经济学奖。但阿特金森最重要、最深远的研究工作就是他对不平等所做的历史分析和经验分析，为此他以无懈可击的方式构建理论模型，并谨慎而又节制地利用这些模型。他的方法别开生面，集历史、经验和理论于一身；他极端严谨，又绝对正直；他既是社会科学的研究者又是英国、欧洲和世界的公民，这些道德和谐的角色使阿特金森本人几十年来一直是各届学生和年轻研究人员的楷模。

和西蒙·库兹涅茨一起，阿特金森几乎一手开创了社会科学和政治经济学中的一门新学科：收入和财产分配的历史趋势研究。诚然，收入分配和长期趋势问题早已是 19 世纪政治经济学的核心，特别在托马斯·马尔萨斯、大卫·李嘉图和卡尔·马克思的著作中占据核心地位。但是这些作者只能使用有限的数据，还常常不得不囿于纯粹的理论推测。

直到 20 世纪下半叶，库兹涅茨和阿特金森对收入和财产分配的分析研究才真正以历史资料为依据。在 1953 年的杰作《高收入群体的收入和储蓄占比》（Shares of Upper Income Groups in Income and Savings）中，库兹涅茨将美国国民收入和财产的首次系统性记录（他曾参与创建）与联邦所得税生成的数据（经过长期政治斗争之后设立于 1913 年）结合起来，建立了首个年度收入分配历史账户。他埋头研究之时发现了一个好消息：不平等出现了下降。

1978 年，在其重要著作《英国个人财富分配》（*Distribution of Personal Wealth in Britain*，与 Allan Harrison 合著）中，阿特金森赶上并超越了库兹涅茨：他系统地使用英国 20 世纪头 10 年到 70 年代的遗嘱文件，极具权威地分析了不同的经济、社会和政治力量可以在何种程度帮助我们理解收入分配中观察到的发展趋势，这段异常动荡时期的收入分配受到极为严谨的研究。

所有关于收入和财产不平等历史趋势的后续工作，一定程度上都遵循了库兹涅茨和阿特金森的开创性研究。姑且不论其历史性和开创性的著作，阿特金森是几十年来一直对当代社会不平等和贫困进行比较研究工的主要国际专家之一。他也是孜孜不倦地为这些主题设计国际合作项目的建筑师。

一部值得重视的辛辣著作

在《不平等，我们能做什么》一书中，阿特金森偏离学术研究范畴，大胆地探入行动和公共干预领域。如此一来，他恢复了自职业生涯开始时起从未真正放弃的公共知识分子角色。在 1978 年致力于英国财富分配的历史性研究之前，他已经著述了好几本探讨公共干预的书。尤值一提的有《英国的贫困与社会保障改革》（1969）和《不平等份额——英国的财富》（1972）。对阿特金森而言，历史、经济和政治之间的分界线从来就不是那么明确：他总是试图十分谨慎地、偶尔也会以较直率的方式，让学者与公民的身份协调起来。

尽管如此，《不平等，我们能做什么》还是比他早期作品更深入地讨论了相关问题。阿特金森无惧风险，提出了一套真诚的行动计划。我们可以从中领略他一贯的潇洒文风，他准备倾听每位作者的每个论点、简单清晰地展示他们最好一面的独特做派。但在这本书里，阿特金森也做了改变，他一反自己天然谨慎的通常行事风格，变得激昂、犀利。虽然他不打算写一本有趣的书，但我们看到了其学生和同事所熟知的尖锐讽刺，这种讽刺并不经常如此明显地出现在他的其他学术著作中。

其中一例就是他引述了 1988 年的历史事件，当时玛格丽特·撒切尔的财政大臣尼格尔·劳森带领英国议会投票赞成将最高边际税率降到 40%（铁娘子 1979 年首次执政时该税率为 83%）。据报道，有位保守党议员激动得不能自持，甚至表示“没有足够的零让他按入计算器”以测算他刚刚帮自己批准通过的减税幅度。这一严峻的时刻完全值得阿特金森亮出他的利器。

这场突破和英国实施了半个世纪的累进税政策，是撒切尔主义特有的成就（一如 1986 年税收改革法案将美国的最高税率削至 28%，乃是里根主义的独特成就）。实际上，托尼·布莱尔（阿特金森对他没有特别的青睐）执政时期新工党的质疑，绝不会比克林顿或奥巴马时代民主党对里根减税政策的质疑更多。我们还预期，这项税率在新选出的保守党政府治下也不会受到严厉质疑。

别一则生动故事可能会让阿特金森的学生和同事大跌眼镜：值此 1988 年历史性投票之际，阿特金森本人正就职下议院，在“影子内阁室”忙着鼓捣他的电脑和税收微型模拟器。借助同事霍莉·萨瑟兰（Holly Sutherland）的援手，他其实已经能够在财政大臣结束演讲之前就计算出提议的预算，由此看来科学研究和计算机程序似也可以促发新形式的民主参与。

为财政累进税和国民保险而战

恢复更累进的税收制度，显然是阿特金森所提议的行动计划的一个主要部分。英国经济学家毫不怀疑：正是最高所得税率的大幅下调导致了自20世纪80年代以来不平等的上行，却没有给广大社会带来足够的相关利益。因此，我们务必争分夺秒，舍弃所谓的边际税率一定不能超过50%的禁忌。阿特金森提出了一套影响深远的英国所得税改革，年收入超过10万英镑者的最高税率提高到55%，年收入超过20万英镑的最高税率为65%，同时抬高国民保险费的缴纳上限。

所有这些，能为扩大英国社会保障和改善收入再分配筹集资金，特别是大幅提高家庭福利（翻倍甚至是翻两番），提高占有资源较少者的退休金和失业救济金。阿特金森提出一系列不同版本的改革措施和方案，同时倡导回复到全民社会保障体系（即对所有人开放的政策），而不是有条件的转移资源。

倘若这些建议被采纳（主要通过税收筹集资金），英国的不平等程度和贫困水平将会明显下降。根据阿特金森和萨瑟兰所做的模拟，这些水平将从当前类似美国的水平下降到接近欧洲和经合组织国家的平均水平。阿特金森一系列建议的中心目标是：你不能指望财政再分配解决一切问题，但这是必须迈出的一步。

激进改良主义：一种新的权利哲学

然而阿特金森的行动计划绝非到此为止。他的核心建议乃是一系列旨在改变劳动力和资本市场运作的提案，赋予那些拥有最少权利的群体新的权利。他的提议包括确保为失业者提供有最低工资的公共就业岗位，劳工组织的新权利，技术变革的公共监管，以及资本获得的民主化过程。这只是众多改革建议中的一部分。

与其更加详细地谈论这些提案，我更想聚焦于获得资本和所有权的问题。在这点上阿特金森提出了两个特别新颖的建议。一方面，他呼吁建立国民储蓄计划，允许每位储户获得有保证的资本回报（低于个人资本的某个阈值）。鉴于获得公平经济回报存在极度的不平等，特别是由于每人开始的投资规模不同（这种情况很可能因为过去几十年放松金融监管而日益恶化），这项建议我觉得太明智了。在阿特金森看来，这一招意义重大，与公共财产的新分配法和可能发展出新型主权财富基金的更大议题密切相关。公共权力部门不能只任由债台高筑，并没完没了地将自己拥有的一切私有化。

另一方面，除了国家担保的储蓄计划，阿特金森还提议设立一项“人人普享的遗产继承”计划。每个年轻公民 18 岁时都会获得一笔赠与资本。赠与资本由遗产税和更累进的税收提供资金。具体而言，阿特金森估计，根据目前英国遗产税的收入情况，大概可以为每位年轻人提供略超过 5000 英镑的赠与资本。他呼吁开展深远的遗产税改革，尤其是提高大额遗产的累进税（和所得税一样，他提出最高税率达到 65%），这些改革将可能为每位成年人筹得大约 1 万英镑的赠与资本。

必须承认，我对个人赠与资本的想法始终持保留意见。我通常更关注保障公民获得某些基本物品：教育、卫生、文化等。但是不管你更钟情哪种方法，将遗产税与由遗产税支持的权利分配直接挂钩，这一想法在我看来非常中肯。阿特金森提出的解决方案的巨大优势在于，可以清晰地表达这种理念：遗产税的目的是支持“普享的继承权”。通过将每个人获得的金额与遗产税率直接挂钩，我们或许有望改变对这个问题展开民主辩论的条件。

反思人头税和财富税问题

这本书最有趣的一个部分集中在英国对人头税的争论上。正如经济学家们所说的，这是一种恶名昭著的一刀切税收，不论贫富你都要支付相同金额的税。它是玛格丽特·撒切尔 1989—1990 年代替旧税率时规定的税制，按比例对住房征税，总额大致根据某人房屋的价值按比例增加。人头税因此导致最穷纳税人的税负大幅增加，最富纳税人的税负大幅减少。说这场改革不受欢迎其实还过于委婉：城市暴动、议会骚乱此起彼伏，但铁娘子固执己见，直到 1990 年 11 月最终被保守派议员投票轰下台，取而代之的约翰·梅杰旋即废除了人头税。这显然是一场不受欢迎的改革。

鲜为人知的是，1993 年取代人头税并沿用至今的新型地方“市政税”（council tax），实际上几乎和人头税一样属于累退税。阿特金森收集的相关数据尤其引人注目。持有价值约 10 万英镑房产的个人平均大致要缴 1000 英镑的市政税，房产价值约100万英镑的人则只需缴纳2000—2500英镑。虽然这没有撒切尔的人头税那么累退，但它仍旧是累退的。事实上在2014—2015年，市政税的税率从最穷纳税人的1%，下降到最富纳税人的0.2%—0.25%，而整个英国的平均税率为0.54%。在大多数欧洲国家以及美国，地方税一般与房产的价值成正比。

因此，阿特金森也认为英国应该引入与房产价值成正比的税收，这合情合理。这样的改革需贯彻始终，第一步可能要建立房地产累进税，甚而最终建立净财富（包括金融资产和债务）的累进税。在这方面，尤令人注意的是英国房产交易税（"印花税"）早就是累进税，而且在过去几年里更是有增无减。目前，如果房产价值少于12.5万英镑，交易税率为0；价值介于12.5万—25万英镑的房产交易税为房产价值的1%；25万—50万英镑上升为3%，50万—100万英镑为4%，100万—200万英镑为5%（2011年引入的新税率），而房产价值超过200万英镑的则支付7%（2012年引入）。

值得一提的是，工党政府引入的5%税率，起初曾遭到保守党的强烈抨击。可是等到保守党执政时，他们甚至推出了7%的税率。显而易见，在不平等持续加剧的国情下，特别是财富向上集中、年轻人获得财产时不断面临严峻挑战，这时对财富征收更累进税收的需求便超越了党派的政治立场。这同样表明了为什么阿特金森主张彻底反思整个房产税收体系：因为很难理解，如果年度房产税是累退的，为什么房产交易税要大幅累进。

英国，欧洲，世界

阿特金森的行动计划的唯一瑕疵，是太过着眼于英国。他所有的社会、财政和预算建议全都为英国政府而设，致力于国际事务的空间相对有限。例如，他简要提出了对大型跨国公司征收最低所得税的想法，可后来这种税的可能性却退居为"值得探讨的想法"，而不是具体的建议。鉴于英国在欧洲税收竞争中占据核心地位，以及作为世界性的避税天堂，人们可能希望有更出色的对利润共同征税的建议，或者发展某种金融证券的全球登记制（或至少是欧美登记制）。阿特金森明确提到了这些问题，并建议创设一个"世界税务机构"，以及将国际援助提升到GDP的1%。但这些主张不像针对英国的建议那么引人注目。

然而，这唯一的瑕疵也正是该书的主要优点。基本上阿特金森是在告诉我们，胆小的政府没有不作为的真正借口，因为它仍然可以在国家层面上采取行动。阿特金森提出的行动计划的核心，兴许不必等到难以捉摸的国际合作就可在英国付诸实施。在此而言，它们也适合或适用于其他国家。

毫无疑问，从作品的字里行间，我们可以窥见阿特金森分析欧盟时的清醒，尽管他提醒我们，他是这个机构的长期支持者，尤其在英国 1973 年加入欧共体时。他提醒我们，在那个时代，不少成员国质疑英国通过税收为国家福利（特别是英国国家医疗卫生体系）政策融资的制度。不少福利成本取决于雇主的国家认为，这是一种不可接受的模式。当时，相当一部分英国人在欧洲及其“纯粹与完美”竞争的痴迷中看到的是一种敌视社会公正和政治平等的力量。阿特金森告诉我们，“那时的这些怀疑并不合理”。他似乎想补充，现在这类怀疑可能有过之而无不及，但他终于忍住没说，因为他想保持住大家对欧盟的希望之火。本书是一位乐观主义者，一位英国、欧洲和世界公民呈献给大家的佳作：它广泛地传达了一种更公正的经济，这是该书众多迷人的特质之一。无论各种选举的结果如何，它都将成为一部典范之作。

改革论坛

Reform Forum

货币政策转型
国际经验与中国前景

钟正生　张　璐

2015年10月23日，央行在宣布“双降”的同时指出，“对商业银行和农村合作金融机构等不再设置存款利率浮动上限”，这标志着我国利率市场化在形式上已基本完成。然而，中国利率市场化距离形成市场化的资金配置方式，实质上还有很长的路要走。

本文将梳理美国和韩国在利率市场化前后重塑货币政策框架的经验，借以思考以下两个问题：（1）中国距离形成价格型的货币政策框架还有多远；（2）如何看待准备金工具在未来货币政策框架中的地位。美国和韩国作为发达国家和新兴市场的代表，都是在经济下台阶的过程中放开了存贷款利率管制，而在利率市场化后，也均经历了货币政策调控框架由数量型向价格型的转变，这对当前的中国有较强的启示和借鉴意义。

一、利率市场化大都根源于经济转型

1. 利率管制时代的货币政策，以鼓励信贷扩张为主要特征

美国的利率管制是凯恩斯主义扩张性货币政策的一部分

1930年大萧条后，适应凯恩斯主义的政府干预理念，美国颁布了一系列旨

* 作者任职于财新智库莫尼塔研究。

在防范银行经营风险的金融管制法案。其中一个产生深远影响的，就是通过“Q条例”对银行存款利率加以管制。利率管制的目的，除了防止银行恶性竞争、降低金融体系的不稳定性外，更重要的是，按照凯恩斯主义的理论框架，利率是货币政策的核心，低利率有利于经济主体获得低成本资金，从而刺激总需求扩张。20世纪60年代末之前，美国经济在凯恩斯需求管理型宏观调控框架下高速增长。

韩国的利率管制是经济赶超计划的重要组成部分

韩国是“二战”后新崛起的赶超型经济体，为服务于经济赶超目的，韩国政府实施了更为严格的利率管制。1952年颁布的《利息限制法》规定，财政部集中掌管各金融机构的利率调整权。由于极低的管制利率不能反映资金的实际供求状况，政府还制订了一个广泛的政策性贷款计划，通过信贷配给确保资金以优惠的条件和价格分配到重点发展部门。“二战”后到80年代末，韩国保持了10%以上的GDP复合增速（图表1），成功实现了经济赶超。无疑，政府主导型的金融体系在其中发挥了重要作用。

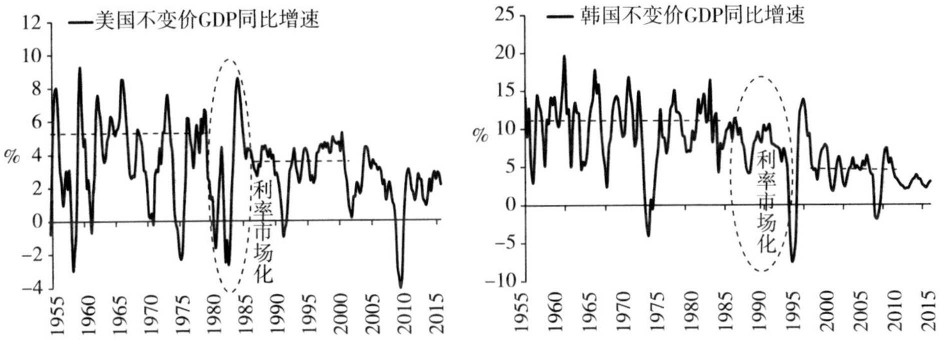

图1　美国和韩国利率市场化的加速推进都发生在经济转型期

中国的利率管制从近似于韩国逐渐过渡到接近于美国

中国利率管制的特征是“量价齐控”。一方面，我国居民的高储蓄率使低利率政策得以长期实行，刺激了相关经济部门特别是预算软约束部门的信贷需求；另一方面，由于存款利率较低，且存贷息差被锁定，银行有丰厚而稳定的存贷息差可赚，就有了强烈的扩张信贷供给的激励。供需两旺，政府制定的信贷额度就决定了最终的信贷资金投放量，从而也决定了最终的总需求扩张速度。在间接融资占主导地位的背景下，我国的利率管制框架起初也是服务于经济赶超的（让信贷资源优先流入地方政府和国有企业等预算软约束部门）。随着市场化改革的推进，利率在需求管理中的地位明显提升，中国利率管制逐渐转向更接近于美国的“低利率刺激信贷扩张”模式。

2. 利率市场化常与经济转型相联系，而且出现在经济减速期

利率市场化是旧经济增长模式难以延续下情势倒逼的结果，根源上与一国经济转型相联系，而且经常出现在经济增速下台阶的宏观背景下。

促使美国加快利率市场化进程的，是经济十年“滞胀”后出现金融脱媒

进入20世纪60年代后期，美国劳动生产率增长陷入停滞（图2）。同期战后重建的日本、德国、韩国等开始崛起，美国在精密制造业等关键领域逐渐丧失优势，相对国力衰落，经济具有结构调整的内在要求。

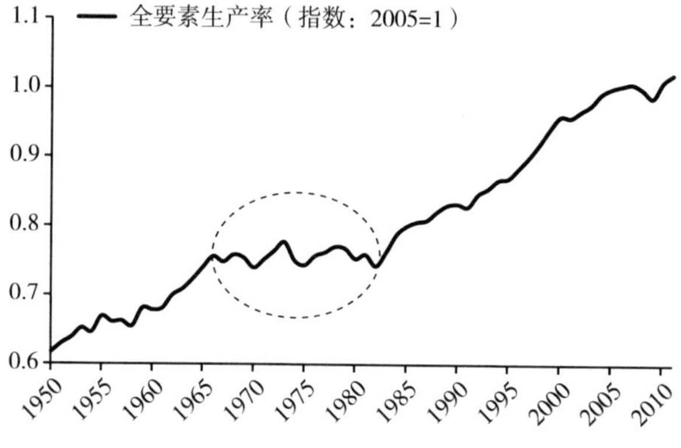

图2　20世纪60年代后期美国生产率增长陷入停滞

在总供给收缩的背景下，美国通货膨胀与失业率之间不再呈菲利普斯曲线所预示的反向关系。伴随着频繁的外部冲击，美国经济在20世纪70年代表现为失业率与通胀的螺旋式上升。此时，凯恩斯主义货币政策陷入困境，不仅无法有效对抗通胀，反而进一步推升了货币供应量使通胀加剧。

通胀高企带来的后果是，市场名义利率远超存款利率上限，资金大量从银行体系流入货币市场，造成“金融脱媒”，严重影响银行和金融体系的稳定性（图3）。在此背景下，美国于1982—1986年加速推进利率市场化。随着旧产能出清和新经济获得资金支持，美国经济结构得以迅速调整，90年代成功步入“大缓和”（Great Moderation）时代。

韩国利率市场化一波三折，是转变政府主导型增长模式的必然要求

韩国利率市场化进程较为曲折，经历了20世纪80年代从放开到管制，以

图 3　金融脱媒是美国利率市场化的导火索

及 90 年代从管制到放开两个阶段。

80 年代初，韩国开启利率市场化的初衷也与“滞胀”相关。第二次石油危机对韩国经济造成重大打击，通胀率飙升至超过 20%，GDP 增速跌为负值。政府主导型经济发展模式所积累的产能过剩问题暴露，制造业去产能压力空前，倒逼韩国政府开始推行利率市场化（图 4）。伴随着宏观经济环境的改善，20 世纪 80 年代韩国的利率市场化采取了较为激进的方式，到 1988 年底便全面放开了利率管制。然而，1989 年初，韩国经济状况急剧恶化，市场利率大幅攀升，政府不得不重新通过“窗口指导”，对已放开的利率再度实行管制。

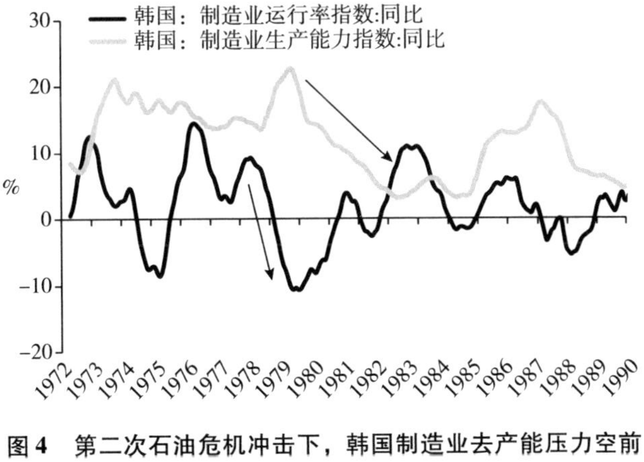

图 4　第二次石油危机冲击下，韩国制造业去产能压力空前

20 世纪 90 年代以后，韩国经济越过刘易斯拐点和房地产长周期拐点，潜在经济增长率步入减速期。在此背景下，1991—1997 年，韩国政府采取渐进方式重新有序推进利率市场化。1997 年亚洲金融危机迫使韩国的过剩产能集中出清，危机后韩国政府完全放开了资本项目和汇率管制。在利率市场化、资本项目开放和汇率自由浮动的金融环境下，韩国对外贸易发展迅速，成功实现产业升级，经济在新的潜在增速上平稳增长（图 5）。

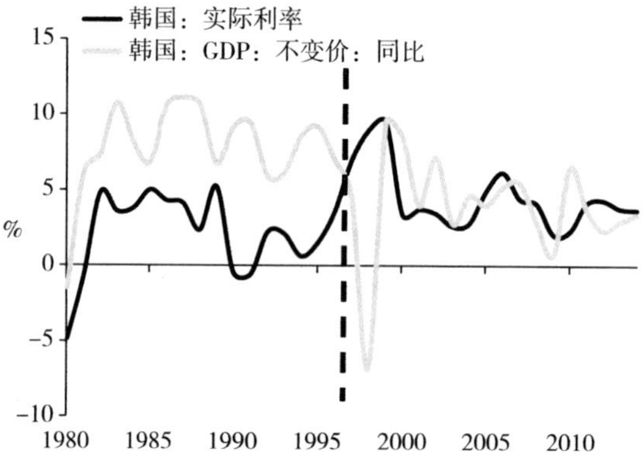

图 5　利率市场化后韩国实际利率不再人为压低

中国利率市场化的加速推进，与 2011 年以后外汇占款流入减速、银行表外业务迅速扩张有关，本质上也对应着经济转型

银行理财产品及相应的影子银行业务迅速发展，是中国近年来加速推进利率市场化的直接动力。这在深层次上又与次贷危机后，中国外需转弱、外汇占款流入减速有关。

加入世贸组织后，我国依靠劳动力禀赋优势迅速融入全球产业链，贸易顺差高速扩张。在结售汇制度下，企业部门通过经营活动赚取的外汇，以人民币存款的形式沉淀在银行负债端，成为银行稳定的资金来源。因此，在外汇占款快速流入的情况下，我国银行并不缺少资金来源，银行之间冲破利率管制、争夺存款的动力较弱。

2008 年次贷危机后，我国外需快速萎缩，人口红利消减，低附加值出口的利润空间迅速收窄，经济面临转型升级压力。2012 年开始，我国新增外汇占款大幅下滑，银行明显感受到资金紧张（图 6）。在贷存比限制下，银行的信贷扩张能力受到影响。在此情况下，竞争力较弱的中小银行开始发行理财产品，通过非标等渠道发展表外业务。这造成银行体系表内的存贷款不断流失，监管难度增加，放开存款利率管制势在必行（图 7）。

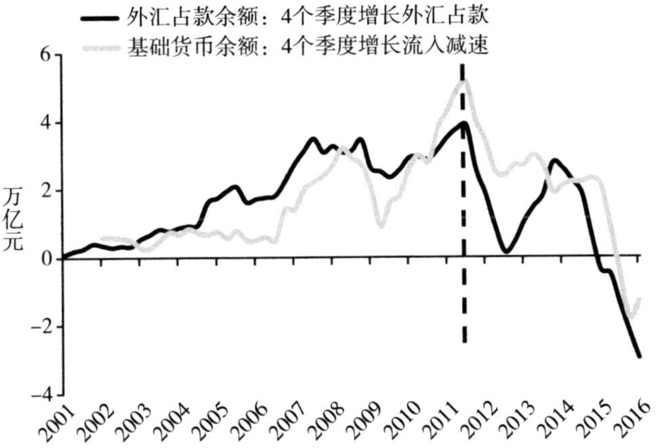

图 6　2011 年后我国外汇占款流入明显减速

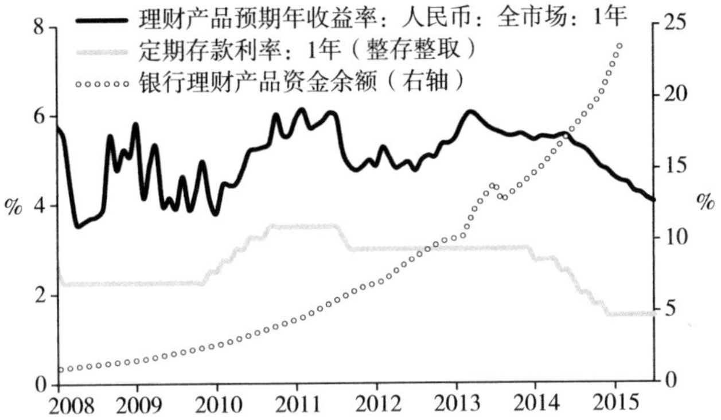

图 7　理财产品扩容是我国利率市场化的直接推力

二、利率市场化末期的货币政策框架

在利率市场化形式上接近完成时，美国和韩国的货币政策均以稳定物价为政策目标，以公开市场操作为主要工具，对货币供应量进行监控。在利率市场化末期，两国之所以不谋而合地形成这样的“数量型”货币政策框架，是与经济转型期的宏观调控需求相契合的：一方面，对信贷规模加以限制，是防止过剩产能进一步积累的重要途径（图 8）；另一方面，在银行信贷仍为社会的主要融资渠道时，调节银行准备金的数量型操作，不失为限制信贷规模的有效方式。

1. 美国利率市场化时期的货币政策框架调整

美国利率市场化时期的货币政策框架调整，经历了三个阶段：严控 M1 增长率对抗“滞胀”（1979—1982），贴现窗口平稳准备金需求（1983—1986），

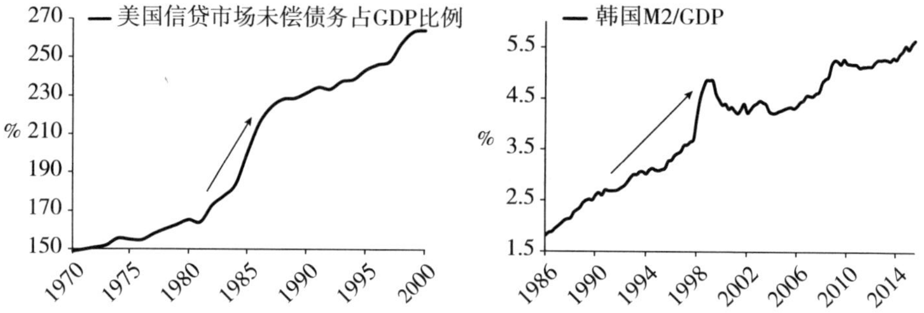

图8　利率市场化末期美国和韩国都面临极大的去杠杆压力

中间目标扩展为M2增长率（1987—1993）。

20世纪70年代凯恩斯主义的货币政策，以压低利率刺激经济为主要目标，在滞胀环境下造成了美国货币供应量的大幅攀升。

阶段1：1979—1982年，美国货币政策以盯住M1增长率为中间目标，成功破解了“滞胀”难题。1979年沃尔克接任美联储主席后，开始采取严控货币供应量的方式治理通胀。

这一时期，美联储公开宣布通过逐日操作控制M1增长率指标。当M1增速超过目标值时，美联储会在公开市场上进行操作，减少存款机构的准备金，从而减少信贷投放和M1派生。在此货币政策框架下，美国的通货膨胀被有效遏制，CPI同比从14.8%的历史高位迅速下降到5.1%。与此同时，对M1增速的严格控制也造成了1980—1983年美国联邦基金利率的大幅波动。与直观感受不同的是，尽管美联储的重心是实现M1增长率目标，但这一时期M1的实际增速并不稳定，波动反而加剧（图9）。这表明，伴随着“金融脱媒”，这

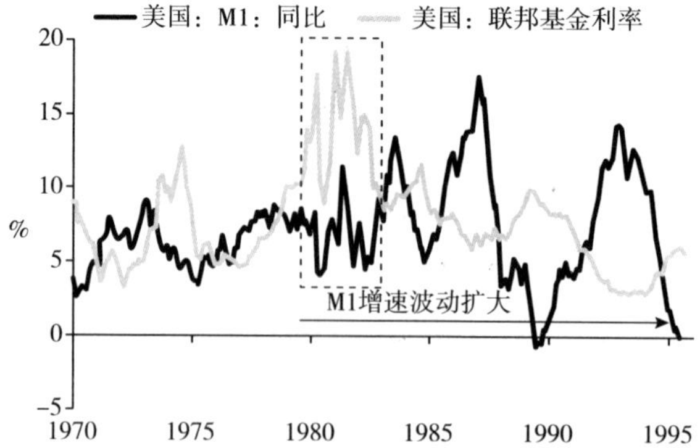

图9　1979—1982年美联储以M1增速为中间目标

一时期美联储控制 M1 增长率已有较大难度。

阶段 2：1983—1986 年，美国货币政策重心从 M1 增速转移到稳定联邦基金利率上来。美联储通过贴现窗口补足银行体系的准备金需求，进而以贴现利率影响信用派生和联邦基金利率。

1983 年后，针对前一阶段频繁调整银行准备金需求造成联邦基金利率大幅波动的问题，美联储大幅下调贴现利率，通过贴现窗口满足银行的准备金需求。当银行的非借入准备金不足时，可以向美联储申请贴现资金进行补充，美联储则通过贴现利率对准备金需求及联邦基金利率施加影响。这一时期，美国银行体系的借入准备金大幅增加，M1 增长率波动幅度进一步扩大（图 10）。

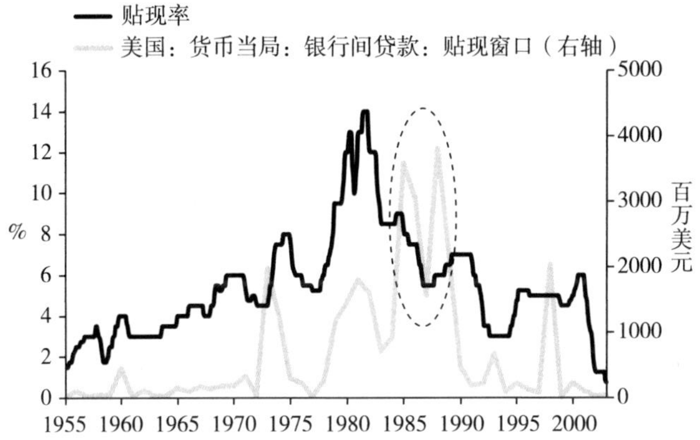

图 10　1983—1986 年美联储采用贴现窗口平稳准备金需求

阶段 3：1987—1993 年，利率市场化后金融创新迅猛发展，M1 已不能有效反映银行体系的信用派生规模，美联储将货币政策的中间目标调整为 M2 增长率。

1986 年美国利率市场化完成后，银行间竞争加剧，使用贴现窗口被认为是银行财务状况恶化的体现，银行开始更多地通过加强流动性管理来消化准备金不足问题，于是借入准备金减少，联邦基金利率也自动得以稳定。由于 M1 增长率波动幅度过大，已不能有效反映社会信贷规模的增长，1987 年以后，美联储停止宣布 M1 增长率目标，转向具有更大外延的广义 M2 指标。这一时期，M2 增长率的变动能够比较有效地反映社会信贷规模，其波动相对平稳，对通货膨胀也显示出较好的调节作用（图 11）。

2. 韩国利率市场化时期的货币政策框架调整

韩国利率市场化期间（1981—1988 年，1991—1997 年），货币政策调控的

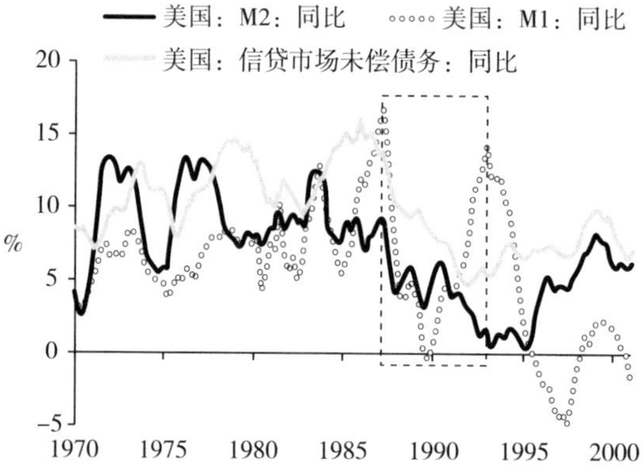

图 11　1987—1993 年美国货币政策中间指标调整为 M2

中间目标长期定为 M2 增长率。1996 年由于信托账户整顿对 M2 增长率造成外生冲击，韩国推出新的 M3 增长率指标。

以 M2 增速为中间目标符合宏观环境需要，运行效果良好

20 世纪 90 年代韩国第二次启动利率市场化时，在经济潜在增速下降而过剩产能迟迟难以出清的压力下，宏观经济呈现出“高通胀 + 高利率”的特征。这在 1997 年亚洲金融危机前一直没有得到有效解决。在此背景下，韩国对控制货币供应量增长从而抑制通胀有着客观的需要。此时，由于韩国金融创新较慢，而资本项目和汇率改革进程均属可控，因此 M2 增速与通货膨胀联系较为稳定。韩国央行通过下调 M2 供应量目标，有效降低了这一时期的通货膨胀率，CPI 同比由 1991 年 2 月近 10% 的高位下降到亚洲金融危机前的 3.7%（图 12）。

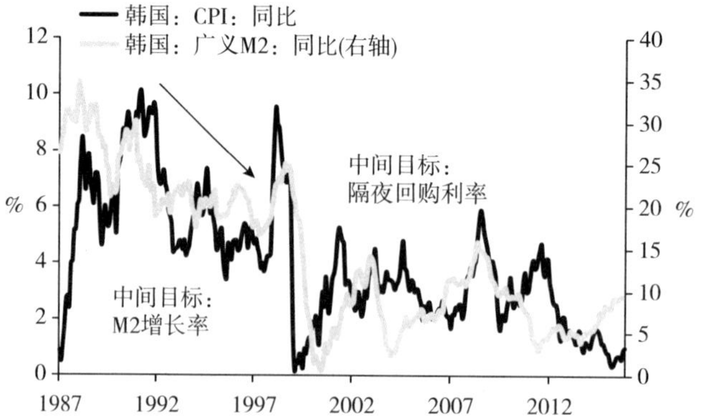

图 12　20 世纪 90 年代韩国 M2 与通胀间的关系较为稳定

1996—1998 年顺应资金结构变动，中间目标转为 M3 增长率

1996 年，韩国对信托账户进行整顿，导致大量资金迅速流入银行的定期和储蓄存款账户，大幅推高了 M2 增长率。然而，这一冲击并非由货币政策转向宽松造成。为防止公众形成通胀预期，韩国央行推出了内涵更广的 M3 供应量目标。从 M3 增速来看，1996—1998 年亚洲金融危机前后，韩国货币政策维持了紧缩态势（图 13）。

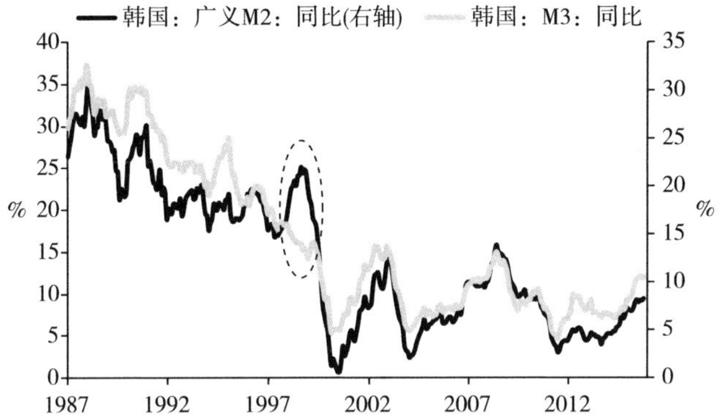

图 13　1996—1998 年韩国货币政策中间目标扩展为 M3

利率市场化后韩国准备金工具主要用于审慎监管

1987—1990 年，为控制货币供应量增长，韩国央行分三次将准备金率从 4.5% 上调到 11.5%。但此后韩国央行就主要采用公开市场操作来实现货币政策目标。1990—1995 年，韩国准备金率在 11.5% 的水平上没有再做调整。1996 年韩国利率市场化接近完成时，为促进银行与非银行金融机构公平竞争，韩国央行分三次下调准备金率至 5%，此后极少再做调整（图 14）。

三、利率市场化后的货币政策框架重塑

利率市场化在形式上完成后，美国和韩国均经过一段过渡期（美国 1987—1993 年，韩国 1997—2001 年）。在此期间，两国货币政策逐渐转为以利率为中间目标的“价格型”调控框架，从而最终在实质上形成了市场化的利率形成机制。

1. 利率市场化后货币政策框架重塑的过程

进入 20 世纪 90 年代，美国货币政策就开始偏重于调控联邦基金利率。1994 年以后，美联储不再将货币供应量作为中间目标，而是在泰勒规则下以

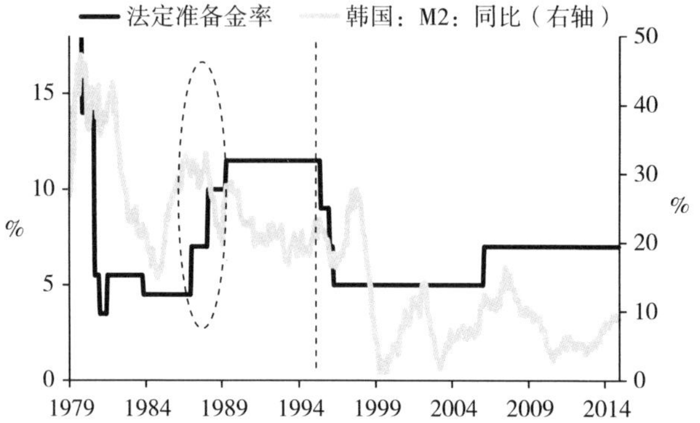

图 14　利率市场化后韩国存准率主要用于审慎监管

利率作为货币政策调控的重心，形成了“价格型”货币政策框架。90 年代初，美国经济下滑进而陷入危机，美联储维持原有的货币供应量目标区间，主要通过下调联邦基金利率的方式对抗危机。1989 年 6 月到 1992 年 12 月，美联储将联邦基金利率由 9.8% 连续下调至 2.9%。美联储通过公开市场操作增加银行体系的准备金供给，使联邦基金利率向目标水平靠拢。危机过后，美国经济发展势头良好。1993 年 7 月，时任美联储主席格林斯潘在国会听证会上运用大量数据说明，货币供应量与经济之间的相关关系已被破坏，主张将利率确立为货币政策的中间目标。此后，美联储采用“泰勒规则”设定目标利率水平，使联邦基金利率顺应于通胀和产出缺口的变化，主要采用在公开市场上买卖国债的方式实现利率目标。

1998 年亚洲金融危机后，韩国修改了《韩国银行法》，开始采用以隔夜拆借利率为中间目标的“价格型”货币政策框架。韩国央行起初还同时设定 M3 增长率目标，2001 年后将其弱化为监控目标。修改《韩国银行法》是韩国在亚洲金融危机后取得国际货币基金组织贷款的条件之一，其中规定货币政策必须确保通胀目标的完成。其背景是，1997 年韩国遭遇货币危机后，韩元急剧贬值，通胀急剧上升。为稳定汇率，韩国央行通过公开市场操作大幅提高利率，高利率也引起了市场对隔夜拆借利率的密切关注。1998 年为降低企业资金成本帮助去杠杆，韩国央行将隔夜拆借利率大幅下调，从此前 25% 的最高点降到 1999 年 4 月的 4.8%，此后至今，韩国的基准利率都没再超过 5%。隔夜拆借利率的这次下调奠定了其作为货币政策中间目标的地位。作为一项过渡措施，在新的货币政策框架实施初期，韩国央行还同时公布和监测 M3 增长率目标，以避免货币政策转型中出现金融市场混乱。这对于防止低利率环境推高通胀也有一定的牵制作用。2001 年后，随着韩国经济增长和通货膨胀的企稳，韩国央行宣布将 M3 增长率作为一项监控目标，弱化了其在货币政策调控中的地位。

2. 利率市场化后货币政策框架重塑的逻辑

美国和韩国的货币政策框架重塑均发生在利率管制放开之后，而不是与之同步进行，这是有其内在逻辑的。

首先，控制货币供应量更符合利率市场化时期的宏观调控目标。如前所述，利率市场化作为一国经济转型倒逼的结果，其加速推进多发生在经济下台阶的阶段，而这一阶段通常伴随着去产能和去杠杆的压力。因此，将货币供应量控制在合理区间，对于推进经济转型顺利进行，防止低利率造成产能的进一步累积，风险的进一步集聚，显得尤为必要。

其次，利率市场化完成之前金融深化发展有限，货币供应量与宏观经济之间仍然具备较好的联动性。经济转型往往是倒逼的结果，货币政策的转型也不例外。基于货币供应量的货币政策调控，其前提是银行在金融体系中占主导地位，从而央行通过影响银行的信贷派生规模，能够影响实体经济的投资和消费需求，进而作用于通胀和短期经济增长。从美国和韩国的经验来看，即便在利率市场化加速推进时期，M2 增速和信贷规模与通胀之间仍然具备较为稳定的作用关系。因此，在利率市场化期间，“数量型”货币政策整体上是有效的。至于随金融创新而出现的货币供应量指标涵盖范围不足的问题，往往只需在现有框架内扩展指标的涵盖范围即可，并不存在更改货币政策调控体系的强烈诉求。

最后，利率市场化完成之后，金融体系面临变革，对形成新的“价格型”货币政策框架具有内在需要。这可以从三个方面来看：

第一，利率市场化后，银行对货币市场利率的敏感性增强。利率市场化使各类金融机构面临统一的市场利率，其他金融机构能够更加公平地与银行展开竞争。这意味着居民部门资产配置的选择日益多样化，从而导致银行存款趋于下降，负债成本明显上升。从美国和韩国的经验来看，利率市场化完成后，银行同业拆借明显活跃起来，资金来源中被动负债占比显著下降（图 15）。于是，银行“负债管理”的理念明显加强，更加重视从货币市场获取资金来源，因而对货币市场利率变动也更为敏感。这是利率市场化后，美韩将货币政策中

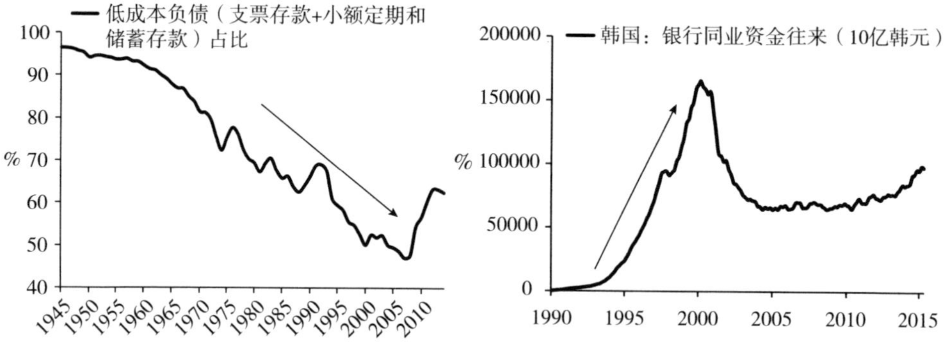

图 15　利率市场化完成后美韩银行同业负债增加

间目标转向“银行间拆借利率”的重要原因。

第二，利率市场化后，直接融资迅猛发展，货币供应与信贷规模脱钩，宏观经济对利率的敏感性上升。

利率市场化后，伴随着各类非银行金融机构的崛起，资金供给主体日益多样化，企业融资渠道得以拓展。从美国和韩国的经验来看，利率市场化后债券市场都获得了飞速发展，而银行信贷在社会融资结构中的份额大幅下滑。而债券市场发展的原因，除了金融深化的作用外，还与经济去杠杆阶段“银行惜贷”密切相关。

美国在 1985 年后，在企业经营状况恶化、地产周期拐点来临等因素影响下，银行坏账急剧上升，被迫开启“缩表”进程，由此带动了经济金融转型的加速进行。加之利率市场化后金融创新异常活跃，债券市场在深度和广度上都取得了新的突破（图 16）。

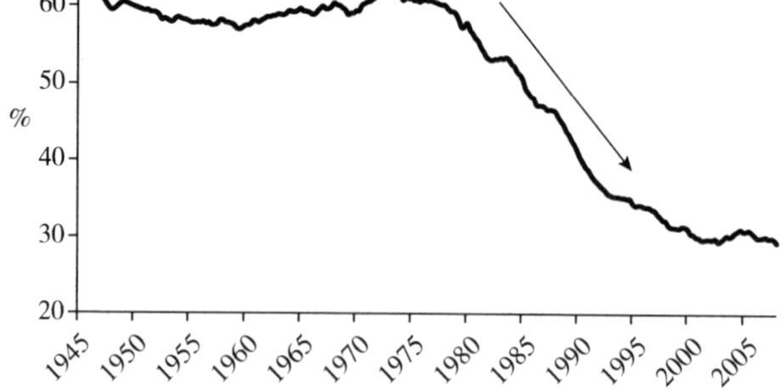

图 16　美国银行不再是信贷资金主要供给者

韩国在1997年金融危机后，银行坏账率高企，在资本充足率要求下银行惜贷现象严重。而企业债务存续压力极大，融资需求仍处高位。因此，在央行降息，以及债券市场管制放松的推动下，韩国企业债市场迅速扩容（图17）。

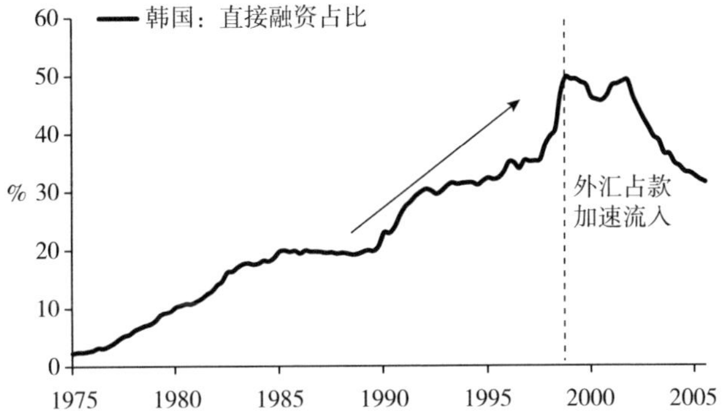

图17 韩国直接融资占比大幅提升

直接融资迅速发展的影响广泛而深入：一是货币供应量作为银行渠道信贷规模的度量，不再能有效反映社会的总体信贷规模，资产支持证券（ABS）等金融创新工具的发展更是模糊了货币供应量的边界，使其计量和定义变得愈发困难。二是利率在宏观经济中的重要性显著上升，成为防风险、调节信贷需求的一大要素。

第三，利率市场化后，利率传导机制得以健全和畅通，为进行“价格型”调控奠定了基础。利率市场化后，银行在金融体系中的相对份额降低，而投机需求较强的基金等各类非银金融机构加速崛起，使得金融市场交易日趋活跃。这带来了资金定价效率的提升，促进了利率由短端向长端的传导，以及信用风险的有效定价，使价格型货币政策具备了发挥作用的条件。美国和韩国在进行货币政策框架转型时，均已形成了较为畅通的利率传导机制（图18、图19）。

四、中国货币政策框架转型定位与展望

基于美国和韩国的历史经验，对当前中国的货币政策转型可做两点思考：

1. 中国距离形成价格型的货币政策框架还有多远？

当前，中国经济正处于促转型和去杠杆的发展阶段。从国际经验来看，利率市场化发生在这一阶段并非偶然，美国和韩国都是在去杠杆结束后才进行的货币政策转型。概言之，货币政策转型的背景和条件包括：（1）银行资金来

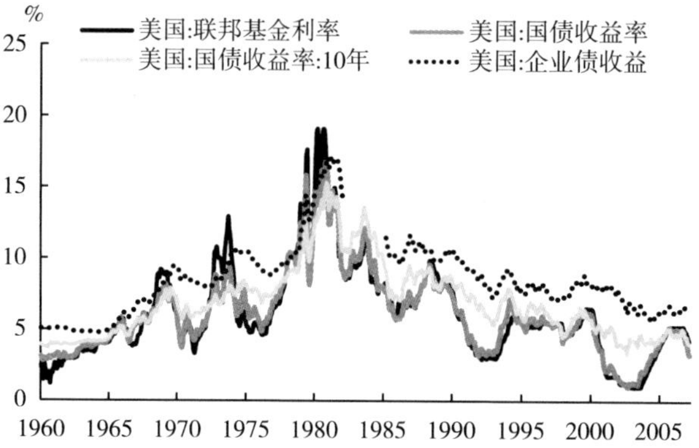

图 18　利率市场化后美国利率传导有效性增强

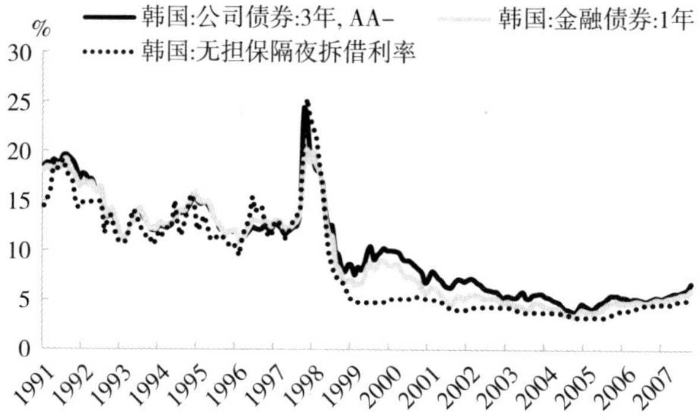

图 19　利率市场化后韩国收益率曲线倒挂问题得到修正

源趋紧，同业负债增加，对货币市场利率敏感性上升；（2）直接融资发展迅速，货币供应与宏观经济脱钩，利率的重要性显著提升，数量型货币政策失去作用基础；（3）金融市场充分发展，利率传导机制畅通，价格型货币政策具备施展空间。

从上述角度看中国当前的金融体系，可以有如下几个判断：

数量型货币政策有其继续存在的现实基础

当前，中国的社会融资结构依然以间接融资为主，M2 依然能较好地反映社会信贷总量（图 20）。而中国宏观调控面临的一个突出问题就是避免 M2/GDP 比率的过快上升（图 21）。就此而言，将 M2 增长率控制在合理区间尤为必要。

特别是，考虑到当前中国正处于经济转型的关键阶段，如果贸然放弃 M2 增

图 20　我国直接融资占比依然不高

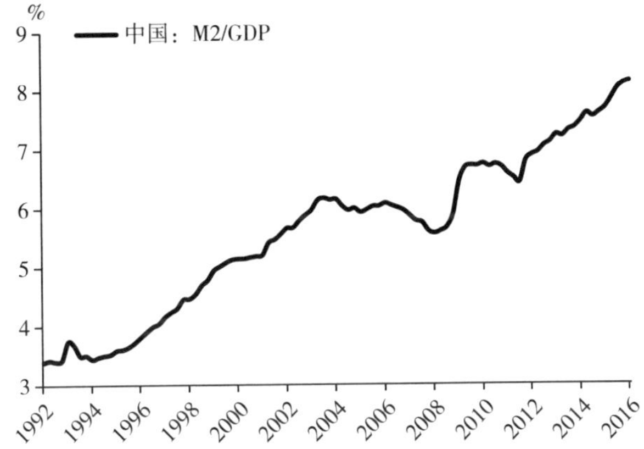

图 21　我国宏观杠杆率仍处高位

长率指标转为盯住价格，那么可能阻碍经济转型的顺利推进，增加未来中国经济陡然失速的风险。原因在于：在企业部门杠杆水平和融资成本“双高”的背景下，无论是出于防风险还是降成本，都需要适度宽松的货币政策予以配合。但单纯采用价格型工具，容易形成“大水漫灌”式的宽松（毕竟管住“价”就不太容易管住“量”），资金会习惯性地流向那些对资金价格不太敏感的预算软约束部门。而这些预算软约束部门大多集中在产能过剩行业，进一步对这些领域形成刺激，必将加剧中国经济调整出清的难度，造成系统性风险的进一步积累。

价格型货币政策具备渐进转型的条件

2008 年我国居民储蓄率到达拐点后开始呈现下降趋势，2011 年以后外汇占款流入也明显减速，这无疑会造成银行资金供需趋于紧张（图22）。在此背景下，银行负债来源从以存款为主，向表外理财、同业拆借等方向拓展，从而银行对货币市场利率敏感性上升。这为央行通过调节货币市场利率影响银行负债成本，进而影响其资产配置创造了条件。从美韩经验来看，两国在货币政策转型过程中都经历了一个货币供应量目标与利率目标共存的“过渡期”。这提示中国，可在仍以数量型调控为主的同时，开始着手构建价格型调控的基准利率体系。

图22　2007年以后我国资金供需趋紧

2015年底中国央行宣布要着力打造“利率走廊”后，相关的努力就一直在推进。不管是出于向价格型调控转型的主观意愿，还是迫于人民币汇率波动背景下的顺水推舟，利率走廊的轮廓终归日益清晰。

当前，构建利率走廊至少具有以下三个好处：首先，利率走廊能够框定同业拆借利率的上限，这就规避了“钱荒”再度发生的风险，在货币政策趋于稳健的情况下，有助于引导和稳定市场预期；其次，货币市场利率稳定是短端利率向中长端利率传导的必要条件。在目前长、短端利率联动性较差的背景下，尝试打造利率走廊可以成为央行逐渐转向价格型调控的先行步骤；最后，在当前降息空间已较为狭窄的情况下，作为走廊上限的短期借贷便利（SLF）利率愈益成为彰显货币政策意图的重要指标。

值得指出的是，随着外汇占款流入持续减少，资本市场对央行“降准”的期待从未停息。但央行在降准问题上一直慎之又慎，就不乏为逐渐转向价格调控做铺垫的考量。

一方面，在当前中国经济主要面临结构性问题的情况下，央行应当慎用降准这剂猛药。2015年以来央行连续降准降息，非但未能有效提升金融支持实体经济的效应，反而刺激了金融机构进一步加杠杆的风险，继续频繁降准“大水漫灌”显然不是解决结构性问题的良方。另一方面，在人民币汇率承压、贬值预期难消的背景下，央行应当慎用降准这一蕴含明显宽松信号的工具。相反，面对新增外汇占款的趋势减少，及货币市场资金面的间歇紧张，央行轮番使用短期流动性调节工具（SLO）、中期借贷便利（MLF）、短期借贷便利等新型流动性管理工具释放流动性，且渐次拉长了流动性投放的期限，明显增加了公开市场操作的频率（改为每日操作）。无疑，这既是对传统降准工具的替代，也是对利率走廊及中长期收益率曲线的培育。

转向价格型货币政策调控难以一蹴而就

韩国在推行利率市场化的过程中，同步放开了资本项目管制，推进了汇率制度改革。利率市场化后，韩国政府即完全放开了资本管制，并开始实行浮动汇率制度（图23）。在“三元悖论”（一国独立的货币政策、固定汇率与资本自由流动三者不可共存）的层面上，这使价格型货币政策能够拥有更充分的自主性。

图23 韩国转型时已实现资本开放汇率浮动

目前，我国尚未健全和理顺利率从短到长的传导机制，刚性兑付背景下信用风险亦不能有效定价，加之我国在放开资本项目管制，及推进人民币汇率制度改革上，仍然处于“大胆假设，小心求证”的状态。这些都在一定程度上对我国转向价格型货币政策调控造成了束缚。特别是，2016年初央行转向“更多参考一篮子货币”的尝试，一度造成人民币对美元汇率的大幅波动。随后，央行被迫暂时放缓人民币国际化的脚步，并重新加强了资本项目管制。在近期的国际国内形势下，放松资本项目管制，加速人民币汇改所面临的阻力和风险均不容忽视。就此而言，我国货币政策向价格型调控的转型也难一蹴而就。

当然，转向真正的利率调控，还需要有对利率高度敏感的经济主体。这需要从两个方面深入推进：一是提升我国金融体系的市场化程度，尤其要解决准入壁垒高、资产程度低的问题。二是进一步强化预算约束，解决国有企业和地方融资平台对资金价格不甚敏感的问题，此类根本性问题不解决，单纯的利率市场化并不足以保证会真正以市场化方式配置资金，利率传导机制必然不畅，货币政策转型必然不彰。这是我们在借鉴美国和韩国经验时需要铭记的一点：货币政策的转型，不只是技术上的“顺水推舟”，更需要体制机制上的“伤筋动骨”。正如吴敬链先生所言：“每一个阶段的改革都不是单项突进，而是一揽子进行的；但这个一揽子又不是面面俱到、无所不包的，而是只着重于那些最为重要和彼此关联度最高的改革项目，以便集中力量打歼灭战，使经过改善的经济系统能够尽快发挥效能。”最小一揽子改革的理念，同样适用于货币政策转型领域。

2. 准备金工具在未来货币政策框架中的地位如何？

在我国外汇占款高企之际，存款准备金工具承担着回收流动性的作用，是数量型货币政策的一部分。外汇占款减少后，存款准备金率有望进一步下调，但这体现的仍然是准备金率作为一项货币政策工具的使用。2006 年后，随着新增外汇占款的迅速增加，我国准备金率不断调升，一度甚至超过 20%，如此高水平在世界上是非常罕见的。2011 年后，我国外汇占款流入明显减速，2015 年以来总量也开始不断下滑。在此背景下，央行多次下调准备金率进行对冲。只要我国新增外汇占款减少的格局不变，基础货币缺口不断扩大的格局也就不会改变，后续准备金率进一步下调的空间亦将非常充分。

利率市场化也会形成下调准备金率的动力，且利率市场化驱动的下调意味着准备金工具的逐渐淡出。利率市场化驱动准备金率下调有两个逻辑：一是取消存款利率管制后，需要进一步促进银行与其他金融机构间的公平竞争，而过高的准备金率会使银行在竞争中处于劣势；二是存款保险制度实施后，可以替代法定准备金作为审慎监管工具的部分职能，此时顺势下调准备金率能够缓解银行的盈利压力。

从韩国经验来看，利率市场化前期法定准备金率较高；1996 年利率市场化接近完成时，韩国开始施行存款保险制度，与此同时韩国央行将准备金率快速下调到较低水平上（由 12% 下调至 5%），并很少再做调整。同样的情况也曾在马来西亚上演。1998 年马来西亚推出存款保险制度后，准备金率亦由 14% 快速下调至 4%，并直到 2009 年才再度有所变化（图 24）。

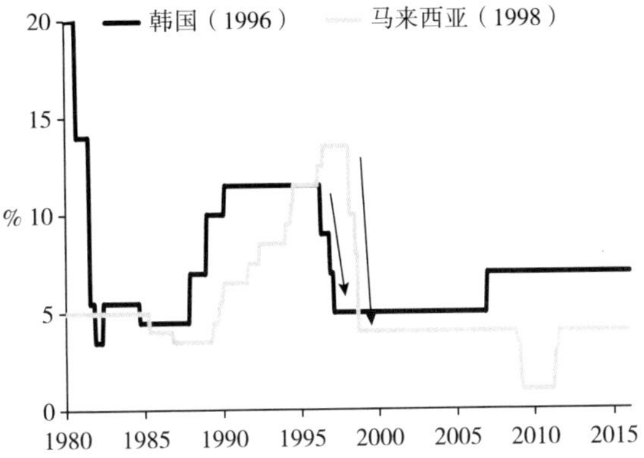

图 24　存款保险制度实施后，韩国和马来西亚央行快速下调准备金率

2015 年 5 月 1 日我国正式实施存款保险制度，且此前的连续降息已极大压缩了银行的盈利空间。从这个角度来看，准备金率“相机”下调，准备金工具逐步退出流动性管理框架，也是符合国际经验的。

那么，未来在新的货币政策框架中准备金工具将发挥何种作用呢？韩国的历史为我们提供了很好的研究素材。

1998 年以后，韩国由长期贸易逆差转为长期贸易顺差（图 25），外汇占款开始增加，而此时货币政策已转向价格型调控。显然，外汇占款增加对货币政策转型是有逆向作用的：一方面，外汇占款增加后，银行存款来源得以扩充，对货币市场资金需求减少，从而对货币市场利率敏感性下降；另一方面，企业

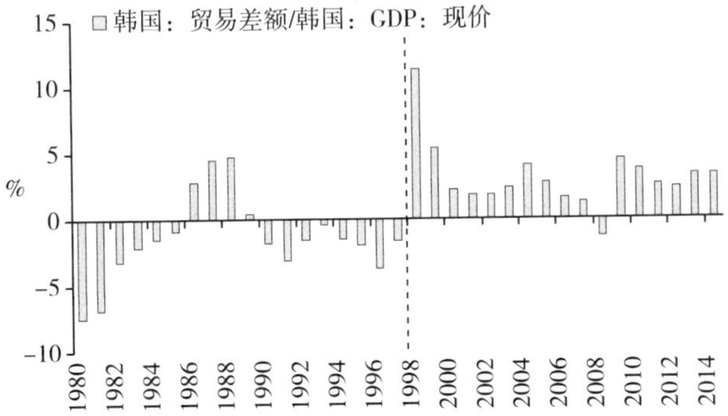

图 25　1998 年后韩国贸易逆差转为顺差

部门通过出口赚取外汇获得资金，对直接融资需求下降，货币供应与宏观经济之间的联动性部分得以恢复，利率的地位有所弱化。

然而，韩国央行并没有再度启用准备金工具，来缓解外汇占款增加带来的货币扩张压力，而是仍然在价格型货币政策框架下，通过公开市场操作进行干预。这集中体现在该阶段韩国货币稳定债券规模的急剧上升上（图26）。

图26　韩国央行采用公开市场操作应对外汇占款流入

韩国经验表明，利率市场化后准备金率的下调更可能是货币政策转型的一部分；随着准备金水平的不断降低，准备金率工具也将逐渐脱去调节货币供应量的作用，而单一地扮演审慎监管工具的角色。

比较之窗

Comparative Studies

系统性金融风险监测预警方法
国际比较和评析

陶　玲

系统性金融风险监测预警方法是2008年全球金融危机以来的重要研究领域，新的技术和方法不断涌现。按时间划分，系统性金融风险监测预警方法可以分为三个发展阶段，呈现出由简单到复杂、由静态到动态、由线性到非线性、由局部到系统等特征，2008年金融危机以来，对系统重要性机构、系统关联及风险传染的研究分析也受到高度重视。不同的监测预警方法有各自的优势和缺陷，最终采用什么样的方法，要根据一国金融市场发展程度、数据信息统计完备程度以及金融监管体系来决定。本文以亚洲金融危机和2008年国际金融危机为节点，将系统性金融风险监测预警方法的研究发展划分为三个阶段，对各个时期主要风险预警监测方法进行了描述和对比分析，由此提出我国建立系统性金融风险监测预警指标体系的建议。

一、1997年亚洲金融危机之前的监测预警方法

20世纪90年代先后爆发的欧洲货币危机和墨西哥金融危机使得国际学术界认识到建立危机早期预警体系的重要性，对该领域的研究也在这个阶段取得了大量成果。在1997年亚洲金融危机爆发以前，比较有影响的研究成果有以下五类：

---

*　作者供职于中国人民银行金融稳定局。本文为个人研究，不代表所供职单位的观点。

1. FR 概率模型

弗兰克尔等人（Frankel & Rose，1996）提出的 FR 概率模型假定金融危机是非连续离散状态，危机是由多个因素综合作用而引发。其研究样本是从 1971 年到 1992 年内 100 个发展中国家的金融危机事件，样本数据是这段时期内各国的政府预算赤字占 GDP 的比率、国内外利率、信贷增长率、GDP 增长率等宏观经济变量的年度数据。金融危机的定义为一国货币贬值 25% 以上，且至少超过上一年贬值率的 10%（Frankel 和 Rose 通过敏感度分析发现确切的临界点数值在这里并不重要），但其中不包括该国货币当局为了防范危机而提高利率或者抛出外汇储备的影响。FR 模型原理是，选择金融危机的爆发与否作为选值为 0、1 的因变量 Y，引发金融危机的多个因素为自变量 X，β 为自变量的参数，构建单位概率模型如下：

$$P\{Y=1\}=F(X,\beta),P\{Y=0\}=1-F(X,\beta)$$

模型参数 β 的估计值不能解释为边际影响，只能从符号上判断，若系数为正表明自变量越大因变量取 1 的概率越大，危机发生的概率越大。

2. STV 模型

萨克斯等人（Sachs、Tornell and Velaseo，1996）选择 20 个新兴市场国家的横截面数据利用线性回归的方法建立预警模型。他们认为，影响一国发生危机的主要指标是实际汇率的变动（RER）、国内信贷规模扩张和货币供给 M2 与国际储备的比值。他们利用汇率变动比率和外汇储备变动百分比的加权平均值作为危机指数（IND），用银行对私人部门的债权与 GDP 的比值测量一国国内信贷规模的扩张（LB），用广义货币 M2 和外汇储备的比值衡量外汇储备丰度。为了模型研究需要，设计了 2 个虚拟变量 D^{WF} 和 D^{LR} 对这些国家分类。回归模型具体如下：

$$IND=\beta_0+\beta_1 RER+\beta_2 LB+\beta_3 D^{LR}RER+\beta_4 D^{LR}+\beta_5 D^{WF}RER+\beta_6 D^{WF}LB+\varepsilon$$

模型结论是：当一国的金融系统较为脆弱，实际汇率被高估，大量的资本外逃，并且外汇储备水平较低的时候，经济基本面就容易遭受到严重的攻击。该模型解释了 1994 年墨西哥金融危机对其他新兴市场国家的影响，但并没有很好地预测 1997 年东南亚金融危机。

3. KLR 信号法

KLR 信号法是早期预警指标方法的代表，由卡明斯基等人（Kaminsky、

Lizondo and Reinhart）于1996年提出。他们用1970—1995年发生于15个发展中国家和5个发达国家的月度数据确定货币危机的预警指标和阀值，建立了一个货币危机预警体系。KLR信号法的步骤是：首先确定货币危机发生的标准和原因；其次运用因果检验或回归分析等方法确定与货币危机显著相关的变量，以此作为货币危机发生的预警指标；第三是为每个预警指标根据其历史数据确定阈值，被突破的阀值越多，表明危机发生的概率越大。危机的定义是：一国出现货币大幅度贬值或外汇储备大幅度减少，通常是采用汇率月度变化数和外汇储备月度变化数的加权平均数——外汇市场压力指数，对危机进行量化。阈值是通过指标预警过程中发出的错误与正确信号的比例（噪音信号比）进行权衡的，噪音信号比越低则预警效果越好。1999年，卡明斯基根据对1997年亚洲金融危机的分析改进了原有模型，同时考虑了银行危机和货币危机的影响因素，并将预警指标扩展到17个。为避免指标过多导致不同指标的预警结果发生矛盾，卡明斯基对预警指标采用不同的加总方法，构建了4个预测危机的合成指标，通过实证研究发现，合成指标比单一指标有很大进步。

安德鲁·伯格等人（Andrew Berg、Eduardo Borensztein、Gian Maria Milesi-Ferretti and Catherine Pattillo，1999）运用东南亚金融危机对上述三个模型的有效性做了检验，结果表明，相比FR概率模型和STV横截面模型，KLR信号法的预测准确度和有效性较高。比较三个模型可知，KLR信号法在选取指标方面也具有较好的效果，因此在一段时间内，KLR信号法成为很多学者选择指标的首选方法。

4. 发展中国家模型（DCSD）

IMF在检测KLR模型和其他模型在预测亚洲金融危机时的样本外表现时，设计了发展中国家模型（DCSD），根据离散阀值检验预测变量的有效性，该模型的预测水平和危机的定义与KLR模型一致，但在预测危机的概率时采用的是FR模型的多变量Probit回归方法，并且假设危机发生的概率随着预测变量的相对变化而线性增加。DCSD模型的解释变量包括：真实变量与趋势的偏差、活期存款与GDP的比率、出口增长、储备增长、M2/储备的水平，采用月度数据来选取哪些变量对于未来24个月内发生的危机产生贡献。

5. 主观概率模型

斯坦福大学刘遵义教授（1995）使用实证比较分析方法和综合模糊评价方法，分析了东南亚地区发生金融危机的可能性。他认为，金融危机的最重要特征是货币突然大幅贬值，并伴以股市大幅下跌。危机的主要原因是危机前该国货币的持续长期高估。以墨西哥为参照国，刘遵义教授考察了1985—1995年东亚9个国家和地区的经济发展和金融状况，选取了10项经济和金融指标，将“一国表现较差的指标个数与总指标个数之比”作为该国发生金融危机的主观概率，得出如下结论：菲律宾、泰国、韩国、印尼和马来西亚是可能发生金融危机的国家，而中国、中国台湾、中国香港和新加坡不大可能发生墨西哥式金融危机。随后发生的亚洲金融危机证明了主观概率模型的有效性。

二、亚洲金融危机之后到2008年国际金融危机之间的监测预警方法

总体看，早期预警指标法简单清晰、切实有效，其主要缺点是对金融体系状况的监测不是连续性的，相对静态而且不具前瞻性，也没有将金融机构之间的相互关系和影响、金融行业之间的关联性纳入考虑范畴。由于这些模型多数在预测亚洲金融危机中失灵，并且在随后的实证检验中效果不佳，为此学者们开始重新设计新的金融危机预警系统，并把注意力集中于评价预警模型和预警指标的有效性等方面。

1. 综合指标法

综合指标法是通过对历次金融危机的数据进行分析，找出影响系统性风险的宏观经济、金融变量作为金融风险的预警指标，再通过统计方法对指标进行加总，构建预警指标体系，反映金融体系风险的综合状况。从预警的角度，可以基于综合指数的历史数据设定阈值，当综合指数高于阈值时，表示当前的金融体系处于高风险或危机时期。这种方法为很少或没有发生过金融危机的国家建立系统性风险预警体系提供了选择。具有代表性的综合指标法有：（1）IMF的金融稳健指标（Financial Soundness Indicator），包括核心指标和鼓励指标。核心指标只涵盖银行业，包括资本充足性、资产质量、盈利能力、流动性和对市场风险的敏感性五个方面共12项具体指标。鼓励指标包括存款机构、其他金融机构、非金融公司部门、市场流动性、住户部门和房地产市场等方面共27项具体指标。（2）伊林等人（Illing and Liu，2006）的金融压力指数（Financial Stress Index），该方法以一系列金融市场数据作为风险指标，利用不同的加权方法将指标合成为金融压力指数。再以其他金融风险先导指标为系统性风险的预警指标（解释变量），并检验预警指标对金融压力指数影响的显著程度，从而确立最终的金融系统性风险预警指标体系。（3）Jan Willem van den

END（2005）的金融稳定状况指数，该方法在货币状况指数（MCI）和金融状况指数（FCI）的基础上，引入了金融机构清偿力和金融机构股票波动率两个新的指标，指数由实际利率、实际有效汇率、房地产价格、股票价格、金融机构偿付能力、上市金融机构股票价格六大类指标加权合成，并创新性地给出了金融稳定指数运行的上下边界。

2. 人工神经网络（Artificial Neural Network，ANN）模型

人工神经网络是人工智能领域的研究成果，是模拟人脑思维模式进行分析的数学模型。ANN 的基本处理单元仿效生物神经细胞的基本特征进行信号的输入、综合处理和输出，通过选取不同的模型结构和激活函数，可以形成各种不同的 ANN，得到不同的输入输出关系式。与传统方法不同，人工神经网络是通过“训练”来解答问题，将一系列的输入和理想的输出作为训练的“样本”，根据一定的训练算法对网络进行足够的训练，使得 ANN 能够学会包含在“解”中的基本原理。当训练完成后，该模型可以用来求解相似的问题。

3. 马尔可夫状态转换法（Markov－Regime Switching Approach）

马尔可夫状态转换（也有文献译为“区制转换”）是指，一个系统从一种状态转移到另一种状态时，存在着转移概率，并且这种转移概率可以依据其紧接的前一种状态推算出来，与该系统的原始状态和此次转移前的马尔可夫过程无关。汉密尔顿（Hamilton，1989，1990）开始用马尔可夫状态转换方法进行经济学实证分析，此后，该模型被大量用于研究经济周期、经济冲击、金融波动等方面。汉密尔顿把不同的状态变量引入模型，分析过程可以形成一系列结构方程和状态转移概率，不但能够刻画不同状态下的经济趋势，而且可以描述不同状态间的转变特征①。因此，状态转换法简化了标准模型的诸多假设，能够刻画危机期的内生性，同时避免了连续变量到离散变量转换中的信息损失，目前，该方法已经被广泛地应用于建立金融危机预警系统。

4. Simple Logit 模型

库玛等人（Kumar、Moorthy and Perraudin，2002）提出基于滞后宏观经济和金融数据的 Simple Logit 模型构建了投机冲击预测模型。该预警模型综合了 FR 模型的概率分析法和 KLR 模型的信号分析法，提高了对投机性货币冲击和货币危机的预警水平。一是它考察了两种危机发生的可能性（利率调整引起

① 郭莹莹，“国内外金融危机预警模型述评”，《科学决策》2013 年第 10 期，第 71 页。

的汇率大幅贬值；货币的贬值幅度超过以前的水平），而传统的预警模型只考虑一种货币危机的情形；二是该模型在进行样本内（in - sample）预测的同时还进行样本外（out - of - sample）预测，从而使模型的预警能力更强；三是该模型可以对预测结果进行比较和检验，能在一定程度上克服过去模型只能解释危机的局限。

三、2008 年国际金融危机之后的系统性金融风险预警监测方法

2008 年国际金融危机之后，随着宏观审慎监管理念的提出，对系统性金融风险的识别和评估研究发生了较大的变化。一是开始更多地考虑金融体系内部关联性和传染性度量；二是从识别系统重要性金融机构出发，测度单个金融机构对系统性风险的边际贡献；三是除资产负债表的数据以外，还针对债券股票市场上高频和时效数据开发了一系列评估模型。

1. 研究风险传染性和金融机构关联程度的方法

在 2009 年 4 月版的《全球金融稳定报告》中，IMF 提出要对金融机构的系统关联性进行分析，并列举了 4 种定量分析模型，为解决“关联太广不能倒”（too - connected - to - fail）问题提供相应的政策理论基础。

（1）网络分析法①（network analysis approach）

网络分析法主要依赖金融机构之间的风险敞口数据来评估一个流动性紧缩事件或者信用事件在金融系统引发的多米诺效应。同时，网络传导分析法可以用于识别系统重要性金融机构、金融系统网络结构和风险传染路径②。首先是构建金融机构间的双边风险敞口矩阵，之后基于模拟的风险在网络中的传导便可以得到倒闭的金融机构数量，从而能够度量系统性风险大小。模拟情景分为两种：一种假设风险只通过信用风险渠道传染，不存在流动性风险；另一种假设是在信用风险冲击下，流动性不足的银行可能通过降价实现部分资产的变现以补充流动性。在网络分析法当中，系统性风险的标准可以根据模型的需要进行灵活调整，既可以用银行破产比例也可以用资产损失率等指标。

（2）共同风险模型法（Co - Risk）

共同风险模型法是基于市场数据来评估具有共同风险暴露的金融机构之间

---

① 网络传导分析法实际上并非 2008 年之后才有，只不过在 2008 年金融危机之后得到广泛运用。较早文献有 Allen and Gale（2000），Freixas、Parigir and Rochet（2000）。

② IMF，《全球金融稳定报告》，2009 年 4 月。

的风险传染，该方法认为金融机构的系统性关联来源于共同的风险因素，例如相似的经营模式、资产组合或者会计方法等，这导致这些金融机构在面临同一风险时将有同样的后果。因此，共同风险模型法比网络分析法关注的风险因素更多，在一个有效金融市场中，这些风险通常反映在股票、期权、CDS 等市场价格当中，可以通过计算 VaR 值、违约距离、违约概率、CDS 信用价差等指标，来分析当出现风险时金融机构之间的系统性关联。

金融机构风险之间的共同运动并不遵循线性模式，而是随着风险水平的提高呈现非线性增长的模式。艾德里安等人（Adrian & Brunnermerier，2008）引入了分位数回归分析法衡量非线性关系，计算出条件共同风险从而得到由于和其他机构存在关联性而造成风险溢出的市场估值。共同风险模型法通过对尾部事件的条件共同风险进行分析，可以揭示哪些机构存在密切的关联性，通过加强对它们间的关联性监管，可以防范系统性风险。

（3）困境依赖矩阵法（Distress Dependence Matrix）

困境依赖矩阵法采用市场数据构建一个随时间改变的多变量分布模型，来揭示金融机构间的线性和非线性依赖关系，以此估计每对机构陷入困境的条件概率。塞戈维亚诺等人（Segoviano & Goodhart，2009）使用多家金融机构的 CDS 价差数据，先估计这些机构违约的联合概率分布，再计算当一家机构违约时另一家机构的违约概率。通过困境依赖矩阵法可以分析特定机构陷入困境时如何影响其他金融机构，并最终影响整个金融体系。

（4）违约强度模型法（Default Intensity Model）

吉塞克等人（Giesecke & Kim，2009）提出用衡量金融机构单位时间内违约概率的违约强度模型来统计银行违约的次数，进而捕捉金融机构之间的系统性联系。这种方法采用金融机构的历史违约数据，拟合事先设定的违约强度模型，衡量由于直接或间接系统性关联而导致的大部分金融机构违约的概率。假设金融机构违约率服从某个类似利率方程的扩散方程，通过估计系数来确定违约率，以违约率来度量系统性风险。违约事件发生时，违约率会显著增加，说明溢出效应导致其他违约事件发生的可能性会明显增加。

2. 评估系统性风险损失及损失概率的方法

（1）条件在险价值法（CoVaR）

CoVaR 方法是在广泛应用于风险管理的 VaR 方法基础上发展而来的。传统的 VaR 法只能静态地测度风险，难以解释机构之间的风险传染效应。艾德里安等人（2008）对 VaR 模型做出了重大变革，提出 CoVaR 方法，衡量当金融资产或金融机构 A 处于危机状况下，金融资产或金融机构 B 所面临的风险。CoVaR 可以灵活使用，若将 A 视为单个金融市场或单个金融机构，将 B 视为整个金融体系，则 CoVaR 度量的便是单个金融市场或机构发生极端风险时系统风险的变化情况。因此，采用 CoVaR 有助于识别系统重要性机构，也有助于研究整个金融体系的风险溢出效应。

（2）边际期望损失法（Marginal Expected Shortfall，MES）和系统性期望损失法（Systemic Expected Shortfall，SES）

CoVaR 具有和 VaR 一样的缺陷，只考虑损失分布的分位数，不能很好地考察阀值以下极端情况下的尾部风险。阿查亚等人（Acharya et al，2010）提出 MES 和 SES 方法测算金融系统性风险，度量了阀值以下极端情况的所有损失。MES 和 SES 方法考虑了金融机构杠杆率对系统性风险和金融机构的边际风险贡献的影响，并且证明了可以通过没有发生危机时各金融机构的边际期望损失和杠杆率，预测发生金融危机时金融机构对整个系统的边际风险贡献。本次国际金融危机后，这两种方法得到了广泛应用。阿查亚等人（2011）的研究表明，MES 法可以直接测度一家金融机构对整个系统性风险的贡献度，具有越高 MES 值的银行对整个系统的系统性风险贡献度越大，监管当局可以通过加强对那些边际风险贡献和杠杆率大的金融机构监管，来降低系统性风险，防范金融危机爆发。

两种方法的区别在于：SES 度量的是金融机构对整个金融系统的系统性风险贡献，而 MES 不考虑金融机构的杠杆率、规模及其法定资本充足率，只是衡量当市场收益率出现极端下跌情形时，金融机构股权收益率的期望损失。此外，金融机构的 SES 由金融机构的负债、股权市场价值及 MES 决定，MES 只是 SES 的一个因子。

（3）或有权益分析法（Contingent Claims Analysis，CCA）

或有权益分析法由莱哈尔（Lehar，2003）提出，格雷等人（Gray & Jobst，2009）将其发展完善，用来估计系统性困境条件下来自金融系统的政府或有债务，这种方法不仅能够度量由金融系统转移至政府部门的潜在风险，而且还能识别单个金融机构对政府或有债务的贡献度。该方法以默顿期权模型为基础，将公司权益视为公司资产、执行价格视为公司未偿债务的看涨期权，将公司负债模型化为买进无风险债务，同时卖出一份基于公司资产的看跌期权。

通过用 CCA 模型计算出隐含的看跌期权的价格，与 CDS 市场的信息结合起来，可估计出政府对金融系统的或有债务，也就是金融风险可能转移给政府承担的部分。假如政府担保不影响公司权益价值，CDS 利差能捕捉金融机构留存的期望损失。因此，市场隐含的政府担保定义为金融系统总的期望损失与由 CDS 利差导出的隐含的看跌期权价值之差。

（4）困境保费法（Distressed Insurance Premium，DIP）

美联储的黄等人（Huang、Zhou & Zhu，2009）提出用“困境保费”指标测量系统性风险。该方法定义系统性风险为银行系统总的损失超过给定的临界值，系统性风险的来源为实际违约风险和流动性风险，困境保费相当于覆盖系统性风险损失的一个假想风险溢价。每家金融机构对系统性风险的边际贡献是规模、违约概率和资产收益相关系数的函数，其中违约概率和资产收益相关系数可以由 CDS 价差和股票价格估计出来。困境保费随着违约概率（PD）和资产收益相关系数的增加而增加，即单个银行的破产概率越大，或者银行对相同的风险因子暴露程度越高，都会导致系统性风险增强。这种分析方法有较高的实时性，可用于任何具有 CDS 合约的上市公司。计算困境保费指标可分三个步骤：一是估计风险中性违约概率（PD），PD 不仅反映了实际的违约概率，也反映了风险溢价成分；二是计银行资产收益的相关系数；三是构建系统性风险指标，构造一个假设的组合，组合中包含成员银行发行的债务工具，权重为每家银行的债务规模，系统性风险的指标定义为应对未来 12 周该组合的潜在困境损失所需要的保险费，即“困境保费”。困境保费类似于期望损失 ES，都是极端条件下，组合信用损失的条件期望。区别在于，对极端条件的定义不同，ES 中用百分数分布，而 DIP 中用一个给定的临界值。

3. 改进的综合指标法

本次金融危机之后，综合指标法得到了进一步发展，其特点是把衡量金融体系组成部分的风险指标集合成一个综合指标，以体现金融体系的风险。以欧洲央行奥洛（D. Hollo、M. Kremer and M. Lo Duca，2010）设计的系统性风险综合指标法（Composite Indicator of Systemic Stress，CISS）为例：首先，把金融体系分为货币市场、股票市场、债券市场、外汇市场、金融机构五个组成部分；其次，从每个组成部分当中分别挑选出三个互不相关的最能反映其风险程度的压力指标；第三，用累积分布函数方式将压力指标变成取值为（0，1］的变量，再通过各压力指标的算术平均值分别计算出五个组成部分的压力指数；第四，以各个组成部分对金融体系的冲击大小（用标准线性 VAR 模型计算）为权重，合成最终的 CISS 指标。欧洲央行的 CISS 当中，分配给货币市场、债券市场、外汇市场、股票市场、金融机构的压力指数的权重分别为 15%、15%、15%、25%、30%。奥洛等人认为，以实际冲击为权重还是取各压力指数的算术平均值，最后得到的 CISS 效果实际上差别不大。该方法不仅能实时监测、评估整个金融体系的风险水平，反映金融危机的历史变动情况，还能评估监管机构政策对缓解系统性风险的作用。

4. 压力测试法

2008 年金融危机以来，压力测试法被国际组织以及各国中央银行、金融监管机构和金融机构广泛采用，比较有代表性的有美国的银行业监管资本压力测试（SCAP）和欧洲央行的银行偿付能力宏观压力测试框架。压力测试一般分为情景测试和敏感性测试两类。情景压力测试具体划分为历史情景和假定情景，是在假设多种风险因素（如股价、利率、汇率、信用等）变化时，测试金融机构或系统出现的脆弱性情况。敏感性压力测试是观察当风险参数瞬间变化一定单位量时（如 5 个百分点的下跌或上涨情况下），金融机构或资产组合的市场价值出现多大幅度的变化。敏感性测试仅需指定风险参数变化，而无需确定冲击的来源，因此运行相对简单快速，而且经常是即时的测试。压力测试主要包括四个步骤：一是识别风险因子；二是设计压力测试情景；三是通过敏感性分析或情景分析建立压力测试模型，并测算压力情景下测试对象的承压结果；四是用模型测算出的定量和定性分析结果，判断资产组合或金融机构的稳健性。

5. 当前国际组织和监管机构使用的系统性风险评估方法

自 2008 年国际金融危机以来，国际组织和主要国家的金融监管改革建议及实践都强调从金融体系整体角度看待系统性风险，强化监测预警。一是将低频和高频指标结合使用，以反映系统性风险缓慢积累但瞬间爆发的特征；二是构建涵盖各个金融部门的指标体系，并加入宏观经济变量和国际因素，以全面识别金融体系风险；三是广泛使用以压力测试为代表的数理工具。

（1）金融部门评估规划（FSAP）

在总结亚洲金融危机教训的基础上，IMF 和世界银行于 1999 年联合推出了金融部门评估规划（Financial Sector Assessment Program，FSAP），旨在加强对成员经济体金融脆弱性的评估与监测，减少金融危机发生的可能性，推动成员经济体的金融改革和发展。经过逐步发展和完善，FSAP 已成为国际社会广泛接受的评估体系。评估规划的评估方法包括金融稳健指标分析、压力测试以及国际标准与准则评估。

（2）IMF 系统性风险早期预警系统

2008 年金融危机爆发后，IMF 和 FSB 受 G20 的委托，共同建立了一个系统性风险早期预警测试系统（Early Warning Exercise，EWE），用于识别引发系统性风险的脆弱性因素并提出应对措施。该系统加强了对风险因素和传导路径的研究，特别关注小概率尾部风险因素。EWE 采用定性和定量分析相结合的方式，定性分析充分吸收来自于市场机构、专家、智库、各国监管当局的观点和意见，定量分析则运用大量模型研究危机风险和脆弱性，模型主要包括三类：部门和市场脆弱性分析模型、国家风险模型、溢出传染模型。

（3）奥地利的系统性风险监测评估（SRM）

SRM 通过计量模型预测发生宏观经济冲击之后银行体系发生系统性风险的概率，同时也被用于开展日常的压力测试。SRM 由四部分模型构成：一是多风险因素变动分布模型，这个模型得到包括宏观经济变量、利率、汇率、股价等市场变量各个风险因素变动的联合分布；二是市场风险损失模型；三是公司及个人信用风险损失模型；四是银行间网络模型。银行体系的最终损失就是基础性风险与传染性风险的加总，即市场风险损失、信用风险损失、同业清偿性损失之和。

（4）英国系统性机构风险评估系统（RAMSI）

英国 2011 年开发的系统性风险评估系统（Risk Assessment Model for Systemic Institutions，RAMSI）的设计思路与奥地利的 SRM 比较相似，不同之处是增加了“流动性中断”带来的系统性风险。国际金融危机表明：在压力情况下，即使是资本充足的银行，也会发生严重的流动性问题。RAMSI 引入了考察整体流动性风险的反馈环，关注当危机发生时由于交易对手信用损失和资产市场价值的减少等因素加剧对系统流动性风险的影响，包括市场流动性风险与融资流动性风险的相互强化，以及信用风险、市场风险和流动性风险的相互影响造成的流动性蒸发。RAMSI 采用的方法包括压力测试和网络传导分析法等，利用模拟方法对每个分析环节进行冲击测试，评估内容包括金融业整体风险、主要银行脆弱性、银行业对特定冲击的抵抗能力、政策措施产生的系统性效应等。

（5）荷兰央行的系统性风险体系

荷兰央行的模型假设系统性风险是系统性事件发生的概率。系统性事件有三个重要特征：一是产生于重要的冲击，二是传染和增强作用，三是对金融部门的中断作用。模型从宏观经济情景对金融体系的冲击入手，度量宏观经济变量分布变化引起的风险因子变化，再基于计算出的初始损失通过网络分析等度量传染的方法衡量系统损失。模型还分析了产生外部性的传染和扩大机制，确定了两个产生外部性的渠道：一是金融部门之间的传染，二是金融部门和实体经济的亲周期性。每个渠道都有许多增加损失的机制。金融部门之间的传染通过银行间资产负债关系、降低流动性和信息溢出发生作用。金融部门和实体经济的亲周期性产生于监管、金融（信用扩张）、羊群效应和资产价格泡沫。

（6）韩国央行宏观审慎政策系统性风险评估模型（SAMP）①

韩国央行于 2011 年 9 月推出了宏观审慎政策系统性风险评估模型（SAMP），是由 6 个模块组成的系统性风险综合模型体系，不仅能够模型化宏观经济冲击对金融系统的首轮直接效应，而且能够模型化因银行间传导、紧急抛售、信贷收缩、去杠杆化等原因导致的第二轮扩散效应。该模型注重衡量危机发生时，由宏观经济及金融部门不均衡导致的尾部风险，在统一框架下衡量多种类型风险，作为实施宏观压力测试的平台，可以评估假定情形下金融系统的脆弱性，能够对多种审慎政策进行效果模拟分析，由于其风险测定基于单个金融机构，该模型还可以用于分析单个金融机构的脆弱性。SAMP 模型的 6 个模块分别为：宏观风险因素概率分布模块、银行损益模块、破产传导模块、融资流动性传染模块（测算银行系统为应对流动性危机而遭受的损失情况）、多阶段模块（测算银行系统的年度损益规模）、系统性风险度量模块（通过评估银行系统总损失分布，进而评估系统性风险概率）。

（7）我国金融部门的系统性金融风险监测

随着我国金融体系市场化程度的提高，国内金融管理部门已经建立了分工较为清晰、内容较为全面的金融风险监测预警体系：人民银行负责整个金融体系的系统性风险，银监会、证监会、保监会分别负责各自行业的风险监测预警，外汇局负责国际收支和跨境资金流动风险监测，上述部门之间还建立了监管协调机制。自 2005 年以来，我国中央银行开始定期出版《中国金融稳定报告》，对金融体系稳定状况进行全面评估，同时不断丰富系统性风险监测和调控工具，探索建立我国系统性金融风险预警指标体系，开展金融风险宏观压力

① 张启阳，“韩国央行宏观审慎政策系统性风险评估模型及对我国的启示”，《金融发展评论》，2013 年第 10 期。

测试，针对宏观经济、金融机构、金融市场、金融基础设施等进行稳定评估和脆弱性分析，强化对跨行业、跨市场产品和机构及影子银行的风险监测。银行、证券、保险监管部门也分别建立了现场检查和非现场监测制度，在此基础上，运用风险指标体系、压力测试、预警分析系统等定性或定量工具分析行业风险状况，例如银监会的银行风险早期预警系统（REASS）、证监会的证券市场系统性风险监测指标体系、保监会的保险业宏观风险监测指标体系等。

四、系统性金融风险监测预警方法的比较分析

早期预警指标法具有简单明晰、数据易得的优点，其最大优势在于指标选择广泛，可以根据一系列预警指标和阀值确定危机产生的根源。其主要缺点是对金融体系状况的监测不是连续性的，相对静态而且不具前瞻性，也无法判断各个金融机构之间的相互关系和影响。但是，早期危机预警指标体系存在几个明显的缺陷：一是其实现准确预警的前提条件是基于历史数据能够对金融危机或系统性风险事件进行准确定义，这对尚未发生过金融危机的国家难以适用；二是预警所依赖的指标选取和阀值的确定有一定主观性，缺乏公认的统一标准；三是普遍采取通过固定时点预测相对应时点金融稳定状况，信息获取的频率相对较低（基本是年度、季度数据），因此对金融体系状况的监测不是连续性的，相对静态而且不具前瞻性，仅起体温计而不能起到天气预报的作用；四是没有考虑金融系统内在的关联性以及风险的传染性，不能适应系统性金融风险分析的最新趋势。

综合指数法与早期预警方法有相似之处，即基于资产负债数据的指标和模型较为简单和滞后，但是对于数据量有限、金融市场不够完善的发展中国家而言，这些方法依然有着非常重要的意义。相比其他预警方法，综合指数法是一种极为灵活、可简可繁、明了清晰的系统性风险度量方法，无论对已发生过还是未发生过金融危机的国家均适用。在综合指数的制定中，并不关注风险是如何发生的，仅以金融体系中各指标的历史表现与金融危机之间的相关性作为指标定量构建的主要依据，再结合金融理论对这些指标进行选择，通过对指标现状的判断分析该金融系统的安全水平和发展趋势。此外，该类方法也可以和很多模型方法结合使用，如在指标的选择中可以通过时间序列模型选出，权重的选择也可以由模型来决定，还可运用模型构建复杂指标作为原始指标进行加权。综合指数法的缺陷在于，对于各指标层次人为设定权重，一定程度上割裂

了金融风险的动态演变过程，可能导致预测误差。

网络分析法作为研究风险传染和金融机构关联性的一种方法，其优点在于将系统性风险的传染与金融机构间的实际交易相关联，能进一步确定金融体系的关联性和金融机构的脆弱性，追踪风险潜在的蔓延路径，并能量化潜在的资本损失。而共同风险分析、困境依赖矩阵法和违约强度模型可以监测到金融机构由于面临共同风险因素而产生的间接关联，这些方法使用股票、期权、CDS 等市场价格信息（可以计算 VaR 值、违约距离、违约概率、CDS 信用价差等指标），其优势在于：一是数据可以以更高的频率得到及时更新，二是资产价格变动反映了市场参与者对潜在权益未来表现的预期，因而这类衡量方法具有较高的前瞻性。但这几种方法都存在的缺陷是依赖一个有效的金融市场，对于金融市场不发达的国家难以适用。尽管以上四种方法都有其相应的局限性和缺陷，但 IMF 建议可以综合使用这四种方法来得到一套有实践操作意义的监管工具。

评估系统性风险损失和损失概率的方法主要针对单个机构对系统性风险的贡献（应该先总体介绍一下这个方法，再分别论述）。其中，CoVaR 可以测度一家金融机构的倒闭对整个系统的风险贡献，反映其风险溢出效应，从而识别出系统重要性金融机构。其不足之处在于：一是和 VaR 同样为非一致风险测度，不具有可加性，难以通过单个金融机构的风险贡献加总来估计整个金融系统所面临的系统性风险；二是和 VaR 一样仍然只考虑损失分布的 α 分位数，不能很好地捕捉极端情况下的尾部风险，而危机爆发时，尾部损失才是应该关注的重点；三是正态分布假设与实际差异较大，实际中收益率有着尖峰、厚尾和负偏的非正态分布特征且存在波动聚集效应；四是对于历史数据的依赖导致其缺乏前瞻性预测未来极端事件发生的能力。期望损失法、或有权益分析法、困境保费法在一定程度上改进了 CoVaR 方法的不足，但这几种方法也存在着模型构建复杂、计算繁复、对金融市场数据高度依赖等问题，对大多数金融市场不完善的国家难以适用，并且都是从局部或一个侧面而非整体来研究系统性金融风险。

ANN 模型的主要优点是其灵活的规则和捕捉变量间复杂的相互关系的能力，可以用来逼近复杂的非线性动态函数，同时它具有容错能力，对数据的分布要求不严格，具备处理资料遗漏或是错误的能力，此外它具有学习能力，可随时依据新的数据资料进行学习和训练，调整其内部的储存权重参数以应对多变的经济环境。ANN 的缺陷在于：一是模型理论比较抽象，模型具有黑箱性，对模型具体的判别过程无法进行直观的描述；二是当在给定大量的样本数据和网络结构的情况下，存在过度拟合问题。

马尔科夫状态转换法的优势：一是突破了线性模型的约束，能够更好地捕捉到变量的非线性特征，根据模型的平滑概率分布也可以估算危机发生的概率大小；二是可以直接使用各种危机压力指标进行预警，避免了连续变量到离散变量转换中的信息损失，从而弥补了信号模型和概率模型的很多缺陷；三是它不需要事先确定危机期，而是通过最大似然法预测出危机发生概率，同时也获得危机的发生时期及其特征。其不足之处是模型的计算过程非常烦琐，而且模型的影响因素选取不能过多，否则导致待估计系数迅速递增，影响计算的速度和精度。

压力测试法的优点是它考察了历史数据中没有的极端事件风险。其不足之处：一是开展压力测试需要大量数据为基础，如果数据基础薄弱，数据长度不足，将导致压力测试模型不能准确反映压力下的变化，从而低估风险；二是该方法比较主观，如果情景设定不合理，压力测试结果必定不准；三是不能很好地处理相关性问题，并且很难测定多种因素综合发生变化时所造成的影响。在实践中可以采用相关指标对系统性风险进行衡量的同时，通过压力测试考察如果负面冲击发生时经济系统的可能损失，将这两种方法综合在一起有利于提高对系统性风险衡量的前瞻性和准确度。

五、结论及建议

通过上述研究分析我们可以看出，系统性金融风险监测预警方法的发展呈现几个特点：一是由简单到复杂，从人为设定若干指标和阀值与历史数据进行简单对比，发展到普遍使用复杂的数学模型，并引入了物理学、系统科学等其他科学领域的前沿分析方法；二是由静态到动态，从使用月度、季度甚至年度低频数据，发展到使用成熟金融市场的股票债券价格、CDS 价差等高频交易数据，将静态、滞后分析变为动态实时跟踪；三是由线性到非线性，从过于简化的线性分析发展到更加符合金融风险演变特征的非线性分析；四是由局部到系统，从货币危机、银行危机预警发展到覆盖多个金融部门并加入宏观经济变量和国际因素的系统性风险监测；五是高度重视对系统重要性金融机构、金融体系的关联性及风险传染的研究分析。针对不同的监测预警方法，IMF（2009）提出，对于不发达的发展中国家金融市场，金融稳健指标仍可作为衡量系统性风险的主要依据。对于发达国家金融市场，由于其信息来源更为多元，交易产品结构较为复杂，对系统性风险的衡量需要包括基于市场数据的其他衡量方法，以提高风险衡量的前瞻性和准确性。

国际上已经形成的系统性金融风险监测预警方法对我国建立并完善系统性金融风险监测预警机制具有重要的借鉴意义，同时要结合我国金融行业和金融市场发展的阶段进行创造性拓展。

一是不同的金融风险预警监测方法均有各自不同的优势和缺陷，这些方法都只反映了系统性风险的某一方面或几个方面。系统性风险评估不存在单一指标或模型，而是应当依赖一系列方法和工具，以涵盖金融体系的不同侧面、各种金融冲击和风险传递渠道。其监测对象既包括金融机构，也包括金融市场和金融产品；既覆盖表内业务，也覆盖表外业务；既关注金融体系自身风险，也关注外部冲击对金融体系的影响；既关注系统重要性机构，又关注金融机构之间的关联和风险传染。特别是要针对我国金融体系的特点，对特有的风险隐患有所侧重。

二是鉴于在我国当前的分业监管体制下，金融数据还存在一定的分割状态，应当深化金融行业信息共享，加快建立覆盖全面、标准统一、信息共享的金融行业信息统计体系。良好的数据统计是系统性金融风险监测预警机制的基础和保障，包括：数据采集全面且规范，主要指标体系、数据口径和系统接口统一，数据信息及时、连续且能够确保真实性和完整性，数据的历史长度能够满足对不同经济周期下金融体系运行情况的描述，数据的覆盖范围能够反映金融体系的全貌。如果不具备这些条件，许多方法特别是模型化的监测预警工具将无法运用，监测预警的效果也将大打折扣。

三是从我国金融市场发展程度看，由于利率市场化、汇率制度改革和资本项目开放还未完成，金融市场工具和交易产品还不够丰富，风险对冲机制还不完备，以市场数据为基础的预警方法还难以适用。相对而言，基于资产负债数据的指标和模型的综合指标法以金融体系中各指标的历史表现与金融危机之间的相关性作为指标定量构建的主要依据，结合金融理论选择其中的合适指标，通过对指标现状的判断分析该金融系统的安全水平和发展趋势，可以作为我国当前和今后一段时期的系统性风险监测预警的方法。同时，针对金融机构之间、产品之间相互合作日益密切，金融体系的关联性不断加大的趋势，可以将系统关联性和风险传染性指标纳入综合指标法中。此外，还可以使用压力测试工具，以捕捉历史数据中没有的尾部风险及对金融机构资本抗风险能力的影响。

因篇幅所限，参考文献略，特向作者和读者致歉，需要者可向《比较》编辑室索取：bijiao@ citicpub. com。

图书在版编目（CIP）数据

比较 . 第 85 辑 / 吴敬琏主编 . —北京：中信出版社，2016.4
ISBN 978-7-5086-6528-3

I. 比… II. 吴… III. ①比较经济学 IV.

① F064.2

中国版本图书馆 CIP 数据核字（2016）第 177789 号

比较·第八十五辑

主　　编：吴敬琏
策 划 者：《比较》编辑室
出 版 者：中信出版股份有限公司
经 销 者：中信出版股份有限公司 + 财新传媒有限公司
承 印 者：北京华联印刷有限公司
开　　本：787mm × 1092mm 1/16　　**印　　张**：13.5　　**字　　数**：200 千字
版　　次：2016 年 8 月第 1 版　　**印　　次**：2016 年 8 月第 1 次印刷
书　　号：ISBN 978-7-5086-6528-3
定　　价：28.00 元